O Milionário Mora ao Lado

Thomas J. Stanley, Ph.D.
William D. Danko, Ph.D.

O Milionário Mora ao Lado

Os surpreendentes segredos dos ricaços americanos

Tradução
Isa Mara Lando

Manole

Título do original
The Millionaire Next Door –
The Surprising Secrets of America's Wealthy

Tradução
Isa Mara Lando

Capa
Hélio de Almeida

Editoração eletrônica
ABBĀ Produção Editorial Ltda.

Este livro foi catalogado na CIP.

ISBN 85-204-0957-1

1ª edição brasileira – 1999

Direitos adquiridos para a língua portuguesa pela:
Editora Manole Ltda.
Avenida Ceci, 672 – Tamboré
06460-120 – Baruerui – SP – Brasil
Tel.: (11) 4196-6000
www.manole.com.br
https://atendimento.manole.com.br/

Impresso no Brasil
Printed in Brazil

Para Janet, Sarah e Brad — um milhão de Natais,
um trilhão de Quatros de Julho
— T. J. Stanley

Para a minha amorosa esposa, Connie,
e meus queridos filhos Christy, Todd e David
— W. D. Danko

SUMÁRIO

Sumário

TABELAS

Este livro destina-se a oferecer informações precisas e bem fundamentadas sobre o tema em questão. Ele é vendido sob a premissa de que nem os autores, nem o editor estão envolvidos na prestação de serviços legais, de investimento, de contabilidade ou outros. Se for necessário um aconselhamento legal ou outro tipo de assessoria especializada, recomendamos procurar os serviços de um profissional competente.

Todos os nomes nos estudos de casos contidos neste livro são pseudônimos.

O Milionário Mora ao Lado

Os surpreendentes segredos dos ricaços americanos

INTRODUÇÃO

Vinte anos atrás começamos a estudar como as pessoas se tornam ricas. De início, fizemos como você pode imaginar: pesquisamos os moradores dos chamados bairros ricos de todo o país. Com o tempo, descobrimos algo estranho. Muitas pessoas que moram em casas caras e dirigem carros de luxo na verdade não possuem muita riqueza. Depois, descobrimos algo ainda mais estranho: muitas pessoas que possuem uma grande quantidade de dinheiro nem sequer moram em bairros ricos.

Esse pequeno clarão de compreensão mudou a nossa vida. Levou um de nós dois, Tom Stanley, a sair da carreira acadêmica, inspirou-o a escrever três livros sobre o marketing para os afluentes da América, e fez dele um conselheiro para empresas que oferecem produtos e serviços para os afluentes. Além disso, ele organizou pesquisas para os afluentes para sete das dez maiores empresas de serviços financeiros da América. Nós dois já realizamos centenas de seminários sobre como alcançar o público rico.

Por que tanta gente se interessa pelo que temos a dizer? É porque nós descobrimos quem é realmente rico e quem não é. E, o mais importante, nós já constatamos de que modo uma pessoa comum pode se tornar rica.

O que há de tão profundo nessas descobertas? Apenas isso: a maioria das pessoas faz uma idéia totalmente errada sobre a riqueza na América. Riqueza não é o mesmo que renda. Se você tem uma boa renda todos os anos e gasta tudo, você não está ficando rico. Você apenas está tendo um alto padrão de vida. A riqueza é aquilo que você acumula, não aquilo que você gasta.

E como se tornar rico? Aqui também a maior parte das pessoas faz uma idéia errada. Poucas vezes é a sorte, uma herança, um diploma de pós-graduação, ou mesmo a inteligência que capacita a pessoa a acumular uma fortuna. Com muito mais freqüência, a riqueza é resultado de um estilo de vida feito de muito trabalho, perseverança, planejamento e, sobretudo, autodisciplina.

Por que será que eu não sou rico?

Muita gente vive se perguntando isso. Muitas vezes são pessoas trabalhadoras, instruídas e de alta renda. Por que, então, há tão poucas pessoas afluentes?

Os Milionários e Você

Nunca houve mais riqueza pessoal na América do que hoje (mais de US$22 trilhões em 1996). Contudo, a maioria dos americanos não é rica. Quase metade de sua riqueza é possuída por 3,5% dos domicílios. A maior parte dos outros domicílios não chega nem perto. E quando falamos em "outros domicílios", não estamos nos referindo aos párias econômicos. A maioria desses milhões de lares é composta de pessoas que ganham uma renda modesta, ou mesmo alta. Mais de 25 milhões de lares nos Estados Unidos têm uma renda anual de mais de US$50.000; mais de sete milhões têm uma renda anual de mais de US$100.000. Porém, apesar de possuir "uma boa renda", a maioria dessas pessoas tem um baixo nível de riqueza acumulada. Muitos vão vivendo de um pagamento para o outro. São essas pessoas as que mais irão se beneficiar deste livro.

O domicílio mediano (típico) da América tem um patrimônio líquido de menos de US$15.000, excluindo o valor (quitado) da casa. Se excluirmos também o valor dos veículos, mobília, etc., imaginem o que sobra? Em geral, essa família possui zero em ativos, como ações e títulos. Durante quanto tempo poderia um lar americano médio sobreviver economicamente sem o cheque mensal de um empregador? Talvez um mês ou dois na maioria dos casos. Mesmo aqueles que estão no quinto superior da escala não são realmente ricos. O patrimônio líquido do domicílio mediano é de menos de US$150.000. Excluindo-se o valor quitado do imóvel onde vive, o patrimônio líquido mediano desse grupo cai para menos de US$60.000. E o que dizer dos cidadãos mais idosos? Sem os benefícios do seguro social, quase a metade dos americanos com mais de 65 anos de idade viveria na pobreza.

Apenas uma minoria dos americanos possui ativos financeiros ou investimentos, mesmo os de tipo mais convencional. Apenas cerca de 15% têm uma conta de depósito no mercado financeiro; 22% têm um certificado de depósito; 4,2% um fundo de mercado financeiro; 3,4% têm ações municipais ou empresariais; menos de 25% têm ações e fundos mútuos; 8,4% têm propriedades alugadas; 18,1% têm bônus do Tesouro americano e 23% têm fundos de aposentadoria para autônomos.

Entretanto, 65% das famílias têm casa própria, e mais de 85% possuem um ou mais veículos a motor. Os carros tendem a depreciar rapidamente. Os ativos financeiros tendem a valorizar.

Os milionários de que tratamos neste livro são financeiramente independentes. Eles poderiam manter seu estilo de vida atual durante anos e anos sem ganhar nem sequer um mês de salário. A grande maioria desses milionários não é descendente dos Rockefeller nem dos Vanderbilt. Mais de 80% são pessoas comuns, que acumularam sua riqueza no decurso de apenas uma geração. Fizeram isso devagar e com constância, sem assinar nenhum contrato multimilionário com um time de beisebol, sem ganhar na loteria, sem se tornar outro Mick Jagger. Os prêmios inesperados dão grandes manchetes, mas são ocorrências raras. No curso da vida de um adulto, a probabilidade de se tornar rico por esse caminho é de menos de uma em quatro mil. Contraste essas chances com a proporção de lares americanos (3,5 %) que têm um patrimônio líquido de US$1 milhão ou mais.

Os Sete Fatores

Quem fica rico? Em geral, o indivíduo rico é um negociante que viveu na mesma cidade toda a sua vida adulta. Essa pessoa possui uma pequena fábrica, ou uma cadeia de lojas, ou uma empresa prestadora de serviços. Casou-se apenas uma vez e continua casado. Seus vizinhos são pessoas que têm uma fração da riqueza que ele possui. Ele é um poupador e investidor compulsivo. E fez seu dinheiro sozinho. *Oitenta por cento dos milionários da América são ricos de primeira geração.*

A pessoa afluente típica segue um estilo de vida que conduz a acumular dinheiro. Durante nossas pesquisas, descobrimos sete denominadores comuns entre os que conseguiram construir riqueza.

1. Eles vivem muito abaixo dos seus meios.

2. Alocam seu tempo, sua energia e seu dinheiro eficientemente, com o objetivo de construir riqueza.

3. Acreditam que a independência financeira é mais importante do que exibir um alto *status* social.

4. Seus pais não lhes deram ajuda financeira.

5. Seus filhos adultos são economicamente auto-suficientes.

6. Eles são muito competentes para identificar as oportunidades de mercado.

7. Escolheram a ocupação certa.

Neste livro você estudará estas sete características dos ricos americanos. Nossa esperança é que você aprenda como desenvolvê-las em você mesmo.

A PESQUISA

A pesquisa feita para este livro é a mais abrangente que já foi realizada sobre quem são os ricos na América – e como ficaram ricos. Boa parte dessa pesquisa foi desenvolvida a partir do levantamento mais recente que fizemos, o qual, por sua vez, desenvolveu-se a partir de estudos que estamos realizando há vinte anos. Esses estudos incluíram entrevistas pessoais e de grupo com mais de quinhentos milionários, e levantamentos feitos com mais de onze mil pessoas com alto patrimônio líquido e/ou alta renda.

Mais de mil pessoas responderam à nossa última pesquisa*, que foi realizada de maio de 1995 até janeiro de 1996. Ali nós perguntávamos a cada pesquisado sobre suas atitudes e comportamento em relação a uma ampla variedade de temas relacionados com a riqueza. Cada participante do nosso estudo respondeu 249 perguntas. Essas tratavam de tópicos que iam desde o planejamento do orçamento doméstico, ou a ausência desse planejamento, até os temores e preocupações financeiras; desde métodos de barganhar na compra de um automóvel até que tipo de presentes financeiros, ou "atos de generosidade", que os ricos dão aos seus filhos adultos. Várias seções desse questionário pediam que a pessoa indicasse o máximo que já gastou por um veículo, um relógio, um terno, um par de sapatos, férias e assim por diante. Esse estudo foi o mais ambicioso e o mais completo que já realizamos. Nenhum outro se concentrou nos fatores-chave que explicam como as pessoas conseguem enriquecer em uma só geração. Tampouco já revelou por que tantas pessoas, mesmo a maioria das que têm uma alta renda, nunca acumularam nem sequer uma modesta riqueza.

Além do nosso levantamento, ganhamos uma boa compreensão sobre os "milionários que moram ao lado" a partir de outras pesquisas. Passamos centenas de horas realizando e analisando entrevistas em profundidade

*Para detalhes sobre como atingimos nosso público-alvo, veja o Apêndice 1.

com milionários do tipo *self-made men*, os que venceram por seus próprios meios. Entrevistamos também muitos de seus conselheiros, tais como contadores e outros profissionais. Estes especialistas foram de grande ajuda na nossa exploração dos temas relativos à acumulação de riqueza.

E o que descobrimos em toda a nossa pesquisa? Principalmente, que construir riqueza exige disciplina, sacrifício e muito trabalho. Você realmente quer se tornar financeiramente independente? Você e sua família estão dispostos a reorientar o seu estilo de vida para alcançar esse objetivo? É provável que muitos não estejam. Porém, se você estiver disposto a fazer as necessárias mudanças em termos de tempo, energia e hábitos de consumo, você pode começar a acumular riqueza e alcançar a independência financeira. Este livro o iniciará nesta jornada.

Conheça o Milionário que Mora ao Lado

Mas essa gente não pode ser milionária! Eles não parecem milionários, não se vestem como milionários, não comem como milionários, não agem como milionários – nem sequer têm nome de milionários. Onde estão os milionários que parecem milionários?

A pessoa que disse isso foi o vice-presidente de um departamento de administração fiduciária. Ele fez esse comentário depois de uma entrevista de grupo e de um jantar que oferecemos para dez milionários de primeira geração. Suas opiniões sobre os milionários são compartilhadas pela maior parte das pessoas que não são ricas. Elas pensam que os milionários possuem roupas caras, relógios de luxo e outros artigos que dão *status*. Nós descobrimos, porém, que as coisas não são assim.

Na verdade, esse gerente de crédito gasta significativamente mais pelos seus ternos do que um milionário típico. Ele usa um relógio de US$5.000. Sabemos, pelas nossas pesquisas, que a maioria dos milionários nunca gastou nem sequer um décimo de US$5.000 por um relógio. Esse nosso amigo também dirige um carro importado de luxo, do modelo mais recente. A maioria dos milionários não tem o carro do ano. Só uma minoria tem um veículo importado. E só uma minoria ainda menor dirige carros importados de luxo. Além disso, nosso amigo possui carros em *leasing*, enquanto que apenas uma pequena minoria dos milionários tem carros em *leasing*.

Mas pergunte a um americano: quem se parece um milionário? Seria esse nosso amigo, o gerente de contas fiduciárias, ou um dos entrevistados?

Apostamos que a maioria das pessoas escolheria o gerente. Mas as aparências enganam.

Esse conceito é bem expresso pelos texanos ricos e espertos que se referem às pessoas desse tipo como:

"Quanto maior o chapéu, menos gado."

Ouvimos essa expressão de um texano de 35 anos. Ele era proprietário de uma firma bem-sucedida de retífica de motores a diesel. Entretanto, ele tinha um carro de dez anos de idade e usava calça jeans e jaqueta de couro. Morava numa casa modesta, num bairro de classe média baixa. Seus vizinhos eram empregados do correio, bombeiros ou mecânicos.

Depois de nos comprovar seu sucesso financeiro com números reais, esse texano nos disse:

> *Minha firma não tem uma aparência bonita. Eu não represento esse papel... Quando meus sócios ingleses me conheceram, acharam que eu era um chofer de caminhão... Eles correram os olhos por todo o meu escritório e olharam para todo mundo, menos para mim. Daí o principal do grupo disse: "Ah, esquecemos que estamos no Texas!". Eu realmente não uso chapéu grande, mas tenho muito, muito gado.*

RETRATO DE UM MILIONÁRIO

Quem é o protótipo do milionário americano? O que ele contaria a você?*

*Nosso perfil do milionário típico baseia-se em estudos de lares milionários, não de indivíduos. Portanto, é impossível dizer com certeza se o milionário americano típico é homem ou mulher. Como 95% dos lares milionários são compostos por casais casados, e como em 70% desses casos o homem contribui com pelo menos 80% da renda, neste livro vamos nos referir ao milionário típico como "ele".

- Sou um homem de 57 anos, casado, com três filhos. Cerca de 70% de nós, milionários, ganhamos 80% ou mais da renda familiar.

- Cerca de um em cada cinco de nós está aposentado. Cerca de dois terços dos que estão trabalhando são donos do seu próprio negócio. É interessante notar que os donos de empresas são menos de 20% dos trabalhadores da América, mas constituem dois terços dos milionários. Três de cada quatro de nós que têm seu próprio negócio se consideram empresários. A maioria dos outros são profissionais liberais independentes, como médicos e contadores.

- Muitos tipos de negócios em que estamos envolvidos poderiam ser classificados como normais ou mesmo tediosos. Somos leiloeiros, donos de empresas de solda, produtores de arroz, proprietários de estacionamentos de *trailers*, donos de firmas dedetizadoras, comerciantes de selos e moedas, donos de firmas de asfaltamento.

- Cerca da metade das nossas esposas não trabalha fora de casa. Entre as que trabalham, a ocupação número um é professora.

- A renda total anual realizada (tributável) da nossa família é de US$131.000 (mediana, ou o percentil 50), enquanto que nossa renda média é de US$247.000. Note que aqueles de nós que têm uma renda na faixa de US$500.000 até US$999.999 (8%) e na categoria de US$1 milhão ou mais (5%) empurram a média para cima.

- Nossa família tem um patrimônio líquido médio de US$3,7 milhões. Naturalmente, alguns colegas nossos acumularam muito mais. Quase 6% têm um patrimônio de mais de US$10 milhões. Aqui também essas pessoas levantam a nossa média. O domicílio milionário típico (mediano, ou o percentil 50) tem um patrimônio líquido de US$1,6 milhão.

- Em média, a nossa renda total anual realizada constitui menos de 7% da nossa riqueza. Em outras palavras, nós vivemos com menos de 7% da nossa riqueza.

- A maioria de nós (97%) é proprietária de sua própria casa. Moramos em casas atualmente avaliadas em média em US$320.000. Cerca de metade de nós mora na mesma casa há mais de vinte anos. Assim, já nos beneficiamos de um aumento significativo no valor de nossas moradias.

- A maioria de nós nunca se sentiu em desvantagem porque nunca recebeu nenhuma herança. Cerca de 80% de nós somos afluentes de primeira geração.

- Vivemos bem abaixo dos nossos meios. Usamos ternos nada caros e temos carros americanos. Só uma minoria de nós tem um carro do ano. Apenas uma minoria tem veículos em *leasing*.

- A maioria das nossas esposas faz planejamentos e orçamentos meticulosos. Na verdade, apenas 18% de nós discordam da afirmação "A caridade começa em casa". A maior parte de nós vai lhe dizer que a esposa é muito mais conservadora com o dinheiro do que o próprio marido.

- Temos um fundo do tipo "que tudo vá para o inferno". Em outras palavras, nós acumulamos uma riqueza suficiente para viver sem trabalhar por dez anos ou mais. Assim, aqueles de nós que têm um patrimônio líquido de US$1,6 milhão poderiam viver confortavelmente por mais de doze anos. Na verdade, poderíamos viver mais do que isso, já que economizamos pelo menos 15% da nossa renda total.

- Temos mais de seis vezes e meia o nível de renda de nossos vizinhos que não são milionários; porém, no nosso bairro, esses não-milionários são três para um em relação a nós. Será que eles decidiram trocar a riqueza pela aquisição de posses materiais que conferem um alto *status*?

- Como grupo, somos bastante instruídos. Apenas um em cinco não se formou na universidade. Muitos de nós têm um diploma de pós-graduação: 18% têm diploma de mestrado, 8% diploma de direito, 6% em medicina, e 6% são Ph.Ds.

- Apenas 17% de nós ou de nossas esposas freqüentaram uma escola primária ou secundária particular. Porém, 55% dos nossos filhos estão atualmente, ou já estiveram, em escolas particulares.

- Como grupo, acreditamos que a educação é extremamente importante para nós mesmos, para nossos filhos e nossos netos. Gastamos altas quantias na educação dos nossos descendentes.

- Cerca de dois terços de nós trabalham entre 45 e 55 horas todas as semanas.

- Somos investidores meticulosos e cuidadosos. Em média, investimos todos os anos quase 20% da renda realizada da nossa família. A maioria de nós investe pelo menos 15%. Além disso, 79% de nós têm pelo menos uma conta com uma corretora de ações. Porém, nós mesmos tomamos nossas decisões de investimentos.

- Temos quase 20% da nossa riqueza familiar investida em ações negociadas na Bolsa e fundos mútuos. Mas raramente vendemos nossos investimentos. Temos ainda mais em nossos planos de pensão. Em média, 21% da nossa riqueza familiar está aplicada nos nossos negócios particulares.

- Como grupo, sentimos que as nossas filhas estão em desvantagem financeira em comparação com os nossos filhos. Parece que os homens ganham muito mais dinheiro, mesmo estando dentro das mesmas categorias ocupacionais. É por isso que a maioria de nós não hesita em dividir uma grande parte da nossa riqueza com nossas filhas. Já os nossos filhos homens, em geral, têm as cartas do baralho econômico dispostas a seu favor. Eles não devem precisar de subsídios dos pais.

- Qual seria a ocupação ideal para nossos filhos e filhas? Há cerca de 3,5% de lares milionários como o nosso. Nossos números estão crescendo muito mais depressa do que a população em geral. Nossos filhos deveriam pensar em oferecer às pessoas afluentes serviços de valor. De modo geral, nossos consultores financeiros de mais confiança são os nossos contadores. Nossos advogados também são importantes. Assim, nós recomendamos contabilidade e advocacia para os nossos filhos. Consultores de impostos e especialistas em planejamento de fundos também estarão em grande demanda nos próximos quinze anos.

- Sou pão-duro mesmo. Esta é uma das principais razões pelas quais preenchi um longo questionário. Ora, por que eu haveria de gastar duas ou três horas do meu tempo respondendo a uma entrevista pessoal desses autores? É porque eles me pagaram US$100, US$200 ou US$250. Ah, é verdade que eles me fizeram outra oferta – doar esse dinheiro em meu nome para a minha instituição de caridade predileta. Mas eu lhes respondi: "Minha instituição de caridade predileta sou eu".

A Definição de "Rico"

Peça ao americano médio que defina o termo "rico". A maioria daria a mesma definição que se encontra nos dicionários. Para eles, rica é a pessoa que tem uma abundância de posses materiais.

Nós definimos a riqueza de outra maneira. Não definimos rico, afluente ou abastado em termos de posses materiais.

Muitas pessoas que exibem um estilo de vida de alto consumo não têm nenhum investimento, ou têm muito pouco. Eles também não têm bens que se valorizem ou que gerem renda, nem ações, bônus, empresas particulares, participação em empresas de petróleo ou de gás, nem terras plantadas com madeira. Inversamente, as pessoas que nós definimos como ricas têm muito mais prazer em possuir uma quantidade substancial de bens valorizáveis do que em ostentar um estilo de vida de alto consumo.

A Definição Nominal de Riqueza

Uma maneira que temos para determinar se alguém é rico ou não baseia-se no patrimônio líquido. O patrimônio líquido é definido como o valor atual dos ativos menos os passivos (exclui-se esse princípio nas contas fiduciárias).

Neste livro, nós definimos que o limiar da riqueza significa ter um patrimônio líquido de US$1 milhão ou mais. Baseando-se nessa definição, apenas 3,5 milhões (3,5%) dos cem milhões de lares na América são considerados ricos. Cerca de 95% dos milionários da América têm um patrimônio líquido entre US$1 milhão e US$10 milhões. Grande parte da discussão deste livro se concentra nesses segmentos da população. E por que focalizar este grupo? Porque este nível de riqueza pode ser atingido no decurso de apenas uma geração. Pode ser atingido por muitos americanos.

Qual Deve ser a sua Riqueza?

Outra maneira de definir se uma pessoa, um domicílio, ou uma família é rica baseia-se na expectativa de patrimônio líquido da pessoa. A renda e a idade são fortes determinadores do quanto ela deveria ter. Em outras palavras, quanto mais alta a renda, mais alto se espera que seja o patrimônio líquido (assumindo que a pessoa esteja trabalhando e não aposentada). Da mesma forma, se uma pessoa vem gerando renda há mais tempo, é mais provável que ela tenha acumulado mais riqueza. Assim, as pessoas de renda mais alta e que são mais velhas devem ter acumulado mais riqueza do que os geradores de baixa renda que são mais jovens.

Para a maioria das pessoas na América com uma renda anual realizada de US$50.000 ou mais e para a maioria das pessoas com idade entre 25 e 65 anos, há um nível esperado correspondente de riqueza. Os que estão significativamente acima desse nível são considerados ricos em relação aos outros do seu grupo de renda/idade.

Você pode perguntar: como pode alguém ser considerado rico se, por exemplo, tem um patrimônio de apenas US$460.000? Afinal, ele não é milionário. Charles Bobbins é um bombeiro de 41 anos. Sua esposa é secretária. O casal tem uma renda anual combinada de US$55.000. De acordo com os dados de nossa pesquisa, o sr. Bobbins deveria ter um patrimônio líquido de aproximadamente US$225.500. Mas ele tem muito mais do que outras pessoas na sua categoria de renda/idade. O sr. e a sra. Bobbins conseguiram acumular um patrimônio líquido acima da média. Portanto, vê-se que eles sabem como viver com uma renda de bombeiro e de secretária e mesmo assim economizar e investir uma boa parte. Provavelmente, os dois têm um estilo de vida de baixo consumo. E em vista desse estilo de vida, o sr. Bobbins seria capaz de sustentar a si mesmo e a sua família durante dez anos sem trabalhar. Dentro da sua categoria de renda e de idade, os Bobbins são ricos.

Os Bobbins são muito diferentes do dr. John J. Ashton, um médico de 56 anos com uma renda anual de aproximadamente US$560.000. Qual é o patrimônio do dr. Ashton? Será que ele é rico? Segundo uma das definições, sim, uma vez que seu patrimônio líquido é de US$1,1 milhão. Mas ele não é rico de acordo com nossa outra definição. Em vista da sua idade e da sua renda, ele deveria possuir mais de US$3 milhões. Com seu estilo de vida de alto consumo, por quanto tempo você acha que o dr. Ashton poderia sustentar a si mesmo e sua família se parasse de trabalhar? Talvez durante dois anos, ou no máximo três.

COMO DETERMINAR SE VOCÊ É RICO

Qualquer que seja a sua idade, qualquer que seja a sua renda, quanto você deveria ter agora mesmo? A partir de anos de pesquisas com muitas pessoas de alta renda/alto patrimônio líquido, nós desenvolvemos várias equações de riqueza baseadas em múltiplas variáveis. Uma regra simples, porém, é mais do que adequada para computar o patrimônio líquido que se espera de alguém.

Multiplique a sua idade pela sua renda familiar anual realizada, antes dos impostos, provinda de todas as fontes exceto herança. Divida por dez. Isso, menos qualquer riqueza herdada, deveria ser o valor do seu patrimônio líquido.

Por exemplo, se o sr. Anthony O. Duncan tem 41 anos de idade, ganha US$143.000 por ano e tem investimentos que lhe retornam mais US$12.000, ele deveria multiplicar US$155.000 por 41. Isso dá um total de US$6.355.000. Dividido por dez, seu patrimônio líquido deveria ser de US$635.500.

Se a sra. Lucy Frankel tem 61 anos de idade e uma renda anual realizada de US$235.000, seu patrimônio líquido deveria ser de US$1.433.500.

E você? Dada a sua idade e sua renda, será que o seu patrimônio líquido está de acordo? Qual é a sua posição ao longo da linha da riqueza? Se você está na faixa dos 25% mais altos em acumulação de riqueza você é um PAR, ou seja, um Prodigioso Acumulador de Riquezas. Se você está nos 25% inferiores, você é um SAR, ou seja, um Sub-Acumulador de Riquezas. Será que você é um PAR, um SAR, ou apenas um MAR (Médio Acumulador de Riquezas)?

Nós também desenvolvemos outras regras simples. Para estar bem posicionado na categoria dos PAR, você deveria ter o dobro da riqueza esperada. Em outras palavras, o patrimônio líquido / riqueza do sr. Duncan deveria ser o dobro, ou mais, do valor que se espera encontrar em seu grupo de renda / idade, ou seja, US$635.500 multiplicado por dois, igual a US$1.271.000. Se o patrimônio líquido do sr. Duncan é de aproximadamente US$1,27 milhão ou mais, ele é um PAR. Inversamente, o que significa descobrir que seu nível de riqueza é de metade, ou menos, do que o esperado para todos na sua categoria de renda / idade? O sr. Duncan seria classificado como um SAR se o seu nível de riqueza fosse de US$317.750 ou menos (ou seja, metade de US$635.500).

PAR *Versus* SAR

Os PAR são construtores de riqueza – ou seja, são os melhores em termos de formação de um patrimônio líquido, quando comparados aos outros em sua categoria de renda / idade. Tipicamente, os PAR têm pelo menos quatro vezes mais riqueza acumulada do que os SAR. Contrastar as características dos PAR e dos SAR é uma das maiores revelações das pesquisas que estamos realizando há vinte anos.

Um bom exemplo de diferença entre PAR e SAR se revela em dois estudos de caso. O sr. Miller, de 50 anos de idade, é proprietário de uma revendedora de *trailers*. Sua renda familiar total no ano passado foi de US$90.200. O patrimônio líquido do sr. Miller, segundo a equação da riqueza, deveria ser de US$451.000. Entretanto, o sr. Miller é um PAR. Seu patrimônio real atinge US$1,1 milhão.

Seu oposto é James H. Ford II, de 51 anos, advogado. Sua renda ano passado foi de US$92.330, ligeiramente maior que a do sr. Miller. Mas qual é o patrimônio real do sr. Ford? Qual é o nível de riqueza que se espera dele? Seu patrimônio líquido é de US$226.511, ao passo que o esperado (segundo a equação da riqueza) é de US$470.883. O sr. Ford, pela nossa definição, é um SAR. O sr. Ford passou sete anos na faculdade. Como é possível que ele tenha menos riqueza do que um revendedor de *trailers*? Na verdade, o sr. Miller tem quase cinco vezes o patrimônio do sr. Ford. E lembre-se que os dois estão na mesma categoria de renda/idade. Para tentar responder, faça duas perguntas simples:

- Quanto dinheiro é necessário para manter o estilo de vida de classe média alta de um advogado e sua família?

- Quanto dinheiro é necessário para manter o estilo de vida de classe média, ou até mesmo de classe baixa, de um revendedor de *trailers* e sua família?

Não há dúvida que o sr. Ford, o advogado, deve gastar uma parte bem maior de sua renda familiar para manter e exibir o estilo de vida de classe média alta de sua família. Que marca de carro é coerente com o *status* de um advogado? Um carro importado de luxo, sem nenhuma dúvida. Qual dos dois precisa ir trabalhar todos os dias com um terno diferente, de alta qualidade? Qual dos dois precisa ser sócio de um ou mais clubes de campo? Qual dos dois precisa de talheres e bandejas de prata da Tiffany?

O sr. Ford, o SAR, tem uma propensão mais alta para gastar do que os membros do grupo PAR. Os SAR tendem a viver acima de suas posses; eles dão muita importância para o consumo. E tendem a subestimar a importância de muitos fatores que são fundamentais para a construção da riqueza.

VOCÊ OU SEUS ANTEPASSADOS?

A maioria dos milionários da América é constituída por ricos de primeira geração. Como é possível que pessoas de origem modesta se tornem milionárias no decurso de apenas uma geração? E por que tantas outras pessoas de formação socioeconômica semelhante nunca conseguem acumular nem mesmo uma riqueza modesta?

A maior parte das pessoas que se torna milionária tem confiança nas suas capacidades. Elas não passam o tempo se preocupando em pensar se seus pais eram ricos ou não. Elas não acreditam que a pessoa precisa nascer rica. Inversamente, as pessoas de origem modesta que acreditam que só os ricos produzem filhos milionários já estão predeterminadas a serem sempre não-afluentes. Será que você também pensa que a maioria dos milionários nasceu com uma colher de prata na boca? Se é assim, considere os seguintes fatos que a nossa pesquisa descobriu sobre os milionários:

- Apenas 19% recebem qualquer tipo de renda ou dinheiro provindo de um espólio ou um fundo de fideicomisso.
- Menos de 20% herdaram 10% ou mais da sua riqueza.
- Mais da metade nunca recebeu sequer um dólar de herança.
- Menos de 25% jamais receberam um "presente" de US$10.000 ou mais de seus pais, avós ou outros parentes.
- Noventa e um por cento nunca receberam de presente nem um dólar sequer dos direitos de propriedade de uma empresa da família.
- Quase a metade nunca recebeu dinheiro de seus pais ou de outros parentes para seus estudos universitários.
- Menos de 10% acreditam que algum dia irão receber uma herança.

A América continua a oferecer grandes perspectivas para os que desejam acumular riqueza em uma geração. De fato, a América sempre foi uma terra de oportunidades para os que acreditam na natureza fluida do sistema social e da economia do país.

Há mais de cem anos isso já era verdade. Em *The American Economy*, Stanley Lebergott revisa um estudo feito em 1892 sobre os 4.047 milionários americanos. Ele relata que 84% eram "novos ricos, que chegaram ao topo sem se beneficiar de nenhuma herança".

Será que a Inglaterra Predomina?

Pouco antes da Revolução Americana, a maior parte da riqueza dos EUA estava nas mãos dos donos de terras. Mais da metade da terra pertencia a pessoas nascidas na Inglaterra, ou nascidas na América de pais ingleses. Será que mais da metade da riqueza dos EUA hoje é de origem inglesa? Não. Um dos maiores mitos a respeito da riqueza nos EUA se relaciona com a origem étnica. Há muita gente que pensa que a população afluente da América é composta predominantemente dos descendentes diretos dos colonizadores ingleses.

Vamos examinar essa hipótese objetivamente. E se o "país de origem" fosse o principal fator para explicar a variação da riqueza? Se assim fosse, poderíamos esperar que mais da metade da população milionária da América tivesse antepassados ingleses. Contudo, não é o que acontece (veja a Tabela 1-1). No nosso levantamento mais recente, pedimos aos milionários que designassem seu país de origem, ou de seus antepassados, ou sua origem étnica. Você pode ficar surpreso com os resultados.

Os que designaram "inglês" como sua origem étnica compõem 21,1% da população milionária. As pessoas de origem inglesa compõem 10,3% da população de lares americanos em geral. Portanto, os milionários americanos de origem inglesa são mais predominantes do que seria de se esperar, dados os seus números na população americana como um todo (10,3% *ver-*

TABELA 1-1

OS DEZ MAIORES GRUPOS DE ORIGEM DOS MILIONÁRIOS AMERICANOS

Origem étnica: Chefe da família[1]	Porcentagem de todos os lares dos EUA	Número de lares milionários[2]	Porcentagem da população de lares milionários	Classificação: Porcentagem da população de lares milionários	Proporção de concentração: % de todos os lares milionários/ % de todos os lares	Porcentagem do grupo de origem étnica que são lares milionários	Classificação: Porcentagem do grupo de origem étnica que são lares milionários
Inglês	10,3	732.837	21,1	1º	2,06	7,71	4º
Alemão	19,5	595.171	17,3	2º	0,89	3,32	9º
Irlandês	9,6	429.559	12,5	3º	1,30	4,88	7º
Escocês	1,7	322.255	9,3	4º	5,47	20,80	2º
Russo	1,1	219.437	6,4	5º	5,82	22,00	1º
Italiano	4,8	174.929	5,1	6º	0,94	4,00	8º
Francês	2,5	128.350	3,7	7º	1,48	5,50	6º
Holandês	1,6	102.818	3,0	8º	1,88	7,23	5º
Americano nativo	4,9	89.707	2,6	9º	0,53	1,99	10º
Húngaro	0,5	67.625	2,0	10º	4,00	15,10	3º

[1] "Chefe da família" se refere ao adulto da casa que respondeu à pesquisa. Os respondentes se autodesignaram como a pessoa responsável pelas decisões financeiras da família.

[2] "Lares milionários" são os que têm um patrimônio líquido de US$1 milhão ou mais.

sus 21,1%). Em outras palavras, este grupo tem uma proporção de concentração de milionários de 2,06 (21,1% de todos os lares milionários divididos por 10,3% de todos os lares chefiados por pessoas de origem inglesa), o que significa que pessoas de origem inglesa têm duas vezes mais probabilidade de chefiar um lar da categoria milionária do que seria de se esperar em vista da porção que ocupam no total dos lares da América.

Contudo, que porcentagem do grupo de ascendência inglesa está na categoria dos milionários? Você esperaria que o grupo dos ingleses estivesse em primeiro lugar? Na verdade, está em quarto lugar. Segundo a nossa pesquisa, 7,71% de todos os lares da categoria inglesa têm um patrimônio líquido de US$1 milhão ou mais. Existem três outros grupos étnicos com uma concentração de milionários significativamente mais alta.

Como é possível que o grupo de ascendência inglesa não tenha a maior concentração de lares milionários? Afinal, eles foram os primeiros europeus a chegar ao Novo Mundo. Com isso, estavam bem posicionados para tirar vantagens econômicas da Terra da Oportunidade. Na América Colonial de 1790, mais de dois terços dos lares eram chefiados por um trabalhador autônomo. *Na América, as realizações da geração atual são um fator mais importante para explicar a acumulação de riqueza do que os acontecimentos do passado.* Como já dissemos, a maioria dos milionários americanos de hoje (cerca de 80%) é composta por ricos de primeira geração. Tipicamente, as fortunas que essas pessoas construíram serão completamente dissipadas pela segunda ou terceira geração. A economia americana é fluida. Há muitas pessoas hoje que estão a caminho de se tornarem ricas. E há também muitas outras que estão gastando todo seu dinheiro e que irão sair da categoria dos afluentes.

Grupos Étnicos Vencedores

Se o grupo de ascendência inglesa não tem alta concentração de lares milionários, então qual é o grupo que tem? O grupo russo está em primeiro lugar, os escoceses, em segundo e os húngaros, em terceiro. Embora o grupo de ascendência russa componha apenas cerca de 1,1% de todos os lares da América, ele compõe cerca de 6,4% de todos os lares milionários. Estimamos que cerca de 22 de cada 100 lares chefiados por alguém de ascendência russa tenham um patrimônio líquido de US$1 milhão ou mais. Isso está em forte contraste com o grupo de ascendência inglesa, no qual apenas 7,71 de cada 100 membros são milionários. Quanta riqueza os milionários russo-americanos têm no total? Estimamos em cerca de US$1,1 trilhão, ou seja, 5% de toda a riqueza pessoal na América de hoje!

Como se explica a produtividade econômica dos russo-americanos? Em geral, a maioria dos milionários americanos é proprietária-administradora de firmas. Os russos, em números desproporcionais, também são proprietários-administradores de firmas. E mais: parece que entre os russos esse espírito empreendedor passa de geração em geração.

O grupo de ascendência húngara também tem forte inclinação empresarial. Este grupo representa apenas 0,5% de todos os lares do país. Contudo, ele compõe 2% dos lares milionários. Contraste este fato com o grupo de origem alemã, que compõe cerca de um em cada cinco lares (19,5%) do país. Apenas 17,3% de todos os lares milionários são chefiados por pessoas de origem alemã, e apenas cerca de 3,3% dos lares alemães estão na faixa dos milionários.

Escoceses Pão-Duros

O grupo de origem escocesa compõe apenas 1,7% de todos os lares. Mas ele responde por 9,3% dos lares milionários da América. Assim, em termos de concentração, o grupo de origem escocesa tem mais de cinco vezes (5,47) a quantidade de lares milionários do que seria de se esperar dada a fatia que representa (1,7%) dos lares americanos.

O grupo de origem escocesa vem em segundo lugar em termos de porcentagem do seu clã que está na lista dos milionários. Quase 21 (20,8) em cada 100 lares escoceses são milionários. O que explica esta alta colocação? É verdade que muitos escoceses estavam entre os primeiros imigrantes a vir para a América. Mas esta não é a razão principal da sua produtividade econômica. Lembre-se de que os ingleses estavam entre os primeiros imigrantes, porém sua concentração é muito mais baixa do que a dos escoceses. Considere também que os escoceses não desfrutaram do mesmo *status* econômico sólido dos ingleses nos anos em que a nação estava na infância. Dados esses fatos, seria de se esperar que o grupo de origem inglesa tivesse uma concentração mais alta de lares milionários do que o grupo escocês. Porém o que ocorre é o oposto. O grupo de origem escocesa tem um nível de concentração quase três vezes maior do que o grupo inglês (5,47 *versus* 2,06). O que, então, torna o grupo escocês tão especial?

Se um grupo de origem tem uma alta concentração de milionários, quais deveriam ser as características de renda deste grupo? A expectativa é que esse grupo teria uma concentração igualmente alta de geradores de alta renda. A renda tem uma alta correlação com o patrimônio líquido; mais de dois terços dos milionários da América têm uma renda familiar anual de US$100.000 ou mais. E de fato essa correlação existe para todos os grandes grupos de origem, exceto um: os escoceses. Este grupo tem um número muito mais alto de lares com alto patrimônio do que se poderia explicar apenas pela presença de lares geradores de alta renda. Os lares escoceses geradores de renda compõem menos de 2% de todos os lares de alta renda da América. Mas lembre-se que o grupo de origem escocesa responde por 9,3% dos lares milionários na América de hoje. Mais de 60% dos milionários de origem escocesa têm uma renda familiar anual de US$100.000. Nenhum outro grupo de origem tem uma concentração tão alta de milionários a partir de uma concentração tão pequena de lares geradores de alta renda.

Se a renda não explica a riqueza do grupo escocês na América, quais os fatores que esclarecem esse fenômeno? Há vários fatores fundamentais.

Primeiro, os escoceses americanos tendem a ser frugais. Dada a renda de um domicílio, há uma expectativa matemática correspondente do nível de consumo. Os membros deste grupo não se encaixam nestas expectativas. Em média, eles vivem muito abaixo da norma, em várias categorias de renda. Muitos vivem num ambiente de relativa escassez, criado por eles próprios. Muitos lares de origem escocesa com renda anual de US$100.000 consomem no nível típico de um lar americano com renda anual de US$85.000. Ter uma vida frugal lhes permite economizar mais e investir mais do que outros que estão em grupos de renda semelhantes. Assim, o mesmo lar escocês gerador de uma renda de US$100.000 economiza e investe num nível comparável à família americana típica que ganha perto de US$150.000 por ano.

Nos capítulos seguintes revelaremos dados das nossas pesquisas que mostram os preços mais altos que os milionários típicos já pagaram por ternos, sapatos, relógios e veículos. Um número significativamente maior de milionários com ascendência escocesa relatou que pagava menos por cada item do que a norma para todos os milionários da amostra. Por exemplo, mais de dois terços (67,3%) dos milionários escoceses pagaram menos pelo seu veículo mais caro do que a norma para todos os milionários pesquisados.

Sendo acumuladores de riqueza, os afluentes de origem escocesa têm riqueza para passar a seus descendentes. Nossa pesquisa revela que os descendentes dos escoceses se tornam independentes, tanto econômica quanto emocionalmente, já quando jovens adultos. Assim, a tendência é que eles não irão exaurir a riqueza dos pais.

Os membros do grupo de origem escocesa conseguiram instilar em sucessivas gerações seus valores de economia, disciplina, realização econômica e independência financeira. Estes valores também são traços típicos da maioria dos milionários que se fizeram por si mesmos.

Pequenas Populações

Muitos estudos sobre os afluentes tendem a sub-representar os grupos oriundos de pequenas populações. Contudo, muitos desses grupos contêm altas concentrações de lares ricos. E quais são esses pequenos grupos? Estimamos que todos os quinze grupos descendentes de pequenas populações mostrados na Tabela 1-2 têm no mínimo duas vezes a proporção de milionários do que a proporção para todos os lares americanos. Apenas cerca de 3,5% de todos os lares americanos têm um patrimônio líquido de US$1 milhão. Todos os grupos listados na Tabela 1-2 contêm duas vezes essa propor-

TABELA 1-2

OS QUINZE GRUPOS DE MAIOR PRODUTIVIDADE ECONÔMICA ORIUNDOS DE PEQUENAS POPULAÇÕES[1]

País de origem	Proporção do total de lares dos EUA	Índice de alta renda dos antepassados[2]	Índice de dependência dos antepassados[3]	Índice de produtividade econômica dos antepassados[4]	Colocação da produtividade econômica dos antepassados
Israel	0,0003	2,6351	0,3870	6,8095	1
Lituânia	0,0004	2,4697	0,5325	4,6383	2
Austrália	0,0001	2,1890	0,5329	4,1080	3
Egito	0,0003	2,6546	0,6745	3,9357	4
Estônia	0,0001	1,8600	0,4787	3,8855	5
Turquia	0,0003	2,2814	0,6650	3,4305	6
Islândia	0,0001	1,8478	0,5600	3,2997	7
Síria	0,0004	2,1659	0,6698	3,2335	8
Irã	0,0009	2,0479	0,6378	3,2107	9
Países Eslavos	0,0002	1,2292	0,4236	2,9018	10
Luxemburgo	0,0002	1,1328	0,3992	2,8379	11
Iugoslávia	0,0009	1,3323	0,5455	2,4424	12
Palestina	0,0002	1,8989	0,7823	2,4274	13
Eslovênia	0,0004	1,0083	0,4246	2,3748	14
Sérvia	0,0004	1,3184	0,5950	2,2157	15

[1]Grupos oriundos de pequenas populações são aqueles que têm menos de cem mil lares residentes nos EUA, segundo o Censo da Ascendência da População dos EUA de 1990.

[2]Por exemplo, os lares de origem israelense têm 2,6351 vezes a proporção de lares de alta renda (US$100.000 e mais) do que a proporção para todos os lares americanos.

[3]Por exemplo, os lares de origem israelense têm 0,3870 vezes a proporção de lares dependentes de auxílio público do que a proporção de todos os lares americanos.

[4]Por exemplo, o índice de produtividade econômica para os lares de origem israelense (6,8095) é determinado tomando-se o seu índice de alta renda (2,6351) e dividindo-o pelo seu índice de dependência (0,3870).

ção (os quinze juntos representam menos de 1% de todos os lares afluentes). Na verdade, há uma forte indicação de uma relação inversa entre o tamanho de um grupo de origem e a proporção dos seus membros que são ricos. Em outras palavras, os grupos étnicos maiores contêm, em média, uma proporção menor de milionários do que os grupos menores.

E o que dizer do número de anos que um elemento médio de um dado grupo de origem já passou na América? Quanto mais tempo ele está no país, menos probabilidade de produzir uma porcentagem alta de milionários. E por quê? Porque os EUA são uma sociedade baseada no consumo. *Em geral, quanto mais tempo o membro médio de um grupo de origem já viveu na América, mais provável é que ele ou ela já tenha se socializado por completo dentro de um estilo de vida de alto consumo*. Há outra razão. Os americanos de primeira geração costumam ser negociantes autônomos. O trabalho autônomo é um grande fator correlato positivo da riqueza.

Isso não significa que ter um trabalho autônomo e/ou ser da primeira geração na América garanta que alguém seja milionário. A maioria dos americanos autônomos nunca irá acumular nem mesmo níveis modestos de riqueza. O mesmo é verdade para a maioria dos americanos de primeira geração. Porém, hoje há 23 milhões de pessoas nos EUA que nasceram em outros países. É uma variedade genética muito grande. Note também que 12% dos quinhentos maiores empresários da revista *INC.* são americanos de primeira geração.

Poderíamos esperar que os filhos, filhas, netos e netas dessas pessoas tivessem automaticamente sucesso econômico, até mais do que seus pais e avós. Mas não é verdade. Discutiremos as transferências intergeracionais com mais detalhes nos Capítulos 5 e 6, mas permita-nos explicar neste momento por que a "próxima geração" costuma ser menos produtiva economicamente do que a última.

Victor e seus Filhos

Considere o caso de Victor, um empresário bem-sucedido que é um americano de primeira geração. Empresários como ele sempre se caracterizaram por sua economia, pouco *status*, disciplina, baixo consumo, risco e muito trabalho duro. Mas depois que essas maravilhas genéticas se tornam sucessos financeiros, o que acontece? O que eles ensinam aos seus filhos? Será que eles os incentivam a seguir o exemplo do pai? Será que seus filhos também se tornam donos de empresas de escavações, conserto de telhados, negociantes de ferro-velho e assim por diante? Com toda a probabilidade, não. Menos de um em cinco segue essas carreiras.

Não, Victor quer que seus filhos tenham uma vida melhor. Ele os incentiva a passar muitos anos na faculdade. Victor quer que seus filhos se tornem médicos, advogados, contadores, executivos e assim por diante. Mas ao incentivá-los a isso, na essência Victor os está desencorajando a se tornarem empreendedores. Sem saber, ele os está incentivando a adiar sua entrada no mercado de trabalho. E, naturalmente, ele os incentiva também a rejeitar seu estilo de vida frugal e seu ambiente auto-imposto de escassez.

Victor quer que seus filhos tenham uma vida melhor. Mas o que exatamente Victor quer dizer com isso? Ele quer dizer que seus filhos devem ter uma boa educação e um *status* ocupacional muito mais alto do que ele próprio teve. Para ele, "uma vida melhor" também significa ter coisas melhores: belas casas, automóveis novos de luxo, roupas de boa qualidade, ser sócio de certos clubes. Mas Victor se esqueceu de incluir nesta definição do que é "melhor" muitos elementos que foram as pedras fundamentais do seu próprio sucesso. Ele não percebe que ter uma boa formação também acarreta certas desvantagens econômicas.

Os filhos adultos de Victor, instruídos como são, já aprenderam que se espera um alto nível de consumo das pessoas que passam muitos anos numa universidade ou numa escola profissional. Hoje seus filhos são SAR. São o oposto de seu pai, o negociante bem-sucedido que andava de macacão azul. Seus filhos estão americanizados. Eles são parte da geração de alto consumo e de adiamento do emprego.

Quantas gerações são necessárias para que um grupo étnico que hoje contém milhares de Victors se torne americanizado? Não mais que algumas poucas. A maior parte passa para a faixa "americana normal" dentro de uma ou duas gerações. É por isso que a América precisa de um fluxo constante de imigrantes com a coragem e a tenacidade de Victor. Esses imigrantes e seus filhos são constantemente necessários para substituir os Victors da América.

Os Autores, Toddy e Alex

Vários anos atrás fomos solicitados a realizar um estudo sobre os ricos na América. Fomos contratados por Toddy, o vice-presidente da subsidiária de uma grande empresa. Os ancestrais de Toddy eram ingleses. Seus antepassados já estavam na América antes da independência. Mais recentemente, eles possuíam indústrias de aço na Pensilvânia. Toddy, seu descendente direto, freqüentou uma escola particular exclusiva na Inglaterra. Na universidade, jogava *rugby*.

Toddy, como muita gente, sempre acreditou que os ricos herdam sua fortuna. Também acreditava que a maior parte dos ricos tem raízes inglesas. E o que aconteceu com as firmes opiniões de Toddy depois que ele nos acompanhou nas pesquisas de campo, conhecendo os milionários da América? A maioria dos milionários pesquisados era composta de ricos de primeira geração, e não eram de origem inglesa. A maioria freqüentou escola pública, dirige carros americanos e prefere um sanduíche ao caviar. E, ao contrário de Toddy, a maioria leva uma vida frugal.

Houve outro fato que fez Toddy compreender melhor as coisas. Durante nossa pesquisa, um empresário chamado Alex aproximou-se de Toddy e de outros altos funcionários da empresa. Alex queria comprar a firma que empregava Toddy. Mas quem era esse tal de Alex, afinal de contas? Seu pai imigrou da Rússia para a América antes do nascimento de Alex. O pai era dono de uma pequena firma. Alex formou-se numa universidade estadual. Toddy perguntou: "Mas como é possível que esse sujeito queira e tenha os recursos para comprar a empresa?". O pai de Alex respondeu sucintamente:

Os russos são os melhores negociantes de cavalos.

Alex é um multimilionário que fez a si mesmo. É o protótipo da história de sucesso americana. E, inversamente, Toddy e outros como ele são uma espécie em risco de extinção. Algum dia podem até ficar extintos. Isso é especialmente verdade para aqueles que gastam muito tempo em reminiscências acerca de como os seus falecidos antepassados fundaram estradas de ferro, fundições de aço e serviços de expresso postal a cavalo, muito, muito tempo atrás.

FRUGAL, FRUGAL, FRUGAL

Eles vivem muito abaixo dos seus meios.

A primeira vez que entrevistamos um grupo de pessoas com pelo menos US$10 milhões (decamilionários), a sessão acabou sendo bem diferente do que havíamos planejado. Fomos contratados para estudar os milionários por uma grande companhia internacional de crédito fiduciário. Nosso cliente queria que estudássemos as necessidades dos indivíduos com alto patrimônio líquido.

Para garantir que nossos decamilionários se sentissem muito bem durante as entrevistas, alugamos uma luxuosa cobertura no East Side, um bairro chique de Manhattan. Também contratamos dois bufês especializados em comidas finas. Eles organizaram um menu com quatro patês e três tipos de caviar. Para acompanhar, sugeriram uma caixa de vinho Bordeaux de alta qualidade, safra 1970, e uma caixa de um "maravilhoso" cabernet sauvignon 1973.

Armados com esse menu que achávamos ideal, esperamos com entusiasmo a chegada dos nossos decamilionários. O primeiro a chegar foi um que apelidamos de sr. Bud. Aos 69 anos, milionário de primeira geração, o sr. Bud possuía vários terrenos comerciais valiosos na área metropolitana de Nova York. Também era dono de duas empresas. Você nunca imaginaria pela sua aparência que ele possuía bem mais de US$10 milhões. Sua roupa era absolutamente normal e comum – um terno e um sobretudo bem usados.

Mesmo assim, queríamos fazer o sr. Bud sentir que nós compreendíamos perfeitamente o que um decamilionário espera em relação a bebida e comida. Assim, depois de nos apresentarmos, um de nós perguntou: "Sr. Bud, posso lhe servir um copo de Bordeaux 1970?".

O sr. Bud olhou para nós com uma expressão intrigada e disse:

Eu bebo uísque e dois tipos de cerveja – grátis e BUDWEISER!

Disfarçamos nosso choque ao perceber o verdadeiro significado da mensagem desse decamilionário. Durante a entrevista subseqüente, que durou duas horas, os nove decamilionários se mexeram muito na cadeira. De vez em quando davam uma olhada para o bufê. Mas nenhum deles sequer tocou nos patês nem tomou os nossos vinhos finos. Sabíamos que eles estavam com fome, mas eles comeram apenas as torradas. Detestamos desperdiçar comida. O que fizemos com nossas comidas e bebidas? Não, não precisamos jogar fora. Os funcionários da empresa que nos contratou, na sala ao lado, consumiram quase tudo – naturalmente, com a ajuda dos dois autores! Parece que todos eram gourmets. Entretanto, nenhum de nós era decamilionário.

Uma Base para se Construir a Riqueza

Hoje sabemos muito mais sobre o estilo de vida dos ricos. Hoje em dia, quando entrevistamos milionários, oferecemos um lanche mais de acordo com o modo de vida deles. Oferecemos café, refrigerantes, cerveja, uísque (quando o evento é à noite), e sanduíches de pão de fôrma. E, naturalmente, lhes pagamos entre US$100 e US$250 por cabeça. Às vezes oferecemos incentivos adicionais. Muitos deles já escolheram um grande urso de pelúcia, bastante caro, como um de seus prêmios não-monetários; eles nos dizem que têm um neto ou neta que acharia o máximo ganhar de presente um urso daquele tamanho.

É de se lamentar que algumas pessoas julguem as outras segundo suas preferências em matéria de comida, bebida, ternos, relógios, carros e assim por diante. Para eles, as pessoas superiores têm um gosto fino quando se trata de bens de consumo. Só que é muito mais fácil comprar produtos que indicam superioridade do que ser realmente superior em termos de realização econômica. Dedicar tempo e dinheiro ao esforço de parecer superior muitas vezes acarreta um resultado predizível: uma realização econômica inferior.

Quais são as três palavras que traçam o perfil dos ricos?

FRUGAL, FRUGAL, FRUGAL

O dicionário Webster define *frugal* como "um comportamento caracterizado por ou refletindo economia no uso dos recursos". O oposto de frugal é perdulário. Definimos perdulário como um estilo de vida marcado por gastos abundantes e excesso de consumo.

Ser frugal é a pedra fundamental de construção da riqueza. Contudo, com demasiada freqüência os perdulários recebem promoção e sensacionalismo por parte da imprensa popular. Por exemplo, sofremos um bombardeio constante de exageros da mídia sobre os chamados "atletas milionários". Sim, é verdade que alguns membros dessa população são milionários. Mas se um jogador de grande talento faz US$5 milhões por ano e tem US$1 milhão de patrimônio líquido, isso não é grande coisa. Segundo a nossa equação da riqueza, quem ganha US$5 milhões e tem trinta anos de idade deveria ter como patrimônio líquido US$15 milhões ou mais. Quantos jogadores altamente pagos têm um nível de riqueza dessa categoria? Acreditamos que apenas uma minúscula fração. E por quê? Porque a maioria deles tem um estilo de vida perdulário – e pode sustentar esse estilo de vida enquanto estiver ganhando uma renda muito alta. Tecnicamente, eles podem ser milionários (ou seja, ter um patrimônio líquido mínimo de US$1 milhão ou mais); porém tipicamente ficam em baixo na escala dos PAR, os prodigiosos acumuladores de riqueza.

Quantos lares na América ganham US$5 milhões por ano? Menos de cinco mil entre os quase cem milhões de lares. Isso significa cerca de um em vinte mil. A maioria dos milionários nunca chega a ganhar nem um décimo de US$5 milhões em um ano. A maioria só se torna milionária depois de ter cinqüenta anos de idade ou mais. A maioria é frugal. E poucos deles poderiam ter sustentado um estilo de vida de alto consumo e ao mesmo tempo terem se tornado milionários.

Mas o estilo de vida perdulário vende jornais e tempo na tevê. Com demasiada freqüência, os jovens escutam a doutrina: "Quem tem dinheiro, é mão aberta" e "Se você não mostra, é porque você não tem". Dá para imaginar a mídia fazendo sensação em torno do estilo frugal do milionário americano típico? Quais seriam os resultados? Baixos índices de audiência na tevê e falta de leitores, porque a maior parte dos que constroem riqueza na América são pessoas que trabalham muito, levam uma vida simples, e não têm o menor *glamour*. Sua riqueza raramente foi ganha por meio de loterias, jogos esportivos ou programas de perguntas e respostas. Porém, são apenas esses ganhos repentinos, tão raros, que a imprensa alardeia.

Muitos americanos, especialmente os SAR (sub-acumuladores de riqueza), sabem como lidar com os aumentos na sua renda: eles os gastam! Sua necessidade de gratificação imediata é muito grande. Para eles, a vida é como um programa de perguntas e respostas. Os ganhadores recebem dinheiro rápido e presentes vistosos. Os espectadores sentem muita empatia pelos concorrentes. Basta ver os altos índices de audiência desse tipo de programa. As pessoas adoram ver suas substitutas ganhando carros, iates, eletrodomésticos e dinheiro vivo. Por que estes programas de perguntas e respostas nunca oferecem uma bolsa de estudos como prêmio? Porque a maioria das pessoas quer uma gratificação imediata. Elas não querem trocar um prêmio como, digamos, uma van, por oito anos de estudos numa escola noturna, mesmo que um diploma universitário possa se traduzir mais tarde num valor equivalente a uma dúzia de vans.

O ESTILO DE VIDA DO MILIONÁRIO AMERICANO TÍPICO

Será que um programa sobre o milionário americano típico iria agradar ao público da tevê de massa? Nós duvidamos. Por quê? Vamos ver por quê.

A câmera se aproxima da casa do sr. Johnny Lucas, o típico lar de um milionário. Como a maioria dos milionários, Johnny, de 57 anos, está casado com a mesma mulher desde o início da sua vida adulta. Ele é formado por uma universidade local, é proprietário de uma pequena firma de serviços de zeladoria que prosperou nos últimos anos. Todos os seus funcionários agora usam uniformes bem cortados e bonés com a marca da empresa.

Para os vizinhos, o sr. Lucas e sua família parecem ser pessoas de classe média sem nada de especial; entretanto, Johnny tem um patrimônio líquido de mais de US$2 milhões. De fato, em termos de riqueza, o domicílio de Lucas está na faixa dos 10% mais altos de todos os lares do seu "bairro bom". No bairro como um todo, seu lar pertence aos 2% mais altos.

Como irá o público da tevê reagir à descrição da riqueza de Johnny e das imagens de Johnny na tela? Em primeiro lugar, os espectadores devem ficar confusos, pois Johnny não se parece com o milionário que a maioria imagina. Em segundo lugar, podem se sentir incomodados. Johnny, com seus valores tradicionais de família e seu estilo de vida baseado em trabalho duro, disciplina, sacrifício, economia e sólidos hábitos de investimento, pode ameaçar o público. O que acontece quando você diz ao americano médio que ele precisa reduzir seus gastos para construir riqueza para o futuro? Ele pode perceber isso como uma ameaça ao seu modo de vida. É bem provável que só o próprio Johnny e seus colegas milionários assistissem a um programa assim. Com certeza, esse programa confirmaria suas idéias sobre a vida.

Apesar dessas dúvidas, vamos assumir que uma grande rede de tevê concorde em fazer pelo menos um programa piloto sobre os Johnny Lucas da América. O que esse programa diria ao público?

Damas e cavalheiros, este é Johnny Lucas. O sr. Lucas é um milionário. Vou perguntar a ele sobre seus hábitos de consumo. Essas perguntas vêm dos nossos espectadores.

Sob Medida ou Roupa Feita?

Em primeiro lugar, Johnny, nosso espectador J. G. deseja saber: "Qual é o preço mais alto que o senhor já pagou por uma roupa?"

Johnny fecha os olhos um momento, absorto em seus pensamentos. O público fica em silêncio, esperando que ele diga: "Algo entre US$1.000 e US$6.000". Porém, nossa pesquisa indica que essa expectativa está errada. Podemos prever que nosso milionário típico vai dizer:

O máximo que já gastei... o máximo que já gastei... incluindo as roupas que comprei para mim e para minha mulher, June, e para meus filhos, Buddy e Darryl, e para as minhas meninas, Wyleen e Ginger... o máximo que já gastei foi US$399. Rapaz, agora me lembro: foi o máximo que já gastei. Foi numa ocasião muito especial – nossa festa de 25 anos de casados.

Como o público vai reagir a essa afirmação de Johnny? Provavelmente com choque e descrença. As expectativas do público não são coerentes com a realidade da maioria dos milionários americanos.

Segundo nossa pesquisa mais recente, o milionário americano típico relatou que ele (ou ela) nunca gastou mais de US$399 por uma roupa, seja para si mesmo ou para outra pessoa. Note os números da Tabela 2-1. Cinqüenta por cento ou mais dos entrevistados pagaram US$399 ou menos pela roupa mais cara que já compraram. Apenas cerca de um em dez pagou US$1.000 ou mais; apenas cerca de um em cem pagou US$2.800 ou mais. Inversamente, cerca de um em quatro milionários pagou cerca

TABELA 2-1

PREÇOS PAGOS PELOS MILIONÁRIOS POR ROUPAS E ACESSÓRIOS

TRAJE			PAR DE SAPATOS			RELÓGIO DE PULSO		
Máximo pago	% que pagou esta quantia ou:		Máximo pago	% que pagou esta quantia ou:		Máximo pago	% que pagou esta quantia ou:	
	Menos	Mais		Menos	Mais		Menos	Mais
US$ 195	10	90	US$ 73	10	90	US$ 47	10	90
US$ 285	25	75	US$ 99	25	75	US$ 100	25	75
US$ 399	50	50	US$ 140	50	50	US$ 235	50	50
US$ 599	75	25	US$ 199	75	25	US$ 1.125	75	25
US$ 999	90	10	US$ 298	90	10	US$ 3.800	90	10
US$ 1.400	95	5	US$ 334	95	5	US$ 5.300	95	5
US$ 2.800	99	1	US$ 667	99	1	US$ 15.000	99	1

de US$285 ou menos, e um em dez pagou US$195 ou menos pelo seu traje mais caro.

Esses números valem para *todos* os milionários da nossa pesquisa. Tenha em mente que 14% dos pesquisados herdaram sua fortuna. E o que acontece quando nós separamos os herdeiros dos milionários tipo *self-made men*? Estes pagaram significativamente menos pelos ternos, assim como pela maioria dos outros objetos de alto *status*, do que os que herdaram sua fortuna. O milionário *self-made* típico (o percentil 50) pagou cerca de US$360 por um terno, ao passo que o herdeiro típico pagou mais de US$600.

De que jeito os Johnnys da América conseguem gastar quantias tão modestas? Johnny não precisa usar ternos caros. Ele não é um advogado de sucesso que precisa impressionar seus clientes. Tampouco precisa impressionar um grande público de acionistas numa reunião anual, nem a imprensa financeira, nem os banqueiros de investimentos. Johnny não precisa se vestir como um poderoso diretor de empresa que está sempre em reunião com a diretoria. Entretanto, ele precisa impressionar a sua equipe de zeladores. Como? Nunca lhes dando impressão de que está ganhando tanto dinheiro que pode se dar ao luxo de mandar um alfaiate lhe fazer um terno sob medida que custa mais de US$1.000.

A maioria dos milionários que entrevistamos nos últimos vinte anos tem idéias semelhantes às de Johnny. Mas, se é assim, então quem é que compra aqueles ternos caros? Nossa pesquisa revelou uma relação interessante. Para cada milionário americano que possui um terno de US$1.000, há pelo menos seis possuidores desses ternos que têm uma renda anual entre US$50.000 e US$200.000 mas não são milionários. Seus hábitos de compra com certeza têm algo a ver com o fato de eles não serem ricos. Quem são essas pessoas? Tipicamente, não são donos da sua própria firma. É mais provável que sejam gerentes de empresas (especialmente aqueles cujas esposas também trabalham), advogados, profissionais de vendas e de marketing, e médicos.

Por que alguém haveria de sugerir que você gaste mais num terno do que o milionário típico? Num artigo publicado há pouco, um dono de ternos muito caros gabou-se de que eles são um excelente investimento (Lawrence Minard, "You're Looking Rather Prosperous, Sir", *Forbes*, 8 de abril de 1996, pp. 132-133). O sr. Minard pergunta e ele mesmo responde quanto à questão de investir em ternos:

> *Será que um terno sob medida pode valer US$2.000? Os meus valem. Depois de catorze anos e mais sete quilos, eles continuam com ótima aparência... Acredite ou não, fiz um excelente investimento* (Minard, p. 132).

O sr. Minard conta aos seus leitores como ele foi levado pela primeira vez até as alfaiatarias finas da famosa Savile Row de Londres, por dois executivos de alto nível que ele considerava que tinham "excelente gosto" mas que não eram "frívolos" em seus hábitos de compras:

> *Eles explicaram que comprar sob medida significa entrar numa relação única e pessoal com suas roupas* (Minard, p. 132).

O que realmente significa "sob medida"? Johnny Lucas nunca mandou fazer um terno sob medida. Será que ele tem uma "relação única e pessoal" com seu terno de lã da JC Penney? (Você está surpreso ao saber que alguns milionários compram na JC Penney? Mais surpreendente ainda é saber que 30,4% dos milionários que responderam à nossa pesquisa têm cartões de crédito da JC Penney). Os ternos Stafford Executive, marca exclusiva da JC Penney, ganharam a nota máxima de durabilidade, corte e caimento, dada por uma importante publicação de bens de consumo:

> *JC Penney... agora submete suas roupas a rígidos testes de combinação de cores, resistência do tecido e encolhimento. Quando se trata de controle de qualidade a Penney é mais exigente do que qualquer loja de departamentos* (Teri Agins, "Why Cheap Clothes Are Getting More Respect", *The Wall Street Journal,* 16 de outubro de 1995, pp. B1, B3).

Lembre-se que as traças, as cinzas de charutos e outros acidentes não querem saber quanto você pagou pelo terno. Eles não compreendem o significado pleno das palavras "sob medida". Eles não estão interessados no fato de que um terno com essa mesma etiqueta já foi usado por Charles Dickens, De Gaulle ou Churchill. Tampouco querem saber se seus ternos vão gerar dividendos ou juros de capital. Mas, com certeza, eles são capazes de arruinar seu portfólio de investimentos em ternos.

Calçados, com Certeza

Vamos então voltar ao nosso proposto programa de tevê. O sr. Lucas continua no palco. Que tipo de sapatos Johnny Lucas compra? O público, se é que ainda está assistindo, de novo ficará surpreso com sua resposta. Johnny, como a maioria dos milionários, não compra calçados caros. Cerca de metade dos milionários pesquisados relatou que nunca gastou mais de US$140 num par de sapatos. Um em cada quatro nunca havia gasto mais de US$100. Apenas um de dez havia gasto mais de US$300. Se não são os milionários, então quem é que sustenta os fabricantes e negociantes de sapatos caros? Com certeza, alguns milionários compram sapatos caros. Mas para cada milionário que já pagou US$300 por um par de sapatos, há pelo menos oito não-milionários que já pagaram esse preço.

Mas o que a imprensa popular nos conta? A imprensa alardeia aquela proporção minúscula de pessoas que de fato compra sapatos caros e artigos do gênero. Considere esta notícia sobre o promotor de boxe Don King, que passou duas horas comprando sapatos em Atlanta. Durante essas duas horas, o sr. King comprou 110 pares de sapatos numa loja, pelos quais pagou US$64.100, incluindo impostos. Sua compra superou o recorde anterior dessa loja, que era de Magic Johnson, que havia gasto US$35.000 durante uma visita. A compra do sr. King significa uma média de US$582,73 por par. Quanto o sr. King pagou pelos sapatos mais caros? Segundo o artigo, um par de sapatos esporte de crocodilo lhe custou US$850 (Jeff Schultz, "King Foots US$64,100 Bill at Shoe Store", *Atlanta Journal-Constitution*, 4 de junho de 1995, p. 1).

Note que apenas 1% dos milionários da nossa pesquisa pagou US$667 ou mais por um par de sapatos. A compra desses sapatos de crocodilo pelo sr. King é algo raro até mesmo entre os milionários. Contudo, a mídia popular gosta de alardear as anormalidades no comportamento de compras. Em conseqüência, os nossos jovens aprendem que comprar artigos caros é o comportamento normal das pessoas ricas. Eles são levados a acreditar que os ricos têm um estilo de vida de alto consumo. E aprendem que os gastos excessivos são a recompensa máxima por tornar-se rico na América.

Por que Johnny Lucas é ignorado enquanto Don King recebe manchetes nos jornais? Porque os hábitos de consumo de Johnny são banais. Suas recompensas são intangíveis, e não relacionadas com produtos: independência financeira, disciplina e o fato de ser um excelente provedor para sua família, um ótimo marido e pai de filhos bem disciplinados.

A Última Chance para o Sr. Lucas

Será que sobra ainda alguma esperança de vida para o nosso proposto programa de tevê sobre o milionário típico americano? Será que Johnny Lucas ainda consegue cativar e conquistar de volta o público que perdeu?

Johnny Lucas, esse rico empresário, é muito pontual. Ele nunca se atrasa para um encontro. E chega no trabalho todos os dias da semana às 6h30 da manhã. Como ele consegue isso? Ora, deve ser por causa do seu relógio de pulso. Será que Johnny usa um relógio caro? Nestas alturas você já deve ter imaginado a resposta. E mais uma vez o público fica decepcionado. Nada menos de metade dos milionários pesquisados nunca na vida pagou mais de US$235 por um relógio. Cerca de um em dez nunca pagou mais de US$47, ao passo que um em quatro pagou US$100 ou menos.

É certo que alguns milionários compram relógios caros. Mas estes são minoria, mesmo entre os milionários. Apenas 25% dos entrevistados pagaram US$1.125 ou mais. Cerca de um em dez pagou US$3.800 ou mais. E cerca de um em cem pagou US$15.000 ou mais.

Com certeza, Johnny iria pedir desculpas aos telespectadores por ter gostos tão banais em matéria de roupas e relógios. Mas, com certeza, ele também iria definir sua posição relatando o seguinte:

Moro numa boa casa... e não tenho hipoteca. Todas as mensalidades dos meus filhos na universidade já estavam inteiramente pagas antes mesmo de eles entrarem na faculdade.

Infelizmente, a história de Johnny, incluindo seu pedido de desculpas, nunca será televisionada.

São Tão Raros os Johnny Lucas!

Por que tão poucas pessoas na América são ricas? Até mesmo a maioria dos lares com uma renda anual de seis dígitos não é afluente. Estas pessoas têm uma orientação diferente da de Johnny Lucas. Elas acreditam em gastar hoje o dinheiro de amanhã. Estão inclinadas a fazer dívidas e a entrar na roda viva de ganhar-e-consumir. Para muitas delas, quem não demonstra posses materiais abundantes não tem sucesso. Para elas, pessoas como Johnny Lucas, que não são orientadas para o exibicionismo, são suas inferiores.

Provavelmente, Johnny Lucas não é tido em alta conta por muitos de seus vizinhos. Numa escala de *status* social, ele está abaixo da média. Mas com quais critérios? Aos olhos de seus vizinhos, Johnny tem um baixo *status* ocupacional. Ele é dono de uma pequena empresa de serviços de zeladoria. O que acontece quando, ocasionalmente, ele volta para casa numa das suas caminhonetes destinadas aos zeladores? A caminhonete fica na porta da sua garagem até ele sair no dia seguinte. O que irão pensar os vizinhos? Eles não sabem que Johnny é financeiramente independente. Eles não lhes dão pontos por ser casado e nunca ter se divorciado, por ter pago integralmente a universidade de seus filhos, por dar emprego a dezenas de pessoas, por ter integridade, ser frugal, já ter pago sua hipoteca e assim por diante. Não, muitos dos seus vizinhos prefeririam que Johnny se mudasse daquele bairro. Por quê? Talvez porque ele e sua família não aparentam ser ricos, não se vestem como os ricos, não têm os veículos dos ricos, nem trabalham em cargos de alto *status*.

Jogando Bem na Defesa

Os afluentes costumam responder "sim" a três perguntas que incluímos nas nossas pesquisas:

1. Seus pais eram muito frugais?
2. Você é frugal?
3. Sua esposa é mais frugal do que você?

Esta última pergunta é da máxima importância. Não só os acumuladores de riquezas mais prodigiosos são frugais, como também suas esposas tendem a ser ainda mais frugais. Considere o lar afluente típico. Perto de 95% dos lares milionários são compostos de casais casados. Em 70% desses lares, o homem contribui com pelo menos 80% da renda. A maioria desses homens joga na ofensiva na chamada geração de renda. Boa ofensiva em termos econômicos significa que uma família gera uma renda significativamente mais alta do que a norma, o que nos EUA é uma renda anual realizada de aproximadamente US$33.000. A maior parte desses lares também joga muito bem na *defesa;* isto é, são frugais quando se trata de gastar em bens e serviços de consumo. Entretanto, a existência de um gerador de alta renda num casal não significa automaticamente que haja um alto patrimônio líquido. Outra coisa deve estar presente. Um milionário do tipo *self-made* resumiu isso da melhor maneira quando nos disse:

Não consigo fazer minha mulher gastar dinheiro nenhum!

Ninguém pode se tornar rico em uma geração se for casado com uma pessoa perdulária. Um casal não pode acumular riqueza se um dos seus membros é um hiperconsumidor. Isso é especialmente verdade quando um deles, ou ambos, estão tentando construir uma empresa de sucesso. Poucas pessoas conseguem manter hábitos de consumo extravagantes e ao mesmo tempo construir riqueza.

Ode a uma Esposa Frugal

Como foi que a esposa de um milionário reagiu quando seu marido lhe deu US$8 milhões em ações de sua empresa, que ele acabava de lançar no mercado? Segundo seu marido, que está casado com ela há 31 anos, ela disse: "Obrigada, aprecio muito". Daí ela sorriu, e sem mudar de posição, continuou sentada na mesa da cozinha, recortando dos jornais da semana os cupons de desconto em supermercados, cupons de 25 centavos e 50 centavos. Nada é tão importante a ponto de interromper suas tarefas do sábado de manhã. "Ela continua fazendo hoje como sempre fez, mesmo na época em que tudo que nós possuíamos era a mesa da cozinha... E é assim que estamos bem de vida hoje em dia. Fizemos muitas escolhas e sacrifícios no início do nosso casamento."

Você pergunta: "Por que não sou rico?". Bem, vamos examinar o seu estilo de vida. Será que ele é bem ofensivo? Será que você está na categoria anual dos US$70.000, US$100.000, US$200.000? Parabéns, você joga muito bem na ofensiva. Mas por que você continua perdendo no jogo que se chama acumulação de riqueza?

Seja sincero consigo mesmo. Será que você joga pessimamente na defesa? A maioria dos que ganha alta renda está na mesma situação, mas não a maioria dos milionários. Os milionários jogam muito bem *nas duas frentes,* tanto na ofensiva como na defensiva. E, com muita freqüência, sua grande defensiva os ajuda a ganhar mais e a acumular mais do que aqueles que ganham mais/têm uma ofensiva superior. *A pedra fundamental da acumulação da riqueza é a defesa, e essa defesa deve estar ancorada no planejamento e no orçamento.* Descobrimos que vários grupos ocupacionais contêm grande número de bons planejadores e orçamentistas.

Leiloeiros Ricos

Nossa pesquisa mais recente sobre os leiloeiros descobriu que mais de 35% deles são milionários. Esta porcentagem é ligeiramente mais alta do que a proporção de lares milionários estabelecidos nos bairros urbanos e suburbanos mais finos da América.

Os leiloeiros sempre estiveram na nossa lista dos tipos mais altamente produtivos, desde que começamos nossos estudos sobre ocupações em 1983, quando eles estavam no sexto lugar entre os que obtiveram uma renda anual realizada de mais de US$100.000. Mas não foi só a renda dos leiloeiros que chamou a nossa atenção. Dado o mesmo nível de renda, quem acumula mais riqueza – um leiloeiro que mora numa pequena cidade ou alguém que mora num bairro urbano ou suburbano de alto *status*? Como você pode imaginar, é o típico leiloeiro.

Os leiloeiros são mais frugais do que os seus equivalentes que geram alta renda e moram em áreas de prestígio; eles têm um nível menor de despesas, tanto domésticas como comerciais. Até certo ponto esses dados se explicam pelo custo mais baixo de se morar e trabalhar numa cidade pequena. Contudo, mesmo levando em consideração o custo de vida, os leiloeiros são mais inclinados a acumular riqueza. Considere o seguinte:

- Na média, os leiloeiros milionários têm cinqüenta anos de idade e são de seis a oito anos mais jovens do que os milionários urbanos/suburbanos.
- O leiloeiro milionário médio gasta em moradia apenas 61% do que gastam os milionários urbanos/suburbanos.
- Os milionários urbanos/suburbanos têm mais de três vezes a probabilidade de possuírem carros importados de luxo que os leiloeiros.
- Os leiloeiros possuem uma proporção mais alta de sua riqueza em bens que se valorizam do que outros geradores de alta renda, e investem em categorias que conhecem bem.
- Os leiloeiros têm experiência com a falência. Eles têm consciência de que os bens de consumo muitas vezes acabam gerando alguns poucos centavos por dólar. Uma leiloeira nos explicou porque ela é tão frugal:

Quando eu era bem jovem, vi uma mulher chorando, sentada numa cadeira na frente da sua casa. Enquanto isso, as pessoas davam lances e iam-se embora levando tudo o que ela possuía. Nunca vou me esquecer dessa mulher.

Vamos perguntar à típica milionária americana *self-made* sobre sua defesa. Vamos nos referir a ela como sra. Jane Rule. A sra. Rule e seu marido possuem uma pequena empresa de leilões e avaliações. Também costumam investir em várias categorias de objetos que avaliam. Aparentemente, o administrador é o sr. Rule. É ele quem recebe boa parte do crédito pelo sucesso da firma. Afinal, ele fala muito bem e muito depressa. Mas, na verdade, é a sra. Rule a verdadeira força, a verdadeira líder dessa empresa. É ela, com seu planejamento, suas concepções, sua elaboração de orçamentos, sua cobrança de contas e seu marketing que deu sucesso a essa companhia de leilões.

Por que o sr. e a sra. Rule são milionários hoje? Porque a sra. Rule joga tremendamente bem na defesa. Ela é responsável pelo orçamento e pelos gastos, tanto da casa como da firma. E você? Será que na sua casa há alguém responsável pela elaboração do orçamento? Comumente, a resposta é: "Na verdade, não". Com demasiada freqüência, as pessoas permitem que a sua renda defina o seu orçamento. Quando falamos ao nosso público sobre os hábitos de planejamento e orçamento dos ricos, alguém sempre faz uma pergunta previsível: "Ora, por que um milionário precisaria fazer orçamento?". A resposta é sempre a mesma:

Eles ficaram milionários fazendo orçamentos
detalhados e controlando suas despesas, e é assim
que mantêm o seu *status* afluente.

Por vezes precisamos fazer uma analogia para demonstrar o nosso argumento. Perguntamos, por exemplo:

Você já reparou nessas pessoas que você vê fazendo jogging *dia após dia? São elas que parecem que não precisam fazer exercício; mas é por isso mesmo que elas estão em forma. Os que são ricos trabalham para se manter financeiramente em forma. Mas aqueles que não estão em boa forma financeira pouco fazem para mudar sua situação.*

A maioria das pessoas quer estar fisicamente em forma. E a maioria sabe o que é necessário para conseguir isso. Porém, apesar de saberem, as pessoas nunca ficam bem condicionadas fisicamente. E por quê? Simplesmente, elas não têm disciplina para fazer exercícios. Elas não organizam seu tempo para isso. É como ficar rico na América. Ah, é claro que você quer, mas você joga pessimamente mal na defesa. Você não tem disciplina para controlar seus gastos. Você não destina um tempo para elaborar um orçamento e fazer um planejamento. Note que o SAR passa três vezes mais tempo por mês fazendo exercícios físicos do que planejando suas estratégias de investimentos.

Mas a sra. Rule é diferente. Ela é como a maioria dos milionários. Ela é disciplinada. Ela destina um tempo para planejar e fazer seus orçamentos. Isso se traduz em riqueza. A renda familiar da sra. Rule varia de ano para ano. (É típico que os leiloeiros tenham altos e baixos em seu fluxo de caixa. Muitas vezes, uma baixa na economia do país se traduz numa maior demanda por serviços de leiloeiros.) Durante os últimos cinco anos a sua renda anual esteve numa média de US$90.000. Porém, o seu patrimônio líquido não pára de aumentar. Hoje a sra. Rule tem um patrimônio líquido de mais de US$2 milhões. Na nossa pesquisa, ela respondeu "sim" para nossas quatro perguntas sobre planejamento e orçamento.

Você deseja se tornar rico e permanecer rico? Você é capaz de responder "sim" sincera e honestamente a quatro perguntas simples?

PERGUNTA 1: SUA CASA FUNCIONA COM BASE NUM ORÇAMENTO ANUAL?

Você planeja seus gastos de consumo anuais segundo uma variedade de categorias relacionadas à alimentação, roupas e moradia? A sra. Rule faz isso, assim como a maioria dos milionários. Na verdade, na nossa última pesquisa descobrimos que para cada cem milionários que não fazem orçamento, há cerca de 120 que fazem.

Podemos antecipar sua pergunta sobre os milionários que não fazem orçamento. Como, então, eles se tornaram milionários? Como controlam seus gastos? Eles criam um ambiente econômico artificial de escassez para si e para os outros membros da família. Mais da metade desses que não fazem orçamentos investem primeiro e depois gastam o restante de sua renda. Muitos chamam a esta estratégia de "pague a si mesmo primeiro". Essas pessoas investem no mínimo 15% de sua renda realizada anual antes de pagarem aos que lhes venderam alimentos, roupas, moradia, crédito, e assim por diante.

E o que dizer dos milionários que não fazem orçamento nem criam um ambiente de relativa escassez? Alguns herdaram todo o seu dinheiro ou a maior parte. Outra minoria, menos de 20% dos milionários, ganha uma renda tão alta que de certa forma pode "comer" toda a sua renda e continuar tendo um patrimônio líquido de sete dígitos. Em outras palavras, sua extraordinária ofensiva compensa a falta de defensiva. Mas o que acontece se você ganha US$2 milhões por ano e tem um patrimônio líquido de US$1 milhão? Tecnicamente você é milionário, mas espiritualmente você é um SAR. E é bem provável que seu *status* de milionário seja temporário. São essas as pessoas sobre as quais você lê nos jornais. A imprensa adora exibir anormalidades, tanto da natureza quanto da economia.

Será que a imprensa popular publicaria um artigo sobre a sra. Rule? Não é provável. Quem se interessaria pela casa da sra. Rule, que vale US$140.000, ou por seu carro americano de quatro anos de idade? Quem quer vê-la sentada na mesa da cozinha três noites seguidas, organizando o orçamento anual da família? Será que é empolgante computar e contabilizar cada dólar que foi gasto no ano passado? Você ficaria fascinado ao assistir à sra. Rule computar e alocar futuros dólares em dezenas de categorias de consumo? Quanto tempo você agüentaria observá-la enquanto ela cuidadosamente completa seu calendário anual de verbas? Bem, também não é divertido para a sra. Rule. Mas na mente dela existem coisas piores, tais como nunca conseguir se aposentar e nunca ter independência financeira. É muito mais fácil planejar o seu orçamento se você visualizar os benefícios dessa tarefa a longo prazo.

PERGUNTA 2 – VOCÊ SABE QUANTO A SUA FAMÍLIA GASTA POR ANO EM ALIMENTAÇÃO, ROUPAS E MORADIA?

Quase dois terços dos milionários pesquisados (62,4%) responderam "sim" a essa pergunta. Também a sra. Rule respondeu afirmativamente. Porém, apenas cerca de 35% dos não-milionários geradores de alta renda responderam "sim" a esta pergunta. Muitos destes tipos de alta renda/baixo patrimônio não fazem idéia do quanto gastam a cada ano por artigos, tais como: comida consumida em casa, comida consumida fora de casa, bebidas, presentes de aniversário e de Natal (para cada categoria de recipiente), cada categoria de roupa para cada membro da família em cada loja, *baby-sitters*, creches, utilização de linhas de crédito, contribuições de caridade, consultoria financeira, mensalidades de clubes, veículos e despesas relacionadas, despesas escolares, férias, eletricidade, aquecimento e seguros.

Note que nós não incluímos hipoteca na nossa lista. Muitas vezes esses tipos alta renda/baixo patrimônio líquido se vangloriam do quanto eles economizam em impostos por meio de suas deduções sobre as hipotecas. É certo que a maioria dos milionários que tem uma hipoteca a pagar também se aproveita destas leis. Mas a maioria dos milionários também sabe dar conta das outras categorias de despesas domésticas. Agora pergunte a uma típica pessoa de alta renda/baixo patrimônio líquido sobre seus objetivos. O que ele irá dizer? Um grande objetivo que eles costumam mencionar é minimizar seu fardo tributário, e utilizam as deduções da hipoteca como uma maneira de diminuir os impostos. Nesse caso, por que essas mesmas pessoas nunca computam seus outros gastos domésticos? Simplesmente porque eles não percebem nenhum valor em fazer isso. Do seu ponto de vista, a maior parte dos seus gastos domésticos não gera dedução de impostos.

Porém, a sra. Rule vê as coisas de uma maneira diferente. Seu objetivo é se tornar financeiramente independente – no seu caso, ter US$5 milhões quando ela e seu marido se aposentarem. Ela acredita que fazer orçamentos e contabilizar todo consumo doméstico é algo diretamente relacionado com esse objetivo. Do seu ponto de vista, tabular ajuda a controlar o consumo. Também reduz a probabilidade de se destinar muito dinheiro a produtos e serviços que não são realmente importantes. A sra. Rule sempre tabulou as despesas para seu marido. Ela percebe que o mesmo sistema que ela usou para contabilidade comercial pode ser usado na área doméstica. Esta é uma das vantagens de ser dono do seu próprio negócio.

A sra. Rule quer estar livre de preocupações financeiras antes de completar 65 anos. A cada vez que ela faz sua tabulação, ela diz a si mesma que está reduzindo seu medo de nunca conseguir se aposentar confortavelmente. Quem tem preocupações com seu futuro financeiro? Não a sra. Rule. Embora tenha uma renda anual de US$90.000, seu patrimônio líquido é de mais de vinte vezes essa quantia. E ela tem controle total de seus gastos domésticos.

Robert e Judy, por outro lado, sentem medo. Esse casal ganha US$200.000 por ano, ou seja, mais que o dobro da sra. Rule. Entretanto, assim como muitos casais de alta renda de hoje em dia, Robert e Judy possuem apenas uma fração da riqueza da sra. Rule. Eles sentem que é o consumo que os controla, e não o contrário. Até a sra. Rule poderia achar assustador ter US$200.000 de despesas a cada ano. Robert e Judy têm catorze cartões de crédito; o casal Rule tem dois (um para uso comercial, outro para os gastos domésticos).

Vamos falar um momento sobre os cartões de crédito. Tome uma grande amostra de milionários e faça uma simples pergunta sobre seus cartões de crédito. Os resultados lhe darão uma excelente idéia de quem esses milionários realmente são.

> Sr. / Sra. Milionário:
> Por favor, indique, fazendo um círculo em torno do número apropriado, os cartões de crédito que você ou que qualquer membro de sua casa possui. Marque todos os números que se aplicam.

Agora feche os olhos e imagine que você é um milionário com um patrimônio líquido de quase US$4 milhões. Que cartões de crédito seriam coerentes com sua situação de vida? Talvez no topo desta lista estivesse o American Express Platinum, o Diners Club ou o Carte Blanche. Ou talvez você se considere um milionário sensível à moda. Você pode listar cartões de crédito da Brooks Brothers, Neiman Marcus, Saks Fifth Avenue, Lord & Taylor, ou até mesmo da Eddie Bauer. Mas se mencionasse esses cartões, você estaria entre a minoria dos milionários. Os resultados da nossa pesquisa nacional revelam algumas preferências interessantes quanto a cartões de crédito (veja a Tabela 2-2). Alguns pontos altos:

- Tal como a maioria dos lares americanos, a maior parte dos lares ricos tem um MasterCard e um cartão Visa.
- A casa do milionário tem quatro vezes mais probabilidade de ter um cartão da Sears (43%) do que da Brooks Brothers (10%).
- Tanto o cartão da Sears como da Penney são significativamente mais populares entre os ricos do que os cartões de lojas de alto *status*.
- Apenas 21% dos lares ricos da América têm o cartão Neiman Marcus; 25% têm o Saks Fifth Avenue; 25% têm o Lord & Taylor; e apenas 8,1% têm o cartão Eddie Bauer.

TABELA 2-2

CARTÕES DE CRÉDITO DOS MEMBROS DE LARES MILIONÁRIOS (N=385)

Cartões de crédito	Porcentagem
Visa	59,0
MasterCard	56,0
Sears	43,0
Penney	30,4
American Express Gold	28,6
American Express Green	26,2
Lord & Taylor	25,0
Saks Fifth Avenue	25,0
Neiman Marcus	21,0
Brooks Brothers	10,0
Eddie Bauer	8,1
American Express Platinum	6,2
Diners Club	3,4
Carte Blanche	0,9

- Apenas 6,2% dos milionários que responderam têm o cartão American Express Platinum; 3,4% têm Diners Club e menos de 1% tem Carte Blanche.

PERGUNTA 3: VOCÊ TEM UM CONJUNTO CLARAMENTE DEFINIDO DE OBJETIVOS DIÁRIOS, SEMANAIS, MENSAIS, ANUAIS E PARA TODA A VIDA?

A origem dessa pergunta vem de um decamilionário que entrevistamos uns doze anos atrás. Ele nos disse que começou a ser atacadista de alimentos aos dezenove anos de idade. Nunca terminou o curso secundário formal, mas acabou conseguindo um diploma de equivalência do secundário. Nós lhe pedimos que explicasse o fato de que, embora nem tivesse terminado o secundário, já acumulara mais de US$10 milhões. Sua resposta foi a seguinte:

> *Sempre fui orientado para os objetivos. Tenho um conjunto bem definido de objetivos diários, objetivos semanais, objetivos mensais, objetivos anuais e objetivos para toda a minha vida. Tenho objetivo até mesmo para ir ao banheiro. Sempre digo aos nossos jovens executivos que eles precisam ter objetivos.*

A sra. Rule também é orientada para os objetivos. Assim também é a maioria dos outros milionários. Para cada cem milionários que responderam "não" para esta pergunta, há 180 que responderam "sim". Quem são os "nãos"? Muitos são os tipos de alta renda e riqueza herdada. Muitos cidadãos mais velhos e milionários aposentados que já atingiram a maior parte dos seus objetivos também responderam "não". Você pode refletir sobre os comentários de um multimilionário de oitenta anos de idade:

> *Autores:* A primeira pergunta que sempre fazemos é sobre os objetivos. Quais são os seus objetivos atuais?
>
> *Sr. Clark:* Estava a 438 dólares a onça ontem em Londres!

Depois que o sr. Clark ligou seu aparelho para surdez, repetimos a pergunta.

> *Sr. Clark:* Ah, objetivos? Pensei que estava perguntando sobre o preço do ouro. Ah, sim, meus objetivos. Bem, já realizei o que tentei fazer... Meu objetivo a longo prazo era, naturalmente, acumular riqueza suficiente para poder parar de trabalhar e aproveitar a vida. Eu já caminhei por essa estrada... Tenho uma reputação internacional. Minha empresa é uma das maiores do mundo na área da soldagem. Não quero me aposentar nunca. Mas agora meu objetivo é a minha família e a auto-satisfação que sinto por tudo aquilo que realizei.

O sr. Clark é um exemplo típico dos cidadãos mais velhos que acumularam uma riqueza significativa. Aliás, apenas dois milionários de todos os que nós entrevistamos até hoje nos disseram que seu objetivo era "gastar meu último dólar no dia em que eu morrer!".

Nem o sr. Clark e nem a sra. Rule têm um objetivo assim. A sra. Rule planeja deixar uma poupança para a educação de todos os seus netos. Ela também quer desfrutar da vida agora, e depois que se aposentar. Ela quer segurança financeira. Seu objetivo é acumular US$5 milhões. E ela sabe o quanto precisa colocar de lado cada ano para atingir seu objetivo.

Mas será que ela é feliz? Esta é uma pergunta que muitas vezes nos fazem a respeito dos milionários frugais. Sim, a sra. Rule é feliz. Ela tem segurança financeira. Ela tem prazer em fazer parte de uma família unida. Sua família é tudo para ela. Sua vida e seus objetivos são simples. A sra. Rule não precisa de um contador para fazer seu planejamento, apesar de que ela procura uma consultoria especializada quando se trata de suas necessidades domésticas e comerciais. Mas Robert e Judy, o nosso casal de alta renda/baixo patrimônio, estão com uma enorme necessidade de ter uma mão forte e inteligente que os guie. Eles precisam de um consultor financeiro que tenha considerável experiência em mudar a orientação de seus clientes, que os ajude a mudar o ambiente da sua casa, transformando um ambiente de caos e hiperconsumo num ambiente de planejamento, orientado para objetivos, orçamento e controle. Será que, então, eles serão felizes? Não sabemos, mas isso nós podemos lhe dizer:

As pessoas financeiramente independentes são
mais felizes do que seus correspondentes na mesma
faixa de renda e de idade que não têm segurança financeira.

As pessoas financeiramente independentes parecem mais capazes de visualizar os futuros benefícios que resultam de uma clara definição de seus objetivos. A sra. Rule, por exemplo, visualiza todos os seus netos se formando numa universidade. Ela visualiza o sucesso de cada um deles depois da faculdade. Ela nunca vê a si mesma sendo financeiramente dependente de outras pessoas, mesmo se vier a ter deficiências físicas no futuro. Nesse aspecto, seus objetivos são coerentes com a maioria dos milionários.

PERGUNTA 4: VOCÊ PASSA MUITO TEMPO PLANEJANDO SEU FUTURO FINANCEIRO?

Para cada cem milionários que respondem "não", há 192 que respondem "sim". Mais uma vez, muitos dos que responderam "não" são tipos de alta renda com níveis relativamente baixos de riqueza acumulada, ou os que herdaram a maior parte da sua riqueza, ou ainda, pessoas abastadas idosas ou aposentadas.

Pessoas como a sra. Rule se definem, corretamente, como planejadoras. Na verdade, as respostas para essa pergunta têm uma alta correlação com as horas reais que os pesquisados dedicam a planejar seu futuro financeiro. Em média, os milionários passam um número significativamente mais alto de horas por mês estudando e planejando suas futuras decisões de investimentos, assim como administrando seus investimentos atuais, do que os não-milionários de alta renda. As horas dedicadas a planejar e administrar as finanças estão detalhadas no Capítulo 3.

Milionários como a sra. Rule não só passam mais tempo planejando suas finanças do que os não-milionários, como também aproveitam melhor suas horas de planejamento. Lembre-se que a sra. Rule não está apenas no ramo dos leilões. Seu trabalho inclui avaliar os objetos que sua companhia leiloa. Assim, ela, muitas vezes, investe nas mesmas áreas sobre as quais tem consideráveis conhecimentos. Nesse aspecto ela é como muitos milionários. Eles alocam o seu tempo astutamente, de modo que conseguem planejar ao mesmo tempo seus negócios e seus investimentos pessoais. Já descobrimos muitas vezes que os leiloeiros com alta produtividade também são excelentes investidores. Considere, por exemplo, um leiloeiro especializado em leiloar imóveis comerciais. Qual é a área de investimento que ele conhece bem? Imóveis comerciais. Ele é o seu próprio analista de investimentos. E o que dizer se sua especialidade for leiloar móveis antigos e armas de fogo? Será que você vai investir em ações de companhias de alta tecnologia? Provavelmente não. Mas seria uma idéia inteligente utilizar seus conhecimentos para ajudá-lo a fazer seus investimentos. Se você é bem versado em antigüidades, por que não aproveitar seus conhecimentos?

Você não precisa ser leiloeiro para se beneficiar dos seus conhecimentos. Um de nossos associados era ex-chefe do planejamento estratégico de uma grande empresa. Parte de seu trabalho era estudar uma ampla variedade de tendências numa ampla variedade de áreas. Anos atrás, ele descobriu que a demanda por figurinhas com astros do beisebol provavelmente iria explodir algum dia. Percebeu isso muito antes de o mercado refletir essa tendência. Ele investiu pesadamente nessa época, quando o mercado ainda estava "dormindo", como ele diz. E vendeu todas as suas figurinhas – incluindo as de Mickey Mantle quando ainda novato – quando esse mercado atingiu sua maior alta. Outro conhecido nosso, gerente de uma loja de departamentos, sempre estudava os jornais comerciais para aprender como tornar sua loja mais produtiva. Depois de algum tempo, ele colocou suas leituras em prática, investindo em ações da área varejista.

Quanto tempo os não-milionários alocam para planejamento e administração? Não o suficiente! Como já foi dito, muito menos do que os milionários. Embora estes tenham muito mais experiência em tomar decisões de investimentos, eles alocam muito mais horas do que os não-milionários em seus esforços para se tornarem investidores ainda melhores. Esta é uma das principais razões pelas quais os milionários permanecem ricos.

Um proprietário de firma como a sra. Rule, com certeza, tem mais liberdade do que quem não é seu próprio patrão. Ela pode colocar em ação seus conhecimentos comerciais para melhorar seus investimentos pessoais, e é isso que ela faz. Pode escolher seu ramo de negócios e a área que deseja estudar. Em geral, quem é empregado não tem esse luxo. Mas mesmo os que têm bons conhecimentos sobre excelentes oportunidades de investimento muitas vezes não põem esse conhecimento em prática. Considere os seguintes exemplos:

- Um profissional de vendas muito produtivo (vamos chamá-lo de sr. Willis) teve a Wal-Mart como cliente por mais de dez anos. Durante todo esse tempo, a Wal-Mart explodiu em crescimento e em valorização. Quantas ações da Wal-Mart o sr. Willis comprou, ele que era um vendedor ganhando na faixa de seis dígitos? Zero. Sim, nenhuma ação, apesar de ter consideráveis conhecimentos de primeira mão sobre o sucesso de seu cliente e uma renda anual de seis dígitos. Entretanto, durante esse mesmo período ele comprou um carro importado de luxo a cada dois anos.

- Um gerente de marketing com alta renda, o sr. Petersen, trabalhava no campo da alta tecnologia. Mas nunca investiu um dólar na Microsoft ou em nenhuma outra grande companhia em pleno crescimento. Nunca, apesar de ter consideráveis conhecimentos sobre muitas firmas na indústria da tecnologia.

- O proprietário de uma gráfica tinha como cliente uma das maiores companhias de bebidas da América. Este cliente lhe comprava milhões de dólares em serviços de impressão todos os anos. Mas que quantia esse dono da gráfica investiu nas ofertas de ações de seu cliente? Zero.

Em todos os três casos, a pessoa produz uma renda mais alta do que a sra. Rule. Contudo, nenhuma delas é milionária. Na verdade, o sr. Petersen, o gerente de marketing, não investiu nada em ações. Ele nunca investe nenhuma parte de sua renda. Entretanto, ele mora numa casa de US$400.000, rodeada por outras pessoas que trabalham no campo da alta tecnologia – todos com grandes chapéus e grandes hipotecas, mas nenhum gado. Há muitos tipos assim, de alta renda/baixo patrimônio, que vivem de um cheque de pagamento para o outro, sempre temendo uma repentina baixa na economia do país.

Nosso Amigo, o SAR (Sub-Acumulador de Riqueza)

O que motiva Teddy Friend? Por que ele trabalha tanto? Por que sente a motivação de ganhar tanto dinheiro? E por que ele gasta tanto? Teddy lhe dirá que é porque ele é competitivo. Mas também são competitivos quase todos os profissionais de vendas de alta produção. A supercompetitividade não é a razão mais importante do seu comportamento.

Teddy foi criado numa família que era a mais pobre de uma comunidade operária. Sua casa era feita de madeiras velhas e outros materiais descartados. Até entrar na escola secundária, era seu pai que lhe cortava o cabelo, o que de fato economizava dinheiro, apesar de que, segundo Teddy, a maioria das pessoas percebia que o cabelo dele tinha sido cortado "por um amador".

A escola secundária pública que ele freqüentou atraía alunos de uma ampla variedade de níveis socioeconômicos. Muitos vinham de lares ricos. Os "garotos ricos" enchiam o estacionamento da escola com seus belos carros. Esses carros sempre deixavam Teddy boquiaberto. Durante todos os seus anos de escola, a sua família possuiu apenas um carro. Era um Ford bem usado que seu pai tinha comprado quando ele já tinha dez anos de idade.

Durante seus anos de escola, Teddy prometeu a si mesmo que algum dia estaria muito melhor de vida que seus pais. "Melhor de vida", para ele, significava ter uma bela casa num bairro rico, roupas finas para toda a família, carros de classe, ser sócio de clubes e comprar objetos nas melhores lojas. Teddy percebeu que poderia ficar "bem de vida" encontrando um cargo de alto salário e trabalhando muito.

Teddy nunca fez uma relação entre estar "bem de vida" e "acumular riqueza". Estar "bem de vida" significava demonstrar sua alta renda pela ostentação de artigos de alto *status*. Teddy nunca refletiu sobre os benefícios de formar um portfólio de investimentos. Para ele, a alta renda era uma maneira de superar um sentimento de inferioridade social. E alta renda era sempre produto de muito trabalho. "Obter renda sob a forma de ganhos de capital" era um conceito totalmente estranho para ele.

O pai e a mãe de Teddy eram disfuncionais quando se tratava de guardar dinheiro para uma época de vacas magras. O plano financeiro deles era muito simples: quando tinham dinheiro, gastavam. Quando acabava o dinheiro, paravam de gastar. Se precisavam de alguma coisa, como uma máquina de lavar roupa ou um telhado novo, economizavam para aquele fim. Mas também compravam muitas coisas a prestação. Nunca compraram ações de nenhuma companhia. Nunca os pais de Teddy reservaram dinheiro para um investimento. Eles não compreendiam o mercado de ações nem confiavam nele. A única riqueza real que o casal tinha era uma pequena pensão e o patrimônio representado por sua casa muito modesta.

Hoje o filho deles sente uma necessidade de se compensar pela sua origem "primitiva e operária" e por suas deficiências educacionais. Teddy nunca terminou a faculdade. E até agora se sente impelido a superar todas as pessoas formadas na universidade contra quem ele compete. Ele mesmo diz que gosta de se vestir melhor, de dirigir melhor, de morar melhor e, de modo geral, viver num padrão mais alto do que todos aqueles "garotos universitários" que trabalham na sua área.

Teddy é um consumidor por excelência. Ele tem dois barcos, um jet-ski e seis automóveis (dois estão em *leasing*; os outros foram comprados a crédito). É interessante notar que na sua casa há apenas mais três pessoas que dirigem. Ele é sócio de dois clubes de campo e usa um relógio que custou mais de US$5.000. Ele compra suas roupas nas melhores lojas. Teddy também "possui" um apartamento em *pool* num condomínio de férias.

No ano passado, a renda de Teddy foi de aproximadamente US$221.000. Dada a sua idade, 48 anos, qual seria o seu patrimônio líquido esperado? Segundo a nossa equação de riqueza, seu patrimônio líquido deveria ser de US$1.060.800 (riqueza esperada = um décimo da idade x renda anual total). Mas qual o seu patrimônio líquido real? Menos de $^1/_4$ da quantia esperada.

Como é possível que Teddy tenha um patrimônio líquido real de menos de $^1/_4$ do valor esperado? A resposta está na sua *maneira de pensar*. Acumular riqueza não é a sua motivação. É interessante que Teddy acredita firmemente que se fosse realmente rico, não seria um gerador de alta renda. Ele sempre diz que as pessoas que vêm de uma família rica têm pouca motivação para ter um alto desempenho no trabalho.

Teddy descobriu um método para manter e até aumentar seu impulso para desempenhar em alto nível. Ele descobriu que o medo é um grande motivador. Assim, ele compra cada vez mais a crédito. Aumentando suas dívidas, aumenta correspondentemente o medo de falir. Por sua vez, esse medo cada vez maior, baseado nas dívidas, o incentiva a trabalhar cada vez mais, e de uma maneira cada vez mais agressiva. Para ele, uma casa grande é um lembrete de que ele tem uma grande hipoteca e uma grande necessidade de ter um alto desempenho.

Teddy não é um grande gastador em todas as categorias de produtos e serviços. Pergunte-lhe quanto dinheiro ele aloca para a consultoria financeira. Nesta categoria ele é muito sensível a preços. Por exemplo, sua escolha de um contador foi baseada quase exclusivamente nos honorários, e não na qualidade. Teddy sempre acreditou que a qualidade do serviço que os contadores oferecem é mais ou menos igual; só os honorários é que variam. Por isso ele escolheu um contador que cobra pouco. Em forte contraste, a maioria das pessoas ricas acha que na área da consultoria financeira você obtém de acordo com o que você paga.

Teddy passa uma considerável quantidade de tempo trabalhando. Mesmo assim, ele está sempre preocupado em perder sua chamada "vantagem competitiva". Ele teme que sua necessidade de ultrapassar os "garotos ricos", os universitários, algum dia irá desaparecer. Teddy está sempre lembrando das suas origens humildes e da falta daquele diploma universitário, tão importante, e vive castigando a si mesmo psicologicamente. Aos seus olhos, ele tem um *pedigree* inferior àqueles universitários, tão confiantes, contra quem ele compete. Muitas vezes ele se pergunta como eles podem estar tão contentes, considerando que têm um desempenho menos que excepcional no trabalho.

Teddy nunca desfruta realmente da vida. Ele possui uma porção de objetos de alto *status*, porém trabalha tão duro e tantas horas por dia que não tem tempo de desfrutar deles. Também não tem tempo para a família. Sai de casa todos os dias antes do sol nascer e raramente volta para jantar.

Você gostaria de ser como Teddy? Para muitas pessoas, esse estilo de vida é muito atraente. Mas se essas pessoas realmente compreendessem o funcionamento interno de Teddy, elas poderiam avaliá-lo de modo diferente. Teddy é possuído por suas posses. Ele trabalha pelas coisas. Sua motivação e seus pensamentos se concentram nos símbolos do sucesso econômico. Sente uma necessidade constante de convencer os outros desse sucesso. Mas, infelizmente, ele nunca conseguiu convencer a si mesmo. Em suma, ele trabalha, ele ganha e ele se sacrifica para impressionar os outros.

Esses fatores sustentam os processos mentais de muitos SAR. Com muita freqüência, esses SAR deixam que outras "pessoas importantes na sua vida" determinem o seu estilo de vida financeiro. É interessante notar que essas "pessoas importantes", ou "grupos de referência", acabam sendo mais imaginários do que reais. E você? É motivado por outras "pessoas importantes"? Talvez você deva considerar uma abordagem diferente da vida e mudar sua orientação.

Será que todas as pessoas de alta renda que provêm de origens humildes são destinadas a se tornarem SAR? Será que todas irão seguir o modo de vida de Teddy? De maneira nenhuma. Existe uma razão fundamental, além das deficiências sociais e educacionais que Teddy percebe, que explica porque ele se tornou um SAR: seus pais lhe ensinaram o modo de vida

SAR. Apesar de terem uma renda modesta, seus pais não eram frugais. Gastavam quase tudo que ganhavam. Eram especialistas em despender recursos. Qualquer futuro aumento na renda imediatamente já era destinado ao consumo. Até mesmo as restituições do imposto de renda já ficavam pré-destinadas ao consumo – muito antes de os cheques serem recebidos. O comportamento consumista desse casal teve impacto sobre seus filhos. Eles estavam sempre lhes enviando esta mensagem subconsciente:

A gente ganha para gastar.
Quando precisar gastar mais, você tem de ganhar mais.

A VIDA ENTRE OS FRIENDS

De que maneira os pais de Teddy Friend gastavam dinheiro? Ele nos contou que, ao longo de todo seu casamento, eles comiam, fumavam e bebiam muito e faziam muitas compras. A casa estava sempre superlotada de comida. Os Friends estocavam guloseimas, carnes de primeira, frios, sorvetes e outras sobremesas. Até mesmo o café da manhã era uma festa. Bacon, salsichas, batatas fritas feitas em casa, ovos, broinhas e doces finos eram básicos. Ao jantar, assados e carnes eram os preferidos. A família de Teddy nunca saltava uma refeição. Vizinhos e parentes eram convidados freqüentes no "Restaurante dos Friends", como eles mesmos diziam, referindo-se à sua casa. Os pais de Teddy fumavam, juntos, cerca de três maços de cigarros por dia. Numa semana normal eles consumiam duas caixas de cervejas. Nos feriados, o consumo de comida, tabaco e álcool aumentava ainda mais.

Fazer compras e consumir eram os principais *hobbies* da família. Com freqüência, faziam compras por divertimento e não por necessidade. Na maioria dos sábados, faziam compras desde o início da manhã até o meio da tarde. Primeiro compravam comida. Depois passavam intermináveis horas em lojas de desconto. Teddy também notou que "quase tudo que eles compravam eram bobagens inúteis".

Sua mãe era especialmente agressiva ao comprar nas lojas de desconto. Tinha uma forte tendência para comprar grandes quantidades de mantas, cinzeiros, caramelos, toalhas de todas as cores e estilos, sapatos, tigelas de madeira e utensílios de cozinha. Muitos desses objetos ficavam guardados, por vezes durante anos, até serem usados. Seu pai também fazia compras por recreação. Todos os sábados passava horas comprando ferramentas e ferragens. Em geral, esses objetos raramente, ou nunca, eram usados.

É óbvio que os pais de Teddy eram SAR. Ele foi bem treinado para isso. Mas hoje ele gera uma renda muito mais alta do que seus pais ganhavam. E por que ele continua sendo um SAR? Essa renda também é resultado da orientação paterna. Seu pai muitas vezes lhe dizia que procurasse um emprego com potencial de alta renda. Fazer isso permitiria a Teddy comprar as melhores coisas da vida. A mensagem de seu pai era clara: para comprar uma bela casa, carros de luxo e roupas caras é preciso ganhar uma renda alta. Teddy descobriu que a área de vendas oferece excelentes oportunidades de produzir renda. Ele teria de ganhar muito para gastar muito. Jamais alguém mencionou o valor que há em reservar dinheiro para investimentos. A renda se destinava a ser gasta. O crédito era usado pesadamente para compras grandes.

Teddy e seu pai nunca perceberam os benefícios de acumular riqueza por meio de investimentos. Teddy nos disse repetidas vezes que isso "não adianta". Ele simplesmente não tem dinheiro para investir! Mas como é possível que alguém que tem uma renda seis vezes maior do que a média dos domicílios americanos não tenha dinheiro para investir? Todos os anos, Teddy gasta na educação de seus filhos em escolas e universidades particulares mais do que um domicílio médio ganha em um ano. Ele tem uma coleção de automóveis que vale mais de US$130.000. Paga mais de US$12.000 todos os anos em impostos sobre a propriedade. Seus pagamentos anuais de hipoteca ultrapassam os US$30.000. Vários de seus ternos custaram US$1.200 cada um.

Porém, a sua insensibilidade aos investimentos vai além da sua necessidade de consumir. Seus pais não tinham nenhuma compreensão nem apreciação pelos dólares investidos. E ele tampouco. E seus pais lhe passaram essa falta de conhecimento e de prudência.

Teddy argumenta que seus pais eram pessoas de meios modestos, sem dinheiro para investir. Vamos examinar esta imagem. Seus pais fumavam três maços de cigarros por dia. Quantos maços eles consumiram durante toda a sua vida adulta? Como há 365 dias em um ano, eles consumiam aproximadamente 1.095 maços por ano. Eles fumaram durante aproximadamente 46 anos. Assim, em 46 anos fumaram 50.370 maços de cigarros. E quanto pagaram por esses cigarros? Aproximadamente US$33.190 – mais do que o preço que pagaram pela sua casa! Mas eles nunca consideraram o custo dos cigarros. Viam essas compras como pequenas despesas. Porém, com o passar do tempo, as pequenas despesas se tornam grandes despesas. E com o passar do tempo as pequenas quantias, investidas periodicamente, também se tornam grandes investimentos.

O que teria acontecido se o casal Friend tivesse investido o dinheiro dos cigarros na bolsa de valores (fundo de índices) durante toda a sua vida? Quanto eles teriam conseguido como patrimônio? Quase US$100.000. E se tivessem usado o dinheiro dos cigarros para comprar ações de uma companhia de cigarros? Se tivessem comprado e reinvestido todos os dividendos, nunca vendendo suas ações, na fábrica de cigarros Philip Morris, em vez de fumar cigarros Philip Morris durante 46 anos? *Ao final de 46 anos, o casal teria um portfólio em ações dessa empresa valendo mais de US$2 milhões.* Só que esse casal, assim como seu filho, nunca imaginou que "os trocados" podem ser transformados numa riqueza significativa.

Só esta mudança de comportamento teria colocado os Friends na categoria dos milionários. E seriam membros do grupo PAR, dada sua modesta renda. Talvez eles tivessem levado uma vida diferente se alguém lhes tivesse ensinado a matemática da valorização da riqueza. Mas ninguém lhes contou sobre este fenômeno. Assim, não surpreende que eles nunca tivessem ensinado a seu filho os benefícios do investimento. Mas uma coisa eles lhe aconselharam: a não fumar. Seu pai lhe disse: "Nunca ponha o primeiro cigarro na boca. Eu estou viciado. Não há nada que eu possa fazer para parar de fumar". E Teddy seguiu esse conselho.

LARGANDO O VÍCIO DO SAR

Durante quanto tempo mais Teddy será capaz de financiar seu estilo de vida? E se ele precisar parar de trabalhar hoje? Durante quanto tempo poderia manter seu atual nível de riqueza? Só por cerca de um ano! Não admira que ele trabalhe tanto. Em vista das circunstâncias atuais, Teddy nunca conseguirá se aposentar tranqüilamente. Apesar de já ter quase 50 anos de idade, ele ainda não compreendeu isso. Mas nem tudo está perdido. Teddy ainda pode se tornar um acumulador de riqueza.

Nós descobrimos que muitas vezes é útil dizer a um SAR a verdade nua e crua: *"Meu amigo, seu patrimônio é menos da metade do que se espera das pessoas do seu grupo de renda e de idade"*. Essa notícia pode incentivar os SAR que são competitivos. Como eles reagem quando ficam sabendo que seu patrimônio líquido os coloca no quarto inferior de todas as pessoas que têm características semelhantes de renda e de idade? Alguns ficam incrédulos. Muitos querem mudar, mas não sabem como se transformar. Como pode alguém mudar quando já teve mais de vinte anos de experiência em viver como um SAR?

Em primeiro lugar, a pessoa deve realmente querer mudar. Segundo, provavelmente vai precisar de ajuda profissional. O ideal é encontrar um contador público diplomado que ofereça planejamento financeiro. Um profissional assim já deve ter tido considerável experiência e sucesso em transformar os SAR. Isto é, deve ter um sólido currículo em ajudar os Teddys deste mundo a se tornarem mais acumuladores.

Em casos extremos, um contador/planejador financeiro acaba realmente assumindo o controle das compras do seu cliente. Primeiro ele faz uma auditoria sobre os hábitos de consumo do cliente nos últimos dois anos. Ele categoriza e tabula cada elemento. Daí ele se consulta com o cliente, e o coloca num programa de "desintoxicação", o que significa que todos os elementos consumidos serão reduzidos no mínimo em 15% durante o próximo ano ou dois anos. Outros cortes se seguem. Em algumas situações, o contador/planejador financeiro chega a ponto de guardar consigo os talões de cheque de seu cliente, preencher todos os cheques, pagar todas as contas. Esse "tratamento de choque" não é fácil para a maior parte dos SAR. Mas, às vezes, é a única maneira de resolver o problema.

A Categoria Final do Consumo

O milionário típico das nossas pesquisas tem uma renda anual total realizada de menos de 7% da sua riqueza. Isso significa que menos de 7% da riqueza está sujeita a qualquer forma de imposto de renda*. No nosso último levantamento sobre milionários, descobrimos que essa porcentagem era de 6,7%. Os milionários sabem que quanto mais eles gastam, mais renda eles precisam realizar. Quanto mais renda realizarem, mais precisam destinar ao imposto de renda. Assim, os milionários e os que provavelmente se tornarão afluentes no futuro seguem uma regra importante:

Para construir riqueza, minimize
a sua renda realizada (tributável)
e maximize a sua renda não realizada
(valorização da riqueza ou do capital sem fluxo de caixa).

*O valor da riqueza que está nas mãos de particulares na América é de mais de US$22 trilhões. Os milionários possuem aproximadamente metade dessa quantia, ou seja, US$11 trilhões. A renda pessoal total para o mesmo período é estimada em cerca de US$2,6 trilhões. Os milionários respondem por apenas cerca de 30% da renda total, ou US$0,78 trilhão. Isso significa que os milionários como um grupo realizam o equivalente a apenas 7,1% de sua renda total a cada ano (US$0,78 trilhão dividido por US$11 trilhões em riqueza = 7,1%).

O imposto de renda é a maior despesa anual na maioria dos domicílios. O imposto recai sobre a renda, e não sobre a valorização da riqueza, se esta valorização não é realizada, isto é, se não gera fluxo de caixa.

Qual é a mensagem? Mesmo muitos domicílios que produzem alta renda têm poucos ativos. Uma razão é que eles maximizam sua renda realizada, muitas vezes para sustentar um alto nível de consumo. Essas pessoas deveriam fazer a si mesmas uma simples pergunta: será que eu conseguiria sobreviver com o equivalente a 6,7% da minha riqueza? É preciso muita disciplina para se tornar afluente. Já entrevistamos muitas pessoas com um patrimônio de US$2 milhões ou US$3 milhões que têm uma renda realizada familiar total anual de menos de US$80.000.

Quanto o lar americano típico realiza em renda a cada ano? Cerca de US$35.000 a US$40.000, ou seja, o equivalente a quase 90% do seu patrimônio líquido. O resultado é que o americano típico paga o equivalente a mais de 10% de sua riqueza em imposto de renda a cada ano. E o que dizer dos milionários que pesquisamos? Em média, seu imposto de renda equivale a pouco mais que 2% de sua riqueza. Essa é uma das razões pelas quais eles conservam sua independência financeira.

ESTUDO DE CASO: SHARON E BÁRBARA

Sharon é uma especialista em planos de saúde que produz uma alta renda. Recentemente ela nos perguntou: "Como é possível que eu ganhe tanto em termos de renda mas acumule tão pouco em termos de riqueza?".

No ano passado a família de Sharon teve uma renda total anual de aproximadamente US$220.000 (veja a Tabela 2-3), o que coloca sua casa na faixa do 1% superior entre os domicílios da América. O domicílio de Sharon tem um patrimônio líquido de aproximadamente US$370.000. Enquanto a renda de Sharon é mais alta do que 99% dos outros domicílios da América, seu patrimônio líquido é muito inferior ao que deveria ser. Dada a sua idade, 51 anos, e sua renda de US$220.000, Sharon deveria ter, de acordo

TABELA 2-3

CONTRASTES ENTRE CONTRIBUINTES AMERICANOS

Tipo de lar	Renda bruta total anual realizada do lar	Patrimônio líquido do lar (ativo menos passivo)	Renda realizada como porcentagem do patrimônio líquido	Imposto de renda federal	Imposto como porcentagem da renda	Imposto como porcentagem do patrimônio líquido	Categoria de acumulação de riqueza
Típico lar de alta renda	US$220.000	US$1.122.000	19,6	US$69.440	31,6	6,2	Médio Acumulador de Riqueza (MAR)
Lar de Sharon	US$220.000	US$370.000	59,5	US$69.440	31,6	18,8	Sub-Acumulador de Riqueza (SAR)
Lar de Bárbara	US$220.000	US$3.550.000	6,2	US$69.440	31,6	2,0	Prodigioso Acumulador de Riqueza (PAR)
Lar de Ross Perot	US$230 milhões	US$2,4 bilhões	9,6	US$19,5 milhões	8,5	0,8	Prodigioso Acumulador de Riqueza (PAR)
Lar americano típico	US$32.823 (Média)	US$36.623 (Mediana)	89,6 (Média)	US$4.248 (Média)	12,9 (Média)	11,6 (Média)	Sub-Acumulador de Riqueza (SAR)

com a equação da riqueza (patrimônio esperado = idade/10 x renda), um patrimônio líquido de aproximadamente US$1.122.000.

Por que o nível de riqueza acumulada de Sharon é muito abaixo da norma? É porque a sua renda realizada, ou seja, tributada, é alta demais. No ano passado ela pagou US$69.440 em impostos federais sobre sua renda de US$220.000. Isto equivale a 18,8 % de sua riqueza total. O Yogi Berra poderia lhe dizer: "Sharon, você não pode ser rica. Sua renda é alta demais".

Acreditamos que a pessoa média na categoria de renda/idade de Sharon paga o equivalente a apenas 6,2% de sua riqueza em impostos federais anuais, ou seja, US$69.440 dividido por US$1.122.000. Assim, os impostos que Sharon paga, equivalentes a 18,8% de sua riqueza, são três vezes maiores do que o equivalente para a pessoa média na sua categoria de renda/idade.

Analisando de outra maneira, Sharon tem uma renda realizada anual equivalente a 59,5% do seu patrimônio líquido total de US$370.000. Como pode alguém esperar ser realmente rico quando o equivalente a quase 60% de sua riqueza é sujeito a imposto de renda a cada ano? A pessoa média na categoria renda/idade de Sharon realiza o equivalente a apenas 19,6% de seu patrimônio líquido em renda anual. Assim, apenas cerca de US$1 de cada US$5 do seu patrimônio líquido é sujeito a imposto de renda.

E o que dizer das pessoas com nível de riqueza acima da média? Quanto do seu patrimônio líquido equivalente está sendo taxado? Bárbara é um membro típico da categoria dos PAR. Sua renda anual realizada é igual à de Sharon – US$220.000. Mas o patrimônio líquido de Bárbara é de aproximadamente US$3.550.000. Assim, apenas o equivalente a 6,2% da sua riqueza é sujeito a imposto de renda. Que porcentagem da riqueza de Bárbara é paga em imposto de renda? Cerca de 2%. Em forte contraste, Sharon pagou o equivalente a 18,8% de sua riqueza em imposto de renda, ou seja, mais de nove vezes a porcentagem paga por Bárbara.

O milionário americano médio realiza significativamente menos de 10% do seu patrimônio líquido em renda anual. Apesar de ter considerável riqueza e aumentos anuais substanciais nessa riqueza (sob formas não realizadas), o milionário americano típico pode ser pessoalmente pobre em dinheiro líquido. Mais de 20% da renda anual realizada de Bárbara está investida em bens financeiros que tendem a se valorizar sem gerar renda realizada. Sharon, por outro lado, investe menos de 3% da sua renda realizada. A maior parte dos seus bens financeiros está em forma líquida.

A situação econômica de Sharon é muito arriscada. Ela é a principal provedora da sua família, que tem pouca renda proveniente de investimentos. Se seu empregador eliminar o seu cargo, o que acontece? Não há muitos empregos disponíveis hoje em dia que paguem US$200.000 ou mais por ano. Bárbara, por outro lado – e mais uma vez em contraste com Sharon –, possui uma empresa com mais de mil e seiscentos clientes – ou seja, mil e seiscentas fontes de renda. Isso é muito menos arriscado do que a posição de Sharon. Sharon não poderia sobreviver se perdesse a sua fonte de renda; porém Bárbara poderia sobreviver facilmente durante vinte anos ou mais. Na verdade, ela poderia se aposentar neste momento só com a renda proveniente de seus ativos financeiros.

Bárbara, essa prodigiosa acumuladora de riquezas, é apenas um dos mais de 3,5 milhões de milionários na América de hoje. Mais de 90% têm um patrimônio líquido entre US$1 milhão e US$10 milhões. Como essas pessoas se comparam com as superafluentes? As indicações sugerem que quanto maior é o patrimônio líquido, mais perita é a pessoa em minimizar sua renda realizada. O fato é que os superafluentes chegaram a essa posição sendo mestres na arte de minimizar sua renda realizada.

Ross Perot é o exemplo perfeito de como os superafluentes continuam afluentes, e até aumentam seu nível de riqueza, ano após ano. A revista *Forbes* recentemente estimou que o patrimônio líquido do sr. Perot valia US$2,4 bilhões (veja Randall Lane, "What's Ross Perot Really Worth", *Forbes*, 19 de outubro de 1992, p. 72). Os Cidadãos pela Justiça Tributária (Citizens for Tax Justice), um grupo de reforma tributária sediado em Washington, D.C., avaliou que a renda anual realizada de Perot em 1995 foi de aproximadamente US$230 milhões. Assim, ele realizou o equivalente a 9,6% da sua riqueza, mas pagou apenas US$19,5 milhões em impostos, ou seja, 8,5% da sua renda (veja "How Perot Caps His Rising Taxes at Only 8.5%", *Money*, janeiro de 1994, p. 18). Compare esses números com os 31,6% da renda paga em impostos por Bárbara, Sharon e muitas outras pessoas nessa categoria de renda (veja a Tabela 2-3).

Como é possível que o sr. Perot acabe pagando uma porcentagem tão pequena de sua renda em impostos? Segundo um recente artigo de jornal:

> *Perot... minimiza seus impostos investindo pesadamente em ações municipais isentas de impostos, imóveis protegidos contra impostos e ações com ganhos não realizados* (Tom Walker, "Perot's Tax Rate Is Lower Than Most, Magazine Says", *Atlanta Journal-Constitution,* 30 de dezembro de 1993, p. 1).

De particular interesse é o fato de que a taxa de impostos de Perot como porcentagem da sua renda – isto é, 8,5% – é mais baixa do que a do lar americano médio. O domicílio médio nos EUA paga US$4.248 em imposto de renda federal a cada ano, ou seja, o equivalente a 12,9% da sua renda realizada anual de US$32.823. Perot é superafluente em termos de riqueza acumulada, mas tem menos do que o homem comum em termos de carga tributária.

Mais interessante ainda do que a porcentagem de renda paga em impostos é a porcentagem da riqueza paga em impostos. O domicílio americano típico tem um patrimônio líquido total, incluindo o valor da casa, de US$36.623. Esse domicílio paga o equivalente a 11,6% do seu patrimônio líquido em imposto de renda. E o que dizer do sr. Perot, o bilionário? Estima-se que em um ano ele pagou o equivalente a apenas 0,8% da sua riqueza em impostos. Em termos de imposto de renda pago como porcentagem do patrimônio, o domicílio típico pagou $14^1/_2$ vezes mais.

A maioria dos milionários mede seu sucesso pelo seu patrimônio líquido, e não por sua renda realizada. Para efeitos de construir riqueza, a renda não importa tanto assim. Uma vez que você esteja numa categoria de alta renda, ou seja US$100.000 ou US$200.000 ou mais, não importa tanto ganhar mais, mas sim o que você faz com aquilo que você já tem.

TRABALHANDO PARA PAGAR IMPOSTOS

Vamos assumir por um momento que você seja o sr. Bob Stern, um especialista que trabalha para o Departamento do Imposto de Renda. Certo dia o seu gerente, o sr. John Young, chama você no seu escritório e lhe dá a seguinte tarefa: informá-lo melhor sobre a relação entre renda e riqueza.

Sr. Young: Bob, tenho lido muitos relatórios sobre o crescimento da população dos milionários.

Sr. Stern: Sim, eu também tenho na minha mesa uma pilha de artigos de jornal sobre esse assunto.

Sr. Young: Bem, o problema é o seguinte. O número dos ricos está crescendo rapidamente. Mas o imposto de renda que recebemos de muitas dessas pessoas não está aumentando no mesmo ritmo.

Sr. Stern: Já li em algum lugar que os lares mais ricos do país, que são 3,5% do total, respondem por mais da metade de toda a riqueza pessoal. Mas essas mesmas pessoas respondem por menos de 30% da renda.

Sr. Young: Eu só gostaria que o Congresso acordasse. O que este país precisa é de um imposto sobre a riqueza. Até nos tempos bíblicos os ricos tinham de dar 10% de sua riqueza anual em impostos. É isso que eu chamo de reforma tributária radical.

Sr. Stern: Eu sei o que o senhor quer dizer. Mas mais cedo ou mais tarde vamos botar as mãos neles. Lembre-se, há duas coisas inevitáveis na vida – a morte e os impostos.

Sr. Young: A área de impostos sobre o espólio não é sua especialidade, Bob. Você é um pouco ingênuo nesta questão. Você pensa que vamos acabar dando uma boa mordida em todos os milionários neste país taxando seu espólio.

Sr. Stern: O Anjo da Morte está do nosso lado.

Sr. Young: Calma lá, Bob. Pense em todos os milionários deste país. A maioria deles é proprietária de uma firma, e muitos possuem ações. O que essas pessoas fazem com o dinheiro? Sentam em cima dele, ou então reinvestem nos seus negócios. E conservam ciosamente todas as ações que tendem a se valorizar.

Sr. Stern: Mas e o Anjo da Morte?

Sr. Young: Veja as coisas da seguinte forma, Bob. Já vimos declarações de espólio na faixa de US$1 milhão ou mais. Ano passado vieram apenas 25 mil. Porém, ao mesmo tempo, havia 3,5 milhões de milionários vivos e bem vivos. Isso significa que apenas 0,7% foi apanhado pelo Anjo da Morte. Esse número deveria ser o dobro. Mas sabe o que muitos milionários fazem? Antes que o Anjo da Morte apareça, eles se transformam num passe de mágica.

Sr. Stern: Mas como eles fazem isso? Eles não podem simplesmente desaparecer. Será que se mudam para outro país antes de o Anjo aparecer?

Sr. Young: Mudar-se não é um fator significativo. Mas eu não ficaria admirado se descobríssemos que metade dos milionários se transforma em não-milionários AA.

Sr. Stern: O que quer dizer AA?

Sr. Young: É um termo do nosso jargão, significa "Antes do Anjo", ou antes da morte. É o contrário de DA, "Depois do Anjo". Veja esse estudo de caso. Eis aqui uma mulher, Lucy L., que tinha US$7 milhões apenas um ano antes de morrer. Ela vivia do dinheiro da sua pensão. Nunca na sua vida vendeu qualquer ação de seu portfólio. A sua riqueza dobrou em apenas seis anos, entre os 70 e os 76 anos de idade. Mas o que nós conseguimos obter de tudo isso? Em termos de imposto de renda, quase nada. Ela não tinha praticamente nenhuma renda realizada no seu portfólio. Eu odeio a renda não realizada!

Sr. Stern: O senhor tem razão. É um inimigo inteligente. Mas o Anjo a apanhou, certo? A morte e os impostos.

Sr. Young: Errado, Bob. Ela morreu no ano passado. E sabe qual era seu patrimônio líquido quando o anjo finalmente apareceu? Menos de US$200.000. Nenhum imposto sobre o espólio. Mais um ex-milionário que se vai sem deixar espólio tributável. Há dias em que eu gostaria de mudar para outro ramo de trabalho. O inimigo está vencendo.

Sr. Stern: Mas onde foi parar todo o dinheiro dela?

Sr. Young: Ela doou para a sua igreja, duas universidades e uma dúzia de organizações de caridade. Deu também US$10.000 a cada um de seus filhos, netos, sobrinhos e sobrinhas. Ela é uma pessoa típica do interior – cheia de parentes.

Sr. Stern: E no final a gente acaba ficando com o quê?

Sr. Young: Nós, o governo, acabamos ficando com nada! Dá para acreditar? O governo dela própria! Não há justiça na América. Precisamos de um imposto sobre a riqueza, urgente.

Sr. Stern: Bem, parece que ela foi uma pessoa bem legal, para ter dado tanto dinheiro para igrejas, universidades e obras de caridade.

Sr. Young: Bob, você devia ter vergonha. Ela e as pessoas do tipo dela são nossas inimigas. A América precisa da riqueza delas para manter nosso governo funcionando. Precisamos do dinheiro delas para pagar a dívida interna. Precisamos financiar todos os nossos programas sociais.

Sr. Stern: Talvez ela achasse que a igreja, as universidades e as obras de caridade também têm suas necessidades.

Sr. Young: Bob, você é tão ingênuo. Essa mulher é uma amadora. Que experiência ela tinha em distribuir riqueza? Nós somos o governo. Somos especialistas em redistribuir a riqueza. Nós é que deveríamos decidir onde e como a riqueza deve ser distribuída. Somos profissionais. Temos de começar a taxar a riqueza antes que todos os milionários se transformem em não-milionários!

Sr. Stern: E o que dizer dessas pessoas famosas que saem nos jornais? As de renda muito alta?

Sr. Young: Deus abençoe estas pessoas, Bob. Elas são as nossas melhores freguesas. Adoro as pessoas que ganham muito. A renda realizada é a nossa salvação. Quero que você estude estes tipos. Mas também quero que você descubra como aqueles outros tipos conseguem existir sem realizar grande parte de sua renda. Será que vivem como monges? O que há de errado com essa gente? Por que eles não vendem alguns milhões de dólares de suas ações na Bolsa e compram uma mansão?

Sr. Stern: É por isso que você tem essas fotos das celebridades mais bem pagas da América coladas na parede da sua casa?

Sr. Young: Claro. Eu adoro essa gente. Eles sofrem de uma doença gravíssima, a "gastonite". E, para gastar, precisam ter renda realizada, isto é, tributável. Veja as coisas desta maneira. Quando um jogador de basquete compra um iate de US$2 milhões, nós nos tornamos parceiros dele. Ele vai precisar realizar US$4 milhões para poder pagar US$2 milhões pelo barco. Seremos parceiros dele.

Sr. Stern: Jogadores de basquete? Será que eles são bons exemplos para nossos jovens?

Sr. Young: Claro. Esses aí são os gastadores de alta renda. Eles dizem aos nossos jovens: "Ganhe e gaste!". É só sobre a renda realizada que nossa juventude precisa aprender. Esses tipos gastadores são os verdadeiros patriotas. É por isso que coloquei na parede a definição que o dicionário Webster dá de "patriota". Leia para mim, Bob.

Sr. Stern: "Patriota: Aquele que ama seu país e apóia fervorosamente a sua autoridade e seus interesses."

Sr. Young: Sim, Bob, apóia fervorosamente sua autoridade e seus interesses. Sabe, Bob, os verdadeiros patriotas são as pessoas que ganham grandes rendas – US$100.000, US$200.000, US$1 milhão ou mais por ano – e gastam tudo o que ganham. O Congresso deveria cunhar uma nova medalha para esse tipo de patriotismo. Deveria ser chamada "Medalha de Tributação e Consumo". E enquanto esses patriotas continuarem a treinar seus filhos para ganharem também estas medalhas, estaremos em boa forma. Bob, você não acha que nós deveríamos começar a mandar cartões de Natal para todas as companhias que promovem carros de luxo, iates, casas de US$1 milhão, roupas e acessórios caros? Essas pessoas também são verdadeiros patriotas, à sua maneira. Eles incentivam os gastos. Eles é que nos sustentam. Bem, Bob, está ficando tarde. Você tem sua lição de casa. Quero saber mais sobre esses ganhadores de medalhas. Mas também quero que você estude como vivem aqueles que não gastam o dinheiro que têm.

Que provas temos de que o governo americano sabe a fórmula para se adquirir independência financeira? Basta ler alguns artigos que seus funcionários escreveram recentemente. Muitos economistas bem treinados que trabalham para o nosso governo costumam realizar estudos sobre os ricos (ou, como eles dizem, os "principais detentores de riqueza"). Temos particular interesse nos artigos publicados no jornal trimestral do Serviço do Imposto de Renda, o *Statistics of Income*. É o paraíso de um pesquisador – oferece montanhas de estatísticas sobre a renda. Porém, a renda não é o único foco de interesse do governo. A publicação estuda também os principais detentores de riqueza. Tivemos inveja desses estudos, e precisamos fazer nossa própria pesquisa sobre os ricos. Essa é a nossa principal fonte de informações para podermos compreender a fórmula de "Como Ficar Rico".

C. Eugene Steuerle é diretor-assistente da Secretaria de Análise de Impostos do Departamento do Tesouro dos EUA. É também um estudioso e pesquisador de talento. Ele faz a mesma pergunta que nós: "Qual é a relação entre renda realizada e riqueza?" (*SOI Bulletin*, Department of the Treasury, Internal Revenue Service, vol. 2, nº. 4, primavera de 1985). E o que descobriu? Que as pessoas acumulam uma riqueza significativa minimizando sua renda realizada/tributável, e maximizando sua renda não realizada/não tributável.

Nesse estudo, o sr. Steuerle comparou as declarações de imposto de renda feitas pelos maiores detentores de riqueza enquanto eram vivos com as declarações de espólio apresentadas por seus testamentários depois que faleceram. Steuerle estudou uma amostra nacional de declarações de espólio. Depois comparou cada uma delas com as respectivas declarações de renda dos anos anteriores. Por que todo aquele contraste? O sr. Steuerle queria estudar a correlação entre a renda realizada, tal como documentada no imposto de renda, e o patrimônio líquido real de cada pessoa da amostra. De especial interesse era a relação entre a renda realizada gerada por investimentos e seu valor real de mercado.

Por que um estudioso que trabalha para o Departamento de Tesouro passaria tanto tempo fazendo um estudo como esse? Consideramos que os funcionários do imposto de renda são uma turma muito inteligente. Eles estudam seu *target*. E cobiçam a riqueza desse mercado. Eles querem saber quantas são as pessoas afluentes que geram tão poucos dólares em renda realizada. Uma vez que os proprietários de empresas fechadas são especialmente aptos nessa estratégia, o sr. Steuerle selecionou para estudo os espólios nos quais o valor da empresa supera 65% do espólio.

Eis algumas revelações dos estudos do sr. Steuerle:

- A renda realizada a partir do ativo das empresas fechadas era de apenas 1,15% do valor estimado dos bens. Note que mesmo essa pequena porcentagem deve ter uma tendência para cima, uma vez que há vantagens tributárias para os herdeiros e os testamentários que oferecem uma avaliação conservadora.

- A renda total realizada, provinda de todos os bens e de todos os salários, honorários e rendas, era de apenas 3,66% do valor de todos os ativos.

O que esses resultados lhe dizem sobre os afluentes? Eles sugerem que um proprietário de firma que tem um patrimônio líquido de, digamos, US$2 milhões, tem em média uma renda anual realizada de US$73.200, ou seja, 3,66% de US$2 milhões. Será que você conseguiria viver com US$73.200 hoje e mesmo assim investir um mínimo de 15% a cada ano? Não, não é fácil. Mas também não é fácil ser financeiramente dependente.

INDEPENDÊNCIA FINANCEIRA

Certa vez fizemos a um gerente do tipo alta renda/baixo patrimônio, a quem chamaremos de sr. Rodney, uma pergunta simples:

> *Por que o senhor nunca participou dos planos de compra de ações com vantagens tributárias oferecidos pela sua empresa?*

O empregador desse gerente lhe ofereceu um plano de compra de ações com equivalência. A cada ano o gerente podia comprar o equivalente a 6% da sua renda em ações da companhia, o que reduziria a sua renda tributável realizada. Além disso, a empresa se propunha a completar sua compra de ações até uma determinada porcentagem da sua renda.

O sr. Rodney respondeu que, infelizmente, não podia se dar ao luxo de participar. Parece que toda a sua renda ia para os pagamentos mensais de US$4.200 da sua hipoteca, dois veículos em *leasing*, despesas educacionais, mensalidades de clubes, uma casa de férias que precisava ser reformada e impostos.

Ironicamente, o sr. Rodney deseja "tornar-se um dia financeiramente independente". Mas tal como muitos SAR, o sr. Rodney não é realista nesse aspecto. Ele vendeu sua independência financeira. O que aconteceria se ele tivesse aproveitado plenamente os benefícios tributários desde o início do seu emprego nessa companhia? Hoje ele seria milionário. Em vez disso, ele está perpetuamente na roda-viva do ganhar-e-consumir.

Já entrevistamos incontáveis pessoas do tipo alta renda/baixo patrimônio. Às vezes é deprimente, em especial quando são pessoas mais velhas. O que você acharia de ser o cardiologista de 67 anos de idade que nos disse:

Não tenho um plano de aposentadoria... nunca tive um plano de aposentadoria.

apesar de ter ganho milhões durante sua vida de trabalho? Seu patrimônio líquido total é de menos de US$300.000. Não é para menos que ele começou a fazer perguntas como:

Será que algum dia vou conseguir me aposentar?

Ainda mais reveladoras são as entrevistas que fizemos com as viúvas dos SAR. Em muitos casos, ela foi dona de casa durante todo o seu longo casamento. Muitas vezes o marido, um tipo alta renda/baixo patrimônio, não tinha nenhum seguro de vida, ou tinha um seguro muito baixo.

Meu marido sempre disse que eu não precisava me preocupar com dinheiro... Ele dizia: "Eu sempre vou estar por aqui". O senhor pode me ajudar? O que eu devo fazer?

Essa situação não tem a mínima graça. Como é possível que pessoas instruídas, com alta renda, sejam tão ingênuas a respeito de dinheiro? É porque ser uma pessoa instruída de alta renda não se traduz automaticamente em independência financeira. Isso exige planejamento e sacrifício.

E o que dizer se o seu objetivo é tornar-se financeiramente independente? Seu plano, nesse caso, deveria ser sacrificar o alto consumo de hoje em troca da independência financeira de amanhã. Cada dólar que você ganha para gastar é primeiro descontado pelo imposto de renda. Por exemplo, para comprar um barco de US$68.000 você precisa primeiro ganhar US$100.000. Os milionários costumam pensar desta maneira. É por isso que apenas uma minoria possui iates. Você planeja viver num iate depois que se aposentar? Ou você preferiria viver com um plano de aposentadoria de US$3 milhões? E será que é possível fazer as duas coisas ao mesmo tempo?

BAIRROS DE ALTO *STATUS*

Se você leu com cuidado o trecho acima sobre o estudo feito pelo imposto de renda acerca dos afluentes, uma questão pode lhe ter ocorrido. Será que os resultados das pesquisas que fizemos são diferentes dos produzidos pelas declarações de imposto de renda e de espólio? Você pode se lembrar que, em média, os milionários do nosso último estudo tinham uma renda realizada total de cerca de 6,7% do seu patrimônio líquido total. Entretanto, os resultados vindos do imposto de renda e do imposto sobre o espólio indicam que os maiores detentores de riqueza realizaram apenas 3,66% de sua riqueza. Como se pode explicar essa diferença? E o que ela significa?

Para obter as amostras, nós empregamos um método diferente do utilizado pelo Departamento de imposto de renda. Nossa pesquisa baseou-se numa amostra de famílias que residem em bairros de alto *status*, ao passo que o imposto de renda reuniu sua amostra a partir de todas as declarações de renda e espólio. Uma vez que cerca de metade dos milionários da América não vivem nos bairros chamados de alta classe, nós também pesquisamos pessoas afluentes que são fazendeiros, leiloeiros e outras pessoas abastadas que vivem em bairros sem *status*. Por que será que os milionários das áreas de alto *status* realizam uma porcentagem significativamente maior de sua riqueza (6,7%) do que os maiores detentores de riqueza, selecionados a partir de uma mostra nacional de todos os falecidos abastados (3,66%)? É porque os milionários que residem em bairros de alta classe precisam realizar mais renda para poder morar nessas áreas. Quais são as implicações das nossas revelações? *É mais fácil acumular riqueza se você não mora num bairro de alto status.* Mas mesmo os milionários que moram em áreas de alto *status* realizam apenas 6,7% da sua riqueza a cada ano. Pense em seus vizinhos não abastados que em média precisam realizar constantemente mais de 40% da sua riqueza apenas pelo prazer de viver num bairro chique.

Talvez você não seja tão rico quanto deveria ser porque você trocou grande parte da sua renda atual e futura apenas pelo privilégio de morar num bairro de alto *status*. Assim, mesmo que esteja ganhando US$100.000 por ano, você não está ficando rico. O que você provavelmente não sabe é que o seu vizinho, que mora numa casa de US$300.000, comprou a casa dele apenas *depois* de ficar rico. Você comprou a sua casa *antecipando* que algum dia iria ficar rico. Só que talvez esse dia nunca chegue.

A cada ano você é forçado a maximizar a sua renda realizada só para conseguir pagar as contas. Você não pode se dar ao luxo de investir nenhum dinheiro. Na verdade, você está num beco sem saída. Suas altas despesas domésticas exigem o emprego total da sua renda. Você nunca vai se tornar independente financeiramente sem comprar investimentos que se valorizam sem realizar renda. Então, o que vai acontecer? Você vai escolher uma vida de altos impostos e alto *status*, ou vai mudar de endereço? Permita-nos ajudá-lo na sua decisão. Aqui está mais uma de nossas regras:

Se você ainda não é rico mas quer ser rico algum dia,
nunca compre uma casa que exija uma hipoteca equivalente
a mais que o dobro do total da sua renda familiar realizada anual.

Morar num bairro menos caro lhe permite gastar menos e investir mais da sua renda. Você pagará menos pela sua casa e, correspondentemente, menos pelos seus impostos sobre a propriedade. Seus vizinhos provavelmente não vão ter veículos caros. Você vai achar mais fácil manter um nível de vida equivalente ao dos outros, ou mesmo superior, e ainda assim acumular riqueza.

A opção é sua. Talvez você faça uma escolha melhor do que Bob, um jovem corretor da Bolsa a quem recentemente demos consultoria. Nós lhe oferecemos esse conselho sobre a proporção ideal entre o preço de uma casa e a renda anual. Esse corretor, de 37 anos, tinha uma renda realizada total de US$84.000. Pediu nosso conselho antes de comprar uma casa de US$310.000. Estava planejando dar uma entrada de US$60.000. E também planejava ficar rico. Nós achamos que arcar com uma hipoteca de US$250.000 seria um impedimento para seu objetivo.

Sugerimos que ele comprasse algo menos caro, tal como uma casa de US$200.000 com uma hipoteca de US$140.000. Isso estaria dentro dos parâmetros da nossa regra. Bob rejeitou esse conselho. Disse que não queria morar num bairro "cheio de motoristas de caminhão e operários de construção". Afinal de contas, ele é um consultor financeiro de nível universitário.

Mas o que Bob não percebe é que na América muitos operários de construção e suas esposas têm uma renda combinada de mais de US$84.000. Naturalmente, o corretor imobiliário lhe disse que ele estava qualificado para uma hipoteca de US$250.000. Mas isso é o mesmo que pedir para a raposa avaliar quantas galinhas você tem no galinheiro.

TEMPO, ENERGIA E DINHEIRO

Eles alocam seu tempo, sua energia e seu dinheiro eficientemente, com o objetivo de construir riqueza.

A eficiência é um dos componentes mais importantes da acumulação de riqueza. É simples: as pessoas que se tornam ricas alocam sua energia, seu tempo e seu dinheiro de maneiras coerentes com o objetivo de aumentar seu patrimônio líquido. Apesar de os SAR também afirmarem desejar a riqueza, esse grupo tem uma orientação completamente diferente dos PAR quando se trata do tempo que eles de fato gastam em atividades que constroem riqueza.

Em relação aos SAR, os PAR alocam quase o dobro de horas mensais para planejar seus investimentos financeiros.

Há uma forte correlação positiva entre o planejamento dos investimentos e a acumulação de riquezas. Os SAR passam menos tempo do que os PAR aconselhando-se com consultores profissionais de investimentos; procurando contadores de alta qualidade, assim como advogados e especialistas em investimentos; e assistindo a seminários sobre planejamento de investimentos. Os PAR, em média, passam menos tempo se preocupando com o seu bem-estar econômico. Já constatamos que os SAR têm muito mais preocupações do que os PAR com as perspectivas de:

- não ser rico o suficiente para se aposentar com conforto.

- nunca acumular uma riqueza significativa.

Será que essas preocupações são realistas? Sim. Contudo, os SAR passam mais tempo se preocupando com estas questões do que tomando providências concretas para mudar sua tendência a consumir demais e investir de menos.

Qual dos dois tipos de pessoa nos disse recentemente que tinha medo e se preocupava com as duas questões seguintes:

1. Precisar fazer uma redução significativa do padrão de vida.
2. Não ter uma renda alta o suficiente para satisfazer os hábitos de compra de sua família.

Quem é esta pessoa? Talvez seja um carteiro com dois filhos na universidade. Ou talvez seja uma mãe solteira de baixa renda que precisa criar três filhos. Mas você consegue visualizar um gerente de meia-idade, que recentemente descobriu que seu cargo seria eliminado? Com certeza, essas hipóteses são lógicas. Pessoas dessas categorias, com toda probabilidade, iriam expressar seu medo de precisar reduzir o padrão de vida e de não ter renda suficiente para satisfazer os hábitos de consumo da família. Mas nenhuma dessas pessoas é aquela que nós vamos descrever agora.

A pessoa que respondeu ao nosso questionário e expressou esses medos e preocupações é um cirurgião na casa dos 50 anos, que chamaremos de dr. Sul (veja a Tabela 3-1). É casado e tem quatro filhos. Por que deveria ele estar preocupado com seu padrão de vida e sua renda? Será que ele está numa onda de má sorte, talvez sem poder praticar a medicina devido a alguma deficiência? Não, nada disso. Na verdade, ele é um ótimo médico que ganhou mais de US$700.000 durante o ano anterior à nossa entrevista! Mas apesar de sua alta renda, seu patrimônio líquido em termos reais está declinando. Ele tem motivos para ter medo e preocupação.

Já o dr. Norte é muito semelhante ao dr. Sul em idade, renda e composição familiar. Mas o dr. Norte é um PAR. Seu perfil também será detalhado mais adiante neste capítulo. O dr. Norte tem muito menos preocupações do que o dr. Sul. Ele não tem medo de ser forçado a reduzir o seu padrão de vida. E ao contrário do dr. Sul, ele não está preocupado em saber se sua renda bastará para satisfazer os hábitos de consumo de sua família. Isso é especialmente interessante dado que o dr. Sul e o dr. Norte têm rendas semelhantes. Nos estudos de caso que se seguem você conhecerá esses médicos e suas famílias. Você aprenderá muito vendo a maneira como cada um deles emprega seu tempo, sua energia e seu dinheiro. Mas antes de traçarmos um perfil desses dois médicos, vamos falar sobre a renda e os hábitos de acumulação de riqueza dos médicos em geral.

TABELA 3-1

MEDOS E PREOCUPAÇÕES: DR. NORTE *VERSUS* DR. SUL

	TIPO DE ACUMULADOR DE RIQUEZA:	PAR DR. NORTE	SAR DR. SUL
I.	SEU BEM-ESTAR ECONÔMICO		
	Não ter riqueza suficiente para aposentar-se confortavelmente	Baixo	Moderado
	Não ter uma renda alta o suficiente para satisfazer os hábitos de consumo de sua família	Baixo	Moderado
	Ser obrigado a se aposentar	Baixo	Baixo
	Sofrer a eliminação do seu cargo ou ocupação	Nenhum	Nenhum
	Experimentar uma redução significativa no seu padrão de vida	Baixo	Alto
	Nunca acumular riqueza suficiente	Baixo	Moderado
	Sua firma ir à falência	Moderado	Baixo
	Não conseguir proteger sua família financeiramente em caso de morte prematura	Alto	Baixo
II.	SEUS FILHOS		
	Precisar sustentar financeiramente seus filhos adultos	Baixo	Moderado
	Ter filhos adultos que gastam mais do que ganham	Baixo	Moderado
	Ter filhos que não são bem realizados	Moderado	Baixo
	Seus filhos adultos voltarem a morar com você	Baixo	Moderado
	Seu filho/filha casar-se com alguém inadequado	Moderado	Moderado
	Ter filhos adultos que acham que o seu dinheiro é a renda deles	Baixo	Moderado

III.	SEU BEM-ESTAR FÍSICO		
	Ter câncer e/ou doença cardíaca	Moderado	Baixo
	Ter problemas com a visão ou a audição	Moderado	Nenhum
	Sofrer assalto, estupro ou ter a casa roubada	Baixo	Moderado
	Contrair AIDS	Nenhum	Baixo
IV.	SEU GOVERNO		
	Aumento nos gastos do governo/no déficit federal	Baixo	Alto
	Aumento na regulamentação do governo sobre os negócios/indústria	Baixo	Alto
	Pagar imposto de renda federal cada vez mais alto	Baixo	Alto
	Alta taxa de inflação	Nenhum	Moderado
	Sua família ser obrigada a pagar altos impostos sobre seu espólio	Baixo	Baixo
V.	SUA TRANQÜILIDADE DOMÉSTICA		
	Seus filhos brigarem por causa do seu dinheiro	Baixo	Moderado
	Sua família brigar por causa do seu espólio	Baixo	Moderado
	Ser acusado de favorecer financeiramente um filho adulto em prejuízo de outro(s)	Baixo	Moderado
VI.	SEU CONSULTOR FINANCEIRO		
	Ser enganado por um consultor financeiro	Baixo	Moderado
	Não receber consultoria de alta qualidade sobre investimentos	Nenhum	Moderado
VII.	SEUS PAIS, SEUS FILHOS E SEUS NETOS		
	Seus filhos terem contato com drogas	Nenhum	Baixo
	Seus pais/sogros virem morar com você	Moderado	Baixo
	Ter pouco tempo para dedicar a seus filhos/netos	Baixo	Baixo

MÉDICOS PAR E MÉDICOS SAR

Em média, os médicos ganham mais de quatro vezes a renda do domicílio médio americano: US$140.000 *versus* US$33.000. Mas o dr. Sul e o dr. Norte não são médicos comuns. São especialistas talentosos e altamente especializados. Na verdade, a renda anual média para alguém na especialidade deles é de mais de US$300.000. E mesmo nessa faixa eles são extraordinários. No ano passado, cada um deles ganhou mais de US$700.000.

Apesar da sua renda, o dr. Sul tem um nível relativamente pequeno de riqueza acumulada. Ele gasta muito e investe muito pouco. Nossa pesquisa descobriu que os médicos em geral não têm tendência para ser acumuladores de riqueza. Na verdade, entre todas as principais ocupações geradoras de alta renda, os médicos têm uma tendência significativamente baixa de acumular riqueza substancial. Para cada médico no grupo dos PAR, há dois na categoria dos SAR.

Por que os médicos estão para trás na escala da riqueza? Há várias razões. A principal é a correlação entre a riqueza e a educação. Esta relação pode surpreender algumas pessoas. Para todos os ganhadores de alta renda (ou seja, os que ganham pelo menos US$100.000 por ano), a relação entre a educação e a acumulação de riqueza é *negativa.* Os PAR de alta renda têm uma probabilidade significativamente *menor* do que os SAR de ter um diploma de direito, medicina ou uma pós-graduação. Na nossa pesquisa, o milionário típico se descreve como "dono de empresa" com "alguns anos de universidade", "formado num curso técnico" ou "sem universidade".

Advertência: Os pais não devem sugerir aos seus filhos que abandonem a universidade e iniciem um negócio próprio. A maior parte das firmas fracassa poucos anos após seu início. Apenas uma pequena minoria dos proprietários de firmas chega a ganhar uma renda de seis dígitos. Mas aqueles que conseguem isso tendem a acumular mais riqueza do que outros na mesma faixa de renda.

Esses tipos com renda alta e "alguns anos de universidade", "curso técnico" ou "sem universidade" muitas vezes tiveram uma vantagem inicial sobre muitos trabalhadores mais instruídos. Os médicos e outros profissionais com muita instrução iniciam muito tarde a corrida pelos ganhos. É difícil acumular riqueza enquanto se está estudando. Quanto mais tempo a pessoa fica na universidade, mais ela adia o início de sua produção da renda e de acumulação de riqueza.

É bastante claro que quanto mais cedo se começa a investir a renda, maiores as oportunidades de acumular riqueza. O sr. Denzi, por exemplo, é um proprietário de empresa com dois anos de escola técnica e treinamento em processamento de dados. Começou a trabalhar e construir sua riqueza aos 22 anos de idade. Hoje, trinta anos depois, ele obteve grandes benefícios do aumento meteórico do valor do seu plano de aposentadoria.

Em forte contraste, considere o dr. Dokes, que se formou no secundário no mesmo ano que o sr. Denzi. O dr. Dokes abriu o seu consultório médico doze anos depois que seu colega de classe, o sr. Denzi, iniciou sua firma. Durante esse período de doze anos, o dr. Dokes passou estudando e gastando suas economias, o dinheiro de seus pais e o empréstimo que fez para pagar as mensalidades universitárias e suas despesas diárias. Durante esse mesmo período, o sr. Denzi, que desde o início decidiu que "não era do tipo universitário", concentrou seus talentos em construir seu negócio e adquirir independência financeira.

Quem está hoje na categoria dos SAR? Será o sr. Denzi, dono de empresa que "não é do tipo universitário", ou o dr. Dokes, o orador da turma no secundário? A resposta é óbvia. O sr. Denzi é o protótipo do PAR, enquanto o dr. Dokes é um SAR. É interessante que no ano passado ambos ganharam aproximadamente a mesma renda (perto de US$160.000). Porém, o sr. Denzi tem de cinco a seis vezes mais riqueza do que seu ex-colega, o médico. E não tem dívidas.

O sr. Denzi tem algo a nos ensinar: *Comece a ganhar e a investir o mais cedo possível na sua vida adulta.* Isso irá capacitá-lo a ultrapassar os níveis de acumulação de riqueza até mesmo dos seus colegas mais talentosos do secundário. Lembre-se, *a riqueza é cega.* Ela não se importa em saber se você é instruído ou não. Assim, os autores deste livro têm uma desculpa. Como se explica que dois especialistas em riqueza não sejam ricos? Em parte porque cada um passou quase dez anos completando sua instrução superior!

Outro motivo pelo qual as pessoas mais instruídas tendem a ficar para trás na escala de riqueza se relaciona ao *status* que a sociedade lhes atribui. Os médicos, assim como outros com instrução elevada, têm de cumprir um certo papel. O sr. Denzi é um pequeno negociante. Apesar de ser rico, a sociedade não espera que ele more num bairro exclusivo. Ele não estaria fora de lugar morando numa casa modesta e guiando um carro comum. As suas despesas domésticas são significativamente mais baixas do que as do dr. Dokes.

Muita gente nos diz que é possível julgar um livro pela capa, ou seja, que os médicos, advogados, contadores etc. devem morar em casas caras. Também se espera que eles tenham roupas e carros de um estilo coerente com sua competência profissional. Como você julga os profissionais que contrata? Muitas pessoas os julgam pela ostentação. Dão pontos extras para os que usam roupas caras, dirigem automóveis de luxo e moram em bairros chiques. Eles assumem que um profissional deve ser medíocre, ou mesmo incompetente, se mora numa casa modesta e dirige um Ford de vários anos de idade. Pouquíssimas pessoas julgam a qualidade dos profissionais que contratam pelo seu patrimônio líquido. Muitos profissionais já nos disseram que precisam aparentar sucesso para convencer seus fregueses ou clientes de que realmente têm sucesso.

É claro que há exceções. Mas as pessoas que passam muitos anos na faculdade ou numa escola profissional têm mais probabilidade de ter maiores despesas domésticas do que os menos instruídos. Os médicos, de modo geral, têm uma despesa excepcionalmente alta. A maior preocupação em muitos lares médicos é o consumo, não os investimentos.

Muitos médicos acabam descobrindo que há desvantagens em morar num bairro chique. As pessoas que moram nessas áreas costumam ser bombardeadas com telefonemas não-solicitados por parte de "especialistas em investimentos". Muitos destes especialistas assumem que quem reside num bairro chique tem dinheiro para investir. Na verdade, muitas pessoas que moram em áreas de luxo têm pouco dinheiro sobrando, depois de financiar o seu estilo de vida de alto consumo.

Alguns "especialistas" ingênuos, que fazem esses telefonemas não-solicitados, compram listas de clientes em potencial, segundo dois critérios. Em primeiro lugar, eles devem ser médicos. Em segundo, devem morar em bairros exclusivos. Não admira que os médicos sejam alvos prediletos de alguns vendedores extremamente agressivos com idéias para investimentos. Com freqüência, os médicos que recebem tais solicitações assumem que os que os procuram são "tão profissionais quanto eles". Muitos médicos já nos disseram que tiveram péssimas experiências com investimentos através desses telefonemas. Na verdade, muitos se queimaram tanto que nunca mais investiram na Bolsa de valores. Isso é uma infelicidade, dado o crescimento geral no valor real do mercado de ações. E, ao rejeitar o mercado de ações, acharam que lhes sobraria mais dinheiro para gastar. Essa atitude não é tão rara como se pode imaginar:

> *Um cirurgião plástico acrescentou que possui três barcos e cinco carros, mas nunca conseguiu organizar um plano de aposentadoria. Investimentos financeiros? Também não tinha. Falando de seus colegas, ele disse: "Não conheço ninguém que não tenha levado uma tremenda surra no mercado financeiro. E como resultado, eles não têm nada. Eu pelo menos vou desfrutar do meu dinheiro".*
>
> *Mais tarde, esse médico resumiu a sua filosofia financeira: "O dinheiro", disse ele, fazendo um gesto de desprezo com a mão, "é o recurso mais facilmente renovável"* (Thomas J. Stanley, "Why You're Not As Wealthy As You Should Be", *Medical Economics*, julho de 1992).

Quais os outros fatores que explicam por que tantos médicos são membros do grupo SAR? Nossa pesquisa mostra que em geral os médicos não são egoístas. Em média, eles contribuem mais com uma porcentagem alta de sua renda para causas nobres do que os produtores de alta renda. Outro fator: os médicos estão entre os que têm menos probabilidade de receber herança dos pais. Seus irmãos e irmãs com menos instrução têm uma probabilidade significativamente maior de herdar dinheiro. Em alguns casos, os médicos recebem um pedido de seus pais idosos para que "ajudem seus irmãos e irmãs menos afortunados depois que eles (os pais) não conseguirem mais ajudá-los a pagar suas contas". Estas descobertas estão detalhadas no Capítulo 6.

Os médicos costumam alocar uma grande parte de seu tempo para atender os pacientes. Raramente trabalham menos de dez horas por dia, gastando, dessa forma, a maior parte do seu tempo, energia e intelecto com eles. Ao fazer isso, costumam negligenciar seu próprio bem-estar econômico. Alguns médicos acham que trabalhar muito se traduz numa renda alta e que, portanto, não há necessidade de planejar um orçamento doméstico. Alguns perguntam por que haveriam de desperdiçar seu tempo planejando seu orçamento doméstico e seus investimentos quando ainda há tanta renda para ser ganha. Muitos SAR geradores de alta renda pensam assim.

Os PAR tendem a ter um sentimento exatamente oposto. Para eles, o dinheiro é um recurso que nunca deve ser desperdiçado. Eles sabem que planejar, organizar um orçamento e ser frugal são fatores essenciais para construir riqueza, mesmo para os que geram uma renda muito alta. Mesmo os geradores de alta renda devem viver abaixo dos seus meios, se pretendem tornar-se financeiramente independentes. E se você não é financeiramente independente, você vai gastar uma quantidade cada vez maior do seu tempo e de sua energia se preocupando com seu futuro socioeconômico.

Planejar e Controlar

Planejar e controlar o consumo são fatores-chave subjacentes à acumulação de riqueza. Assim, deve-se esperar que os PAR como o dr. Norte dediquem um tempo para planejar seu orçamento. E é o que eles fazem. Inversamente, o dr. Sul não tem nenhum controle sobre o consumo de sua família exceto o limite máximo da sua renda. Perguntamos ao dr. Norte e ao dr. Sul sobre seus respectivos sistemas de planejamento e controle.

> *Pergunta*: Sua casa funciona segundo um orçamento anual muito bem pensado?

Dr. Sul: Não.

Dr. Norte: Sim... sem dúvida!

Administrar uma casa sem um orçamento é como administrar uma empresa sem um plano, sem objetivos e sem direção. A família Norte tem um orçamento que exige que eles invistam a cada ano pelo menos $^1/_3$ da sua renda familiar bruta. Na verdade, durante o ano em que nós entrevistamos o dr. Norte, ele e sua esposa investiram quase 40% da sua renda anual bruta. E como conseguiram fazer isso? Em resumo, eles consomem no mesmo nível de uma família média que ganha cerca de $^1/_3$ do que eles ganham.

E o que dizer da família Sul? Eles consomem no mesmo nível que uma família média que ganha quase o dobro do que eles ganham. Na verdade, seu uso excessivo do crédito se parece mais com o de famílias que ganham vários milhões de dólares a cada ano. Basicamente, a família Sul gasta, todos os anos, toda a sua renda anual, ou mais. Sua renda é a sua única limitação.

Fizemos aos dois médicos outro conjunto de perguntas:

1. Você sabe quanto sua família gasta a cada ano em alimentação, roupa e moradia?

2. Você passa muito tempo planejando seu futuro financeiro?

3. Você é frugal?

De certo você já imaginou o resultado. O dr. Sul respondeu com três "não". E o dr. Norte respondeu, à moda dos PAR, com três "sim". Considere a orientação frugal do dr. Norte. Ele afirmou enfaticamente, por exemplo, que nunca comprou um terno que não estivesse com desconto ou preço especial. Isso não quer dizer que o dr. Norte se vista mal. Tampouco usa ternos baratos. Não; ele compra roupas de qualidade. Mas não a preço total, e jamais por impulso. Esse comportamento fez parte do seu processo de socialização na juventude.

Quando eu estava na universidade, minha esposa era professora. Tínhamos uma renda pequena... Mesmo naquela época já tínhamos uma regra... economizar – já naquela época nós economizávamos. Não se pode investir sem ter alguma coisa... A primeira coisa é economizar.

Quando eu tinha onze anos de idade, economizei meus primeiros US$50, trabalhando num armazém. Era a mesma coisa que hoje, só que hoje o número de zeros mudou... São mais zeros, mas é a mesma regra, a mesma disciplina.

Deve-se aproveitar as oportunidades de investimento... É preciso ter alguma coisa guardada para se poder aproveitar certas oportunidades excelentes... Isso faz parte da minha formação.

O dr. Sul respondeu que tinha exatamente a orientação oposta. Quanto ele e sua família gastaram em roupas durante o ano anterior à nossa entrevista? Cerca de US$30.000 (veja a Tabela 3-2). A família Sul gasta quase o mesmo em roupas que uma família americana média ganha no total – ou seja, US$33.000 por ano.

TABELA 3-2

HÁBITOS DE CONSUMO: FAMÍLIA NORTE *VERSUS* FAMÍLIA SUL

CATEGORIA DE CONSUMO	QUANTIA ANUAL GASTA NORTE	SUL
Tipo de acumulador de riqueza:	PAR	SAR
Roupas	US$8.700	US$30.000
Veículos a motor	US$12.000	US$72.200
Pagamentos de hipotecas	US$14.600	US$107.000
Mensalidades e despesas com clubes	US$8.000	US$47.900

O TIME DA CASA

A maior parte dos domicílios de alta renda consiste de um casal tradicional, com filhos. Tanto a família Sul como a Norte são famílias tradicionais. Já constatamos, muito tempo atrás, que tanto os hábitos do marido como da esposa determinam as variações na acumulação de riqueza. A orientação do seu cônjuge em relação à economia, consumo e investimento é um fator significativo para se compreender a posição da sua família na escala de riqueza.

Quem é o mão-fechada na sua casa? No caso do dr. Norte, tanto ele como sua esposa. Ambos vivem bem abaixo dos seus meios. Ambos contribuem para planejar muito bem seu orçamento anual. Nenhum dos dois faz objeção a comprar carros usados. Ambos são capazes de dizer o quanto a família gasta a cada ano com diversos produtos e serviços. Nenhum dos dois faz objeção a mandar os filhos à escola pública, primária e secundária. Ambos dão alta prioridade à independência financeira. Contudo, esses objetivos nunca acabam prejudicando seus três filhos. O casal Norte financiou a educação universitária dos filhos, assim como a pós-graduação e os altos custos de uma faculdade de direito. Também lhes ofereceu fundos para comprar suas respectivas casas e arcar com as despesas relacionadas. O casal Norte pagou por essas despesas com os investimentos que havia guardado para os filhos. Inversamente, a família Sul não é investidora. Quase todas as alocações da família Sul provêm de sua renda atual.

E o que dizer se seu domicílio gera uma renda até mesmo moderadamente alta, e tanto você como seu cônjuge são frugais? Nesse caso, vocês têm a base para adquirir e manter o *status* de PAR. Por outro lado, é muito difícil para um casal acumular riqueza se um dos dois é gastador. Um lar dividido quanto à sua orientação financeira não acumulará riqueza significativa.

Pior ainda são os casos em que tanto a esposa como o marido são gastadores. Esta é a situação doméstica em que a família Sul se encontra hoje. É interessante que o dr. Sul nos disse que ele é o "mão-fechada" da família.

Será que é mesmo? É verdade que ele critica os hábitos de consumo da sua esposa. Mas gastar toda a sua renda anual ou até mais é algo que exige um esforço conjunto. Ambos são superconsumistas. Ambos contribuem para sua posição menor que a esperada na escala da riqueza.

Vamos avaliar o desempenho do dr. Sul quanto ao acúmulo de riqueza. Ele é o responsável pela sua renda familiar. E não há dúvida de que ele é extraordinário nesse aspecto. Seu desempenho o coloca no percentil 99,5 de todos os ganhadores de renda da América. Mas ele também é responsável, em parte, pelas outras decisões da família. Ele compra os veículos e contrata consultoria financeira. Também é ele quem toma as decisões de investimento. Mas nem ele nem a esposa elaboram qualquer tipo de orçamento anual para a família.

A sra. Sul é responsável por comprar as roupas da família. Em um único ano ela gastou cerca de US$30.000 para si e sua família. Ela também contribuiu significativamente para a decisão de gastar mais de US$40.000 em mensalidades do clube de campo e despesas relacionadas. Ambos decidiram gastar US$107.000 por ano em pagamentos de hipoteca. A maioria dos SAR irá lhe dizer que suas elevadas hipotecas ajudam a reduzir sua renda tributável. Naturalmente, se os Sul continuarem a economizar dinheiro dessa maneira, nunca vão conseguir se aposentar.

Muitas vezes, quem compra casas e veículos caros é criticado por seu estilo de vida extravagante. Mas, pelo menos, uma casa conserva seu valor, mesmo que seja só nominal. Até mesmo um carro mantém algum valor por alguns anos depois de comprado. Verbas altas para casas e carros podem ter um efeito destrutivo sobre a construção da riqueza; mas pelo menos, pode-se transacionar com esses artigos, mesmo abaixando o preço, ou dá-los de entrada para comprar outros. Existem culpados piores.

Quanto valem hoje as roupas no valor de US$30.000 que a família Sul comprou no ano passado? Quanto valerão amanhã as férias de US$7.000 que eles acabam de tirar? Quanto resta dos mais de US$40.000 que gastaram o ano passado em mensalidades e taxas de clubes de campo? Acrescente-se a isso freqüentar restaurantes de luxo, contratar empregadas, professores particulares, serviços de jardinagem e paisagismo, decoradores, seguros e muitas outras coisas.

Os hábitos de consumo da família Sul se relacionam com o fato de que eles não têm nenhum controle centralizado sobre suas despesas. Nesse drama doméstico, grande parte do consumo é função de ações independentes. Isso não acontece na casa da família Norte. O dr. Norte e a sua esposa desempenham um papel ativo na organização do orçamento e no controle dos gastos. Eles planejam juntos e um consulta o outro ao fazer uma despesa. Mais adiante iremos detalhar o sistema Norte; antes, porém, vamos examinar a situação do casal Sul.

A sra. Sul é responsável pela compra de uma ampla variedade de produtos e serviços para sua casa. Ela não consultou ninguém antes de gastar US$30.000 em roupas o ano passado. Ela faz as coisas dela, e o marido faz as coisas dele. Ela tem seus próprios cartões de crédito, e o marido tem os dele.

A sra. Sul é uma cliente especialmente fervorosa das lojas de departamentos mais chiques, como a Neiman Marcus, a Saks Fifth Avenue e a Lord & Taylor. Ela possui cartões de crédito de todas essas lojas. Além disso, ela e o marido têm um MasterCard (ouro) e um Visa (preferencial). O dr. Sul também tem o cartão Platinum da American Express.

Qual é o problema? Muitas vezes o dr. Sul e sra. Sul não fazem a menor idéia do que o seu cônjuge está comprando e de quanto está gastando. Isso é especialmente verdade para objetos de menor valor, como roupas e presentes, e para despesas intangíveis, tais como entretenimento. Marido e mulher são suscetíveis a solicitações vindas de todas as partes, desde balconistas de lojas até consultores financeiros, desde revendedores de automóveis até os gerentes de crédito nos bancos. É claro – se você tivesse uma dessas profissões, para quem você telefonaria? Quem você trataria de manter a par dos novos produtos e serviços que está oferecendo? Quem você avisaria sobre um desfile de modas ou uma exposição de carros último tipo?

Por que a sra. Sul gasta tanto dinheiro? Como é típico dos SAR, seu marido a incentivou a isso. Ele é produto de pais geradores de alta renda e muito indulgentes. E, por sua vez, ele também deu à esposa praticamente carta branca para fazer compras. Além disso, a família Sul se relaciona com outras pessoas superconsumistas. Mas há algo que ela e seu marido não sabem. Eles são um caso excepcional. Eles não são consumidores típicos. Ninguém nunca lhes disse que a maior parte das pessoas na sua faixa de renda, inclusive a família Norte, jamais gasta tanto dinheiro quanto eles. Infelizmente, a família Sul nunca soube da existência dos PAR.

O casal Norte é muito diferente do casal Sul em seu comportamento quanto a gastos. Tanto o dr. Norte quanto sua esposa vêm de famílias em que reinavam a frugalidade e a economia. Ao longo de todo seu casamento, eles sempre se comunicaram e decidiram juntos a alocação de recursos. Seu sistema de orçamento é fundamental para o seu estilo de vida, que prima pelo controle do consumo. Ao contrário do casal Sul, o casal Norte não possui nenhum cartão de crédito de lojas chiques. É verdade. A família Norte, cujo patrimônio líquido é mais de dezoito vezes maior do que o da família Sul (US$7,5 milhões *versus* US$400.000), não tem cartão da Neiman Marcus, nem da Saks Fifth Avenue, nem da Lord & Taylor. Eles só compram nessas lojas se há alguma "promoção". Quase todas as suas compras domésticas são feitas com um cartão de crédito "central", um cartão Visa (preferencial). As compras de ambos vêm listadas num único extrato a cada mês. Todos os meses eles determinam quanto falta para ser alocado para cada categoria de consumo, e no final de cada ano eles se referem a esses extratos para computar seus gastos totais em cada categoria. Usar os extratos facilita a organização do orçamento e ajuda a decidir quais serão as verbas para o ano seguinte. E o mais importante: o planejamento, a elaboração de orçamento e o consumo são coisas coordenadas. Ao contrário do casal Sul, o casal Norte tem uma conta bancária conjunta para facilitar o cômputo de tudo que não foi comprado com cartão de crédito.

E o que poderemos dizer se você quer organizar seu orçamento, mas não gosta desse processo? Há pouco entrevistamos um contador que oferece um serviço de elaboração de orçamento e planejamento de consumo doméstico. O sr. Arthur Gifford tem várias centenas de clientes geradores de alta renda. A maior parte são empresários ou profissionais liberais autônomos. Alguns são PAR. Outros são SAR.

Perguntamos ao sr. Gifford quem usa o seu sistema de planejamento e consumo. Sua resposta foi previsível, à luz dos estudos de casos das famílias Norte e Sul:

> *Apenas os clientes que têm uma riqueza considerável querem saber exatamente quanto sua família gasta em cada categoria.*

O sr. Gifford está certo. Ora, mas em geral os PAR não são sensíveis a preços quando se trata de contratar serviços? Nem sempre. *Eles fazem muito menos restrições a preço quando adquirem serviços que irão ajudá-los a controlar o comportamento de consumo de sua família.*

Você sabe exatamente quanto sua família gastou o ano passado em cada categoria de produtos e serviços? Sem essas informações, é difícil controlar seus gastos. E se você não consegue controlar seus gastos, com toda probabilidade não irá acumular riqueza. Um bom começo é manter um registro preciso de cada despesa que sua família faz a cada mês. Ou então peça ao seu contador que o ajude a organizar um sistema para tabular e categorizar essas despesas. Procure, juntamente com esse profissional, elaborar um orçamento. O objetivo é conseguir que você ponha de lado para investir, a cada ano, pelo menos 15% da sua renda bruta, pré-impostos. Aliás, esse "método dos 15%" é a estratégia simples do sr. Gifford para quem quiser tornar-se abastado.

Métodos de Compra de Carros

A família Sul supera a família Norte em diversas categorias de consumo. Durante o ano anterior à nossa entrevista eles destinaram seis vezes mais dinheiro para veículos do que os Norte (US$72.200 *vs.* US$12.000). Durante o ano da nossa entrevista, o dr. Sul também comprou um Porsche de US$65.000. Na verdade, o dr. Sul é um conhecedor de carros de luxo. Ele gasta pouco tempo elaborando um orçamento para sua casa, e menos tempo ainda preparando seu futuro financeiro. Porém, seu comportamento é muito diferente quando se trata de comprar automóveis.

Existe uma relação inversa entre o tempo gasto comprando artigos de luxo, tais como carros e roupas caras, e o tempo gasto planejando seu futuro financeiro.

Os SAR geradores de alta renda, como o dr. Sul, gastam grande parte dessa renda em roupas caras e carros de luxo. Mas é preciso mais do que dinheiro para comprar e manter um grande estoque de artigos de luxo. Essas compras devem ser planejadas. Comprar consome tempo, e também se gasta tempo para cuidar de grandes quantidades de artigos de luxo. Tempo, energia e dinheiro são recursos finitos, mesmo entre os geradores de alta renda. Nossa pesquisa indica que mesmo os que mais ganham não conseguem fazer as duas coisas ao mesmo tempo – consumir e acumular. Por outro lado, o dr. Norte e os PAR em geral dedicam seu tempo livre a atividades que eles esperam que irão aumentar sua riqueza (veja a Tabela 3-6, mais adiante neste capítulo). Essas atividades incluem estudar e planejar suas estratégias de investimentos e administrar seus investimentos atuais. Examinaremos esse ponto em maiores detalhes mais adiante neste capítulo.

Inversamente, os SAR como o dr. Sul trabalham muito para manter e elevar seu alto padrão de vida. Com freqüência, esses SAR geradores de alta renda, como o dr. Sul, conseguem gastar mais do que a sua renda anual de seis dígitos. Sendo assim, como fazem para equilibrar sua necessidade de manter seu alto padrão de vida com uma renda finita? Muitos fazem compras procurando agressivamente as pechinchas.

O Método Sul

Examine as atividades que o dr. Sul realiza antes de comprar um carro. Você poderia ter a impressão que ele é pão-duro. A maior parte dos SAR como o dr. Sul defende seu comportamento hiperconsumista dizendo a seus possíveis críticos que só compram a preço de custo, ou quase a preço de custo, ou abaixo do custo, e assim por diante. É verdade que o dr. Sul procura agressivamente comprar barganhas. Mas ele acaba de pagar mais de US$65.000 por um carro esporte exótico. Será que isso é realmente uma pechincha? O dr. Sul fez esta compra "quase ao preço da revenda". Mas quais foram os custos desta "pechincha" em termos de tempo e esforço? A maioria dos geradores de alta renda, sejam SAR ou PAR, trabalham mais de quarenta horas por semana. Tipicamente, o tempo que sobra a cada semana é alocado de uma maneira coerente com seus respectivos objetivos.

Com muita freqüência, os SAR geradores de alta renda gastam incontáveis horas estudando o mercado – mas não o mercado de ações. Eles podem lhe dizer os nomes das melhores revendas de carros, mas não dos melhores consultores de investimentos. Podem lhe dizer como comprar e como gastar. Mas não podem lhe dizer como investir. Conhecem os estilos, os preços e a disponibilidade de vários automóveis em várias revendas. Mas sabem pouco ou nada a respeito das atuais ofertas no mercado de ações.

Como exemplo, contraste as recentes atividades do dr. Sul para comprar um automóvel com os métodos do milionário típico. Em média, o milionário americano emprega de quatro a cinco técnicas simples para encontrar um bom negócio ao comprar um carro. O dr. Sul age de outra maneira. Ele usa pelo menos nove táticas e estratégias para comprar/pechinchar quando negocia com os revendedores.

Considere que as informações que o dr. Sul adquiriu sobre automóveis nunca lhe renderão ganhos de capital, nem dividendos reais, nem tampouco aumentarão a produtividade do seu negócio. Ele conhece todos os revendedores Porsche num raio de 600 quilômetros da sua casa. O dr. Sul também pode lhe dizer de imediato o preço de custo da revenda de cada modelo de Porsche, o custo dos acessórios opcionais e as características de desempenho de cada um. Leva-se muito tempo e esforço para se adquirir tais informações.

O dr. Sul tem um sistema interessante para comprar carros. Primeiro ele decide a marca e modelo que deseja, e os acessórios correspondentes. Daí parte para buscar informações e negociar. Não é raro que ele pesquise durante meses "para conseguir o melhor negócio". Nesse processo, ele, em geral, acaba descobrindo o preço de custo do veículo. Isso é feito antes de entrar em qualquer negociação séria com um revendedor. Daí ele telefona para todas as revendas da sua longa lista e as convida a competir para fazer negócio com ele. Ele não vê problemas em comprar um Porsche de uma revenda de outra cidade que ofereça um preço mais baixo. Os revendedores que concordam em oferecer os melhores preços são então colocados na lista final do dr. Sul, e os outros saem da lista e não entram mais em consideração.

Ele passa, então, a fazer um novo contato com as revendas da lista final. Durante esse estágio, ele lhes pergunta sobre sua disposição de vender abaixo do custo. Menciona os preços baixos oferecidos por outros revendedores. Também pergunta sobre veículos usados, mas seu coração está sempre voltado para algum modelo novinho em folha.

No fim do mês, o dr. Sul volta a fazer contato com os revendedores de mais baixo preço. Faz isso porque ele acha que nessa época do mês os revendedores têm "cotas de vendas a cumprir e duplicatas a pagar". Convida todos eles a lhe darem sua "oferta mínima final". No último dia do mês, depois de uma enxurrada de telefonemas, ele finalmente aceita a oferta de um revendedor de outra cidade.

O dr. Sul tenta economizar os centavos, porém desperdiça os dólares quando se trata de comprar um carro. Mas ele está convicto de que é um comprador prudente. Afinal, ele gasta uma boa dose de tempo e energia tentando comprar carros a preço de custo ou quase. Porém, talvez esse custo seja um preço muito alto a pagar. É difícil acumular riqueza se a pessoa despende a maior parte do seu tempo, da sua energia e do seu dinheiro tentando conseguir um suposto "preço de custo" para comprar um veículo caríssimo.

Considere esse fato: a maioria dos milionários que entrevistamos nunca na vida gastou nem perto de US$65.000 por um carro. Na verdade, como relataremos no Capítulo 4, mais da metade dos entrevistados nunca pagou mais de US$30.000 por um carro. Lembre-se, porém, de que o dr. Sul não é milionário. É claro que em termos de patrimônio líquido, os milionários estão mais capacitados para gastar US$65.000 num automóvel. Mas eles ignoram tais oportunidades. Como se costuma dizer: "É por isso que eles são milionários!".

Sem dúvida, o consumo de carros de luxo diminui a probabilidade de se acumular uma riqueza significativa. Durante o ano em que o entrevistamos, o dr. Sul gastou mais de US$70.000 na sua última aquisição de um carro, incluindo o imposto sobre a venda e o seguro. Contudo, nesse mesmo período, quanto ele depositou em seu plano de pensão? Cerca de US$5.700! Em outras palavras, apenas US$1 de cada US$125 da sua renda foi guardado para a aposentadoria. A quantidade de tempo que o dr. Sul levou para encontrar a melhor oferta para comprar um carro também foi contraproducente. Estimamos que levou mais de sessenta horas para estudar, negociar e comprar seu Porsche. Quanto tempo e esforço é preciso para se depositar dinheiro num plano de pensão? Uma pequena fração desse tempo e energia. É fácil para o dr. Sul dizer que deseja acumular riqueza, mas seus atos falam mais alto que suas palavras. Talvez isso explique por que ele já perdeu uma considerável quantidade de dinheiro em investimentos imprudentes. Investir quando se tem pouca ou nenhuma base de conhecimentos para tomar decisões é algo que costuma resultar em grandes prejuízos.

O Método Norte

O dr. Norte não é um conhecedor de automóveis, apesar de ser sensível a preços quando toma importantes decisões de compra. Perguntamos a ele sobre sua mais recente compra de um automóvel. Lembre-se de que a última compra do dr. Sul foi o modelo do ano atual. Note que menos de 25% dos milionários americanos estão dirigindo o modelo atual. E naturalmente o dr. Sul não é um milionário. O dr. Norte nos informou com orgulho que comprou o seu carro há seis anos. Nós já antecipamos sua pergunta: vocês querem dizer que ele não compra um carro novo há seis anos? Sim; não só o dr. Norte não compra um carro *novo* há seis anos, como aquele que comprou seis anos atrás foi um Mercedes-Benz 300, de três anos de idade, que ele comprou por US$35.000.

O dr. Norte ama aquele carro: ótimo preço, excelente economia de combustível – "É a diesel". E, naturalmente, um Mercedes a diesel pode durar centenas de milhares de quilômetros antes de precisar de uma retífica. Além disso, seu estilo é clássico.

Quanto tempo e energia o dr. Norte gastou para comprar seu Mercedes? Vamos examinar seu processo de tomada de decisão. Em primeiro lugar, ele resolveu que precisava substituir seu "carro velho". Afinal, era um carro de vinte anos de idade. Ele sabia que muitos carros europeus de luxo depreciam rapidamente durante os primeiros três anos após a compra. Assim, concluiu que poderia economizar uma quantia considerável se comprasse um Mercedes-Benz de três anos de idade.

O dr. Norte confirmou essa hipótese descobrindo o preço de varejo original do modelo que ele estava interessado em comprar. Uma rápida visita a uma revenda de sua cidade foi tudo que precisou para conseguir essa informação. O dr. Norte então decidiu que sua melhor opção seria um modelo de três anos. Telefonou para alguns revendedores e lhes comunicou seu interesse. Também examinou vários anúncios nos classificados do jornal. Por fim, decidiu-se por um modelo com pouca quilometragem oferecido por um revendedor local. Como ele nos explicou:

> *Automóveis? Sempre dei mais valor à qualidade. Mas nunca faço* leasing *nem financiamento. Tenho um Mercedes-Benz. Depois que abri meu consultório, tive apenas dois carros. O primeiro, um Mercedes,*

comprei novo logo depois de abrir o consultório... Conservei-o por vinte anos. Daí comprei meu segundo carro... um Mercedes de três anos de idade. Fui a um revendedor... ele quis me vender um novo. Mas custava US$20.000 a mais do que um modelo usado que ele tinha.

Daí fiz a mim mesmo apenas uma simples pergunta: Será que o "orgulho de ter um carro novo" – e a questão é apenas essa, orgulho – "será que isso vale US$20.000?". Os carros são iguais. A resposta é não. O "orgulho de possuir um carro novo" não vale US$20.000.

O método Norte levou apenas algumas horas. Contraste isso com a cruzada para comprar um carro empreendida pelo dr. Sul – um processo que lhe tomou pelo menos sessenta horas. E como o dr. Norte gosta de conservar seus carros por muito tempo, sua alocação de tempo para essa compra se dilui por vários anos. Em média, ele dedica menos de uma hora por ano a comprar um automóvel. Mas o dr. Sul gosta de comprar um carro novo todos os anos. Assim, as sessenta horas desse processo em geral são alocadas em apenas um ano.

Medos e Preocupações

Com que você se preocupa? Suas preocupações são coerentes com a sua acumulação de riqueza? Ou você passa seu tempo pensando sobre questões que são impedimentos a se tornar afluente? De que maneira os PAR e os SAR diferem em relação aos medos e preocupações? Em termos simples, os SAR se preocupam mais que os PAR. Outro fator é que os PAR e os SAR se preocupam sobre questões diferentes. De modo geral, os PAR têm significativamente menos preocupações e medos do que seus opostos, os SAR.

O que acontece se você gasta muito tempo pensando sobre uma porção de questões que o preocupam? Você passará menos tempo tomando providências para solucionar esses problemas. E o que acontece se seus medos o motivarem a gastar ainda mais? Você poderá fazer parte do grupo dos SAR.

Os medos e preocupações podem ser tanto causa como resultado de tornar-se um SAR. Será que uma pessoa que se preocupa constantemente em ganhar mais dinheiro para elevar seu estilo de vida irá se tornar rica? Provavelmente, não. O dr. Sul não é rico, em parte porque ele se preocupa com essas questões. O dr. Norte é rico hoje porque deu muito menos prioridade à questão do padrão de vida do que o dr. Sul.

O dr. Sul nos disse que havia dezenove questões que lhe causavam alta ou moderada preocupação (veja a Tabela 3-1). O dr. Norte estava preocupado com apenas sete dessas questões. Assim, é lógico concluir que os drs. Norte deste país têm mais tempo e energia sobrando para se dedicar a atividades que aumentam sua riqueza. Vamos examinar como os temores e preocupações desses dois médicos – ou a falta deles – afetam suas respectivas vidas.

Os Filhos dos SAR e dos PAR

A família Sul tem quatro filhos. Dois são adultos. O dr. Sul tem preocupações sérias e bem fundamentadas quanto ao futuro deles. Os SAR costumam gerar filhos que acabam se tornando outros SAR. O que mais se poderia esperar de crianças criadas num ambiente doméstico baseado em alto consumo, pouca ou nenhuma limitação econômica, pouco planejamento, nenhuma disciplina e satisfação de cada desejo relacionado a algum produto? Tal como seus pais SAR, quando adultos essas crianças costumam ser viciadas num estilo de vida indisciplinado e hiperconsumista. Mais ainda, é típico que esses filhos nunca consigam ganhar a renda necessária para sustentar o estilo de vida com o qual já se acostumaram.

É certo que com seu estilo de vida indulgente, também os pais do dr. Sul contribuíram para que ele tenha se tornado um SAR. E ele aprendeu perfeitamente com o exemplo deles. Seu estilo de vida é ainda mais consumista do que o de seus pais. Esse estilo de vida de classe média alta nunca foi interrompido, nem mesmo quando ele estava estudando na universidade. Seus pais pagavam sua manutenção e todas as suas despesas. A cada ano, davam-lhe substanciais presentes em dinheiro. Em suma, depois de sair da casa dos pais ele nunca precisou mudar seus hábitos de consumo nem seu padrão de vida. Felizmente, ele gera renda suficiente para sustentar seu vício de consumo. Mas e o que dizer dos seus filhos? Eles sempre viveram num ambiente de alto consumo que seria extremamente difícil reproduzir por si mesmos. A cortina está caindo sobre a terceira geração. O dr. Sul nos disse em sua entrevista que acredita que seus filhos jamais irão gerar nem uma fração da renda que ele ganha atualmente.

Em comparação, os filhos do dr. Norte estão demonstrando independência e disciplina, em parte porque sempre foram expostos a um estilo de vida muito mais frugal, bem planejado e bem disciplinado. Como já mencionamos, os Norte consomem num nível que seria mais compatível com um lar que ganha menos de um terço da sua renda. O fato de viverem abaixo dos seus meios é precisamente o motivo pelo qual os PAR costumam produzir filhos que se tornam adultos auto-suficientes e economicamente disciplinados. Os PAR tendem a produzir filhos que também se tornam PAR. O dr. Sul, como já dissemos, acumulou consideravelmente menos riqueza do que o dr. Norte. Ele é muito menos capaz que o dr. Norte de oferecer auxílio financeiro para seus filhos adultos. Mas, por ironia, é o dr. Sul quem carrega o fardo de ter filhos adultos e economicamente dependentes.

Perguntamos ao dr. Sul e ao dr. Norte sobre seus medos e preocupações a respeito de seus filhos. Como você já deve imaginar, o dr. Sul está muito mais preocupado. Ele mencionou especificamente seus temores de:

1. Ter filhos adultos que pensam que o dinheiro do pai é a renda deles.
2. Precisar sustentar financeiramente seus filhos adultos.

Imagine como é desconcertante para alguém como o dr. Sul encarar a perspectiva de sustentar seus filhos e a família deles. Os Capítulos 5 e 6 irão explorar com mais detalhes as implicações do "pronto-socorro econômico". Contudo, há um ponto importante a se notar agora: *ter filhos adultos que são SAR reduz enormemente a probabilidade de que seus pais algum dia se tornem ricos!*

O dr. Sul se pergunta de onde seus filhos tiraram a idéia de que os pais irão lhes dar pronto-socorro econômico. Ele se preocupa em não ter recursos para oferecer a eles todos os subsídios que seus pais lhe deram. E há ainda mais um medo: o dr. Sul está cada vez mais preocupado com a idéia de que seus filhos não irão se dar bem um com o outro. Boa parte dessa preocupação vem da necessidade dos filhos de receber apoio econômico dos pais. Já o dr. Norte não se preocupa com estas questões.

Perguntamos a ambos os médicos sobre essas preocupações. O dr. Sul teme que:

3. Sua família/seus filhos briguem pela sua herança.
4. Ele seja acusado de favorecer financeiramente um filho adulto em prejuízo dos outros.

Será que os medos do dr. Sul são justificados? Faça a você mesmo essa pergunta: Qual é o maior medo dos filhos e filhas de trinta anos de idade dos drs. Sul da América? É que o pronto-socorro econômico que recebem dos pais venha a cessar. Muitos SAR de trinta e poucos anos não conseguem manter um estilo de vida nem próximo do que tinham quando moravam com a mamãe e o papai. Na verdade, muitos são incapazes até mesmo de comprar uma casa modesta sem subsídio financeiro dos pais. Não é raro que esses "garotos ricos" recebam doações financeiras substanciais em dinheiro até os quarenta e poucos anos de idade, ou mesmo cinqüenta e poucos. E, muitas vezes, esses SAR adultos competem pela riqueza dos pais. O que você faria se seu subsídio econômico fosse ameaçado pela presença de seus irmãos e irmãs igualmente dependentes?

O dr. Sul não se preocupa apenas com os *seus* problemas; preocupa-se também com os problemas dos seus filhos. Considere por um momento o legado que ele lhes está deixando. Quais são as implicações de ser um adulto economicamente dependente? Quanta insegurança e medo eles terão de enfrentar no futuro? Como conseguirão ter relações harmoniosas e amorosas um com o outro? São questões que o dr. Sul passa muito tempo ponderando.

O dr. Norte vive muito menos preocupado com tais problemas. Seus filhos adultos estão acostumados a viver num ambiente muito mais frugal e disciplinado. Eles têm muito menos probabilidade de precisar de grandes doses de pronto-socorro econômico.

Impostos e Governo

Muitos geradores de alta renda na América – tanto PAR quanto SAR – se preocupam muito com as medidas tomadas pelo governo federal. Trata-se de forças externas, sobre as quais o indivíduo não tem controle. O dr. Sul mencionou que tinha medo de quatro forças externas relacionadas ao governo. É interessante notar que essas questões não causam grande preocupação ao dr. Norte. Vamos examinar esses temores.

1. Pagar um imposto de renda cada vez mais alto

Ambos os médicos acham provável que o governo exija que os geradores de alta renda paguem mais impostos. Porém, isso preocupa mais o dr. Sul que o dr. Norte. E por quê? Porque ele precisa maximizar sua renda realizada para sustentar seu estilo de vida superconsumista. Se o governo exigir que o dr. Sul pague uma parcela maior da sua renda, seu estilo de vida estará ameaçado. Quanto ao dr. Norte, ele nos afiançou que tem pouca preocupação quanto a um aumento no imposto de renda. No ano passado, o dr. Norte pagou aproximadamente US$277.000 em imposto de renda (veja a Tabela 3-3). Isso pode ser uma mordida muito grande. Mas veja pelos olhos do dr. Norte. Ele considera o imposto de renda mais como uma parcela da sua riqueza total do que da sua renda ganha.

O que aconteceria se o governo dobrasse a alíquota de imposto sobre as altas rendas? Isso é muito improvável; mas só como exemplo, o dr. Norte deveria pagar então o equivalente a 8% da sua riqueza a cada ano. Em comparação, o dr. Sul estaria numa "faixa de riqueza" de 150%! Não admira que o dr. Norte tenha menos medo de pagar altos impostos do que o dr. Sul.

2. Aumento nos gastos do governo e déficit federal

O dr. Sul se preocupa muito com essa questão. Ele acredita que maiores gastos por parte do governo resultarão em maiores impostos sobre a sua renda. O dr. Norte não se preocupa muito, pelas razões já mencionadas acima.

3. Alta inflação

O dr. Sul também se preocupa com a possibilidade de que maiores gastos governamentais e um aumento no déficit irão precipitar uma elevação significativa na taxa de inflação. O dr. Sul tem certo nível de preocupação quanto a esse problema porque ele, tal como muitos SAR, está sempre passando para casas, carros, roupas etc. cada vez mais caros. Por outro lado, o dr. Norte pondera que a inflação irá aumentar significativamente o valor de pelo menos parte do seu portfólio de investimentos!

TABELA 3-3

CONTRASTES DE RENDA E RIQUEZA: DR. NORTE *VERSUS* DR. SUL

Domicílio	Renda realizada total anual	Imposto de renda total	Imposto como % da renda realizada	Patrimônio líquido total	Imposto como % do patrimônio líquido
Dr. Norte	US$730.000	US$277.000	38	US$7.500.000	4
Dr. Sul	US$715.000	US$300.000	42	US$400.000	75

4. Aumento na regulamentação do governo sobre os negócios e a indústria

A maioria dos médicos crê que esse tipo de medida governamental procura atingir a eles. Eles interpretam os aumentos na regulamentação governamental como um prenúncio da chegada da medicina socializada à América. Ambos os médicos crêem que isso diminuiria seus honorários profissionais. O dr. Sul mencionou que esta questão o preocupa significativamente, ao passo que o dr. Norte a considerou como preocupação menor.

Por que cada um percebe esta questão de modos tão diferentes?

As medidas governamentais muitas vezes ameaçam os geradores de alta renda, que utilizam a maior parte da sua renda para sustentar seu estilo de vida. Isso é especialmente verdade quando existe uma vantagem política para quem está no poder em alvejar os "ricos". Na verdade, as pessoas que os políticos estão tentando atingir são os geradores de alta renda. A maioria dos políticos não compreende a diferença entre ter uma alta renda e ter um alto nível de riqueza. Para eles é muito mais difícil atingir as pessoas com alto nível de patrimônio líquido.

A maioria dos milionários que são PAR é autônoma. Ser autônomo dá à pessoa muito mais controle sobre seu futuro econômico do que trabalhar para os outros. Inversamente, hoje, os empregados, mesmo os executivos que produzem alta renda, têm menos controle do que nunca sobre o seu ganha-pão. O enxugamento das empresas, por exemplo, está causando vítimas até entre os funcionários mais produtivos. Mesmo os que geram alta renda não têm boas probabilidades de se tornarem milionários.

Os SAR que são empregados (e não autônomos) são especialmente vulneráveis às forças externas que ameaçam sua capacidade de ganhar a vida. Descobrimos que apenas 19% dos PAR *versus* 36% dos não-milionários geradores de alta renda (SAR) estavam preocupados com a perspectiva de que seu emprego fosse eliminado (veja a Tabela 3-4). Mas apesar desses sinais de alerta tão claros, mesmo os empregados que ganham altas rendas costumam ser consumistas.

Objetivos Financeiros: Palavras *Versus* Ações

Muitos PAR e SAR produtores de alta renda afirmam ter objetivos semelhantes quanto à acumulação de riquezas. Por exemplo, mais de três quartos de ambos os grupos indicaram que tinham os seguintes objetivos:

- Ser rico quando me aposentar.
- Aumentar minha riqueza.
- Enriquecer pela valorização do capital.
- Acumular capital e ao mesmo tempo conservar o valor dos meus bens.

Mas ter um conjunto de objetivos não significa necessariamente estar empenhado em atingi-los. A maioria de nós quer ser rica, mas a maioria de nós não despende o tempo, a energia e o dinheiro necessários para aumentar nossas chances de realizar esse objetivo.

TABELA 3-4

MEDOS E PREOCUPAÇÕES: PAR *VERSUS* SAR

	% COM NÍVEL ALTO OU MODERADO DE MEDO E/OU PREOCUPAÇÃO:	PAR[1] N=155	SAR[2] N=205	DIFERENÇA SIGNIFICATIVA[3]
I.	SEU BEM-ESTAR ECONÔMICO			
	Não ter riqueza suficiente para aposentar-se confortavelmente	43	60	Sim
	Não ter uma renda alta o suficiente para satisfazer os hábitos de consumo de sua família	31	37	Não
	Ser obrigado a se aposentar	20	18	Não
	Sofrer a eliminação do seu cargo ou ocupação	19	36	Sim
	Experimentar uma redução significativa no seu padrão de vida	44	44	Não
	Nunca acumular riqueza suficiente	32	42	Sim
	Sua firma ir à falência	38	32	Não

	Não conseguir proteger sua família financeiramente em caso de morte prematura	22	32	Sim
II.	SEUS FILHOS			
	Precisar sustentar financeiramente seus filhos adultos	23	17	Não
	Ter filhos adultos que gastam mais do que ganham	39	25	Sim
	Ter filhos que não são bem realizados	34	30	Não
	Seus filhos adultos voltarem a morar com você	13	11	Não
	Seu filho/filha casar-se com alguém inadequado	36	34	Não
	Ter filhos adultos que acham que o seu dinheiro é a renda deles	20	18	Não
III.	SEU BEM-ESTAR FÍSICO			
	Ter câncer e/ou doença cardíaca	61	58	Não
	Ter problemas com a visão ou a audição	47	40	Não
	Sofrer assalto, estupro ou ter a casa roubada	38	45	Não
	Contrair AIDS	13	11	Não
IV.	SEU GOVERNO			
	Aumento nos gastos do governo/no déficit federal	88	78	Sim
	Aumento na regulamentação do governo sobre os negócios/indústria	82	76	Não
	Pagar imposto de renda federal cada vez mais alto	80	79	Não
	Alta taxa de inflação	64	52	Não
	Sua família ser obrigada a pagar altos impostos sobre seu espólio	65	41	Sim
V.	SUA TRANQÜILIDADE DOMÉSTICA			
	Seus filhos brigarem por causa do seu dinheiro	10	11	Não
	Sua família brigar por causa do seu espólio	17	11	Não
	Ser acusado de favorecer financeiramente um filho adulto em prejuízo de outro(s)	7	8	Não
VI.	SEU CONSULTOR FINANCEIRO			
	Ser enganado por um consultor financeiro	26	29	Não
	Não receber consultoria de alta qualidade sobre investimentos	40	33	Não
VII.	SEUS PAIS, SEUS FILHOS E SEUS NETOS			
	Seus filhos terem contato com drogas	47	59	Sim
	Seus pais/sogros virem morar com você	12	19	Sim
	Ter pouco tempo para dedicar a seus filhos/netos	44	56	Sim

[1]Os 155 PAR desta amostra tinham uma renda anual realizada média de US$151.656 e um patrimônio líquido médio de US$2,35 milhões. Sua idade média era 52 anos.

[2]Os SAR da amostra tinham uma renda anual realizada de US$167.348 e um patrimônio líquido de US$448.618. Sua idade média era 48 anos.

[3]Nível de probabilidade de menos de 0,05.

Alocação de Tempo

A maior parte dos PAR concorda com as seguintes afirmações, ao passo que os SAR discordam:

- Passo muito tempo planejando meu futuro financeiro.
- Em geral, tenho tempo suficiente para lidar adequadamente com meus investimentos.
- Quando se trata de alocar meu tempo, eu coloco a administração de meus próprios bens antes das minhas outras atividades.

Inversamente, os SAR, em geral, concordam com as seguintes afirmações:

- Não posso dedicar tempo suficiente para as minhas decisões de investimento.
- Estou ocupado demais para despender muito tempo com meus próprios negócios financeiros.

Os PAR e os SAR também diferem na quantidade de tempo que de fato alocam para planejar seus investimentos.

O planejamento é um hábito forte entre os que têm propensão para acumular riqueza. *O planejamento e a acumulação de riqueza têm uma correlação direta significativa, mesmo entre os investidores com renda modesta.* Por exemplo, nosso levantamento de 854 respondentes de renda média (veja a Tabela 3-5) encontrou uma forte correlação positiva entre o planejamento de investimentos e a acumulação de riqueza.

Uma das descobertas mais interessantes do nosso estudo sobre os abastados refere-se ao motivo pelo qual muitas pessoas despendem tão pouco tempo planejando seus investimentos. Os que fazem pouco ou nenhum planejamento costumam sentir o mesmo que estes pesquisados:

Não adianta...

Nunca tenho o tempo necessário para fazer com que isso compense.

Nós nunca ganhamos tanto dinheiro... Mas parece que quanto mais ganhamos, menos conseguimos guardar.

Nossas carreiras ocupam todo o nosso tempo.

Não tenho vinte horas por semana para ficar lidando com dinheiro, investindo aqui e ali.

Só que os PAR não gastam nem perto de vinte horas da semana dessa maneira. Estudando a Tabela 3-5 você notará que, na média, eles não precisam nem mesmo dedicar uma grande proporção do seu tempo para planejar suas estratégias de investimento.

Descobrimos que esses PAR de renda média passam cerca de 8,4 horas por mês planejando seus investimentos. Isso significa 100,8 horas por ano. Dado que há 8.760 horas em um ano, os PAR alocam aproximadamente 1,2% do seu tempo planejando seus investimentos.

Os SAR, em média, passam 4,6 horas por mês planejando seus investimentos, ou seja, cerca de 55,2 horas por ano. Em outras palavras, os PAR passam em média 83% mais horas (100,8 *versus* 55,2) planejando do que os SAR. Estes alocam apenas uma hora de cada 160 horas do seu tempo total disponível para planejar seus investimentos. Os PAR alocam uma em cada 87 horas.

Será que os SAR podem tornar-se PAR automaticamente, apenas dobrando o número de horas que dedicam a planejar seus investimentos? Não é provável. O planejamento é apenas um dos muitos ingredientes fundamentais para se construir a riqueza. A maioria dos PAR tem um horário rígido de planejamento. A cada semana, a cada mês, a cada ano, eles planejam seus investimentos. E também começam a planejar com muito menos idade do que os SAR.

Os SAR, por outro lado, parecem certas pessoas gordas que de vez em quando fazem um regime de fome para alcançar seu peso ideal, só que depois recuperam todo o peso e mais ainda.

Um SAR pode começar o ano novo com um plano que esboça vários objetivos de investimento. Esses objetivos podem ser produto de um ou dois dias de planejamento agressivo, que especifica o número de dólares alocados a cada investimento. Também pode estar incluída no plano uma significativa redução no consumo de bens e serviços, do tipo "terapia de choque". Mas, com freqüência, esse tipo de planejamento e a correspondente mudança radical de estilo de vida são tão severos que não funcionam. O típico SAR, num caso destes, fica logo desencantado com seu novo e difícil modelo de construção de riqueza. Logo ele "recai no vício" e quebra a sua promessa de planejar, investir mais e consumir menos.

Muitos SAR pensam que um plano preparado por um profissional os transformará em PAR do dia para a noite; mas até os melhores planos são ineficientes se você não segui-los. Muitos SAR pensam que outra pessoa pode "perder peso" no lugar deles.

Os SAR que estão nessa situação se beneficiariam muito de tentar entender como os PAR funcionam. Os PAR fazem um pouquinho de planejamento a cada mês, todos os meses. Apenas cerca de oito horas por mês. Os SAR poderiam fazer mais planejamento se percebessem que isso não exige que eles "larguem seus empregos"! Os PAR constroem a riqueza devagar. Eles não vivem uma existência espartana; mas sem dúvida seguem um regime quando se trata de equilibrar o trabalho, o planejamento e o consumo.

SEU TEMPO PERTENCE A VOCÊ

O fator trabalho é parte importante para se compreender a diferença entre PAR e SAR. Note, no nosso estudo de respondentes de renda média, a porcentagem (59,1 *versus* 24,7) de PAR *versus* SAR que são autônomos (veja a Tabela 3-5). Nesse estudo, o auto-emprego teve uma correlação significativa com o planejamento dos investimentos. De modo geral, os trabalhadores autônomos passam mais tempo planejando suas estratégias de investimento do que os que trabalham para os outros. Os autônomos, mesmo os de renda média, tipicamente integram o planejamento de investimentos à sua vida profissional. Em forte contraste, a maioria dos empregados tem um con-

TABELA 3-5

PLANEJAMENTO DE INVESTIMENTOS E CONTRASTES DEMOGRÁFICOS: PAR *VERSUS* SAR DE RENDA MÉDIA

Planejamento de decisões de investimento (Número médio de horas alocadas)	Tipo de acumulador de riqueza PAR N=205	SAR N=215
Por mês	8,4	4,6
Por ano	100,8	55,2
Características demográficas		
Idade (média dos anos)	54,4	56,0
Renda familiar realizada anual (média/US$1.000)	51,5	48,9
Patrimônio líquido (média/US$1.000)	629,4	105,7
Patrimônio líquido de US$1 milhão ou mais (%)	59,6	0,0
Patrimônio líquido esperado[1] (média/US$1.000)	280,2	273,8
Renda realizada como porcentagem do patrimônio líquido	8,2	46,3
Porcentagem de autônomos	59,1	24,7

[1] O patrimônio líquido esperado foi computado pela equação da riqueza: patrimônio líquido esperado = 1/10 idade x renda familiar realizada anual.

junto de tarefas relacionadas a seu trabalho que não se relacionam ao planejamento de suas estratégias de investimento. Por que isso acontece?

Os autônomos que são bem-sucedidos nunca se esquecem de como é arriscada a sua posição econômica. A maioria das pessoas de meia-idade que são autônomas já passaram por épocas econômicas boas e ruins. Sua tendência é compensar as inevitáveis alterações em sua renda por meio de planejamento e investimento. Elas precisam construir e administrar sozinhas seus planos de pensão. Sua situação financeira atual e futura depende apenas delas mesmas. Com muita freqüência, apenas os mais disciplinados entre os autônomos conseguem sobreviver economicamente a longo prazo.

Você pode perguntar, mas essas pessoas não trabalham arduamente e por muito tempo? Sim, a maioria das pessoas bem-sucedidas e que são autônomas trabalham de 10 a 14 horas por dia. Na verdade, é por isso que muitos empregados fogem da perspectiva de se estabelecerem sozinhos. Eles querem algo que exija menos. Querem ser empregados. Mas a maioria dos trabalhadores, mesmo os de renda média, também trabalha longas horas, arduamente. Quanto aos empregados que ganham uma renda anual na casa dos cinco dígitos superiores, ou seis dígitos inferiores, boa parte do seu tempo e energia é dedicada ao seu emprego. Em geral, não têm a vantagem de determinar suas próprias tarefas, e estas não incluem reservar algumas poucas horas por semana para planejar seus investimentos. Os autônomos, em contraste, em especial na categoria da alta renda, têm um conjunto diferente de objetivos ocupacionais; um deles é alcançar a independência financeira. Inversamente, a maioria dos empregados depende integralmente de seus empregadores. Assim, eles tendem a ser menos independentes e autosuficientes quando se trata de planejar seus investimentos de uma maneira que conduza à acumulação de riqueza.

Há outra questão a se considerar na equação do planejamento: os SAR passam menos tempo planejando seus investimentos do que os PAR em parte por causa da natureza de seus investimentos. Os SAR crêem que o dinheiro e seus equivalentes, tais como contas de poupança, fundos do mercado financeiro e títulos do Tesouro de curto prazo, são investimentos. Os SAR têm quase o dobro da probabilidade dos PAR de ter pelo menos 20% da sua riqueza total em dinheiro. A maior parte dessas categorias tem seguro federal. A maioria é de fácil acesso quando surgem necessidades de consumo. E, naturalmente, leva menos tempo para planejar investimentos relacionados a dinheiro líquido do que para alocar a riqueza da maneira como os PAR costumam fazer.

Os PAR têm mais probabilidade de investir em bens que aumentam de valor mas não produzem renda realizada. Costumam ter maior porcentagem de sua riqueza investida em negócios particulares / limitados, imóveis comerciais, ações da Bolsa, planos de pensão / aposentadoria e em outras categorias isentas de impostos. Esses investimentos requerem planejamento. E são os pilares da riqueza. Os SAR têm uma porcentagem muito maior da sua riqueza investida em automóveis e outros bens que tendem a depreciar.

NEGOCIANTE ATIVO OU INATIVO?

Quase todos os milionários que pesquisamos (95%) possuem ações; a maioria tem 20% ou mais da sua riqueza em ações da Bolsa. Contudo, seria errado assumir que esses milionários ficam negociando ativamente com suas ações. A maioria não acompanha dia a dia os altos e baixos do mercado. A maioria não telefona para seus corretores todas as manhãs para perguntar como foi o dia na bolsa de Londres. A maioria não troca suas ações por outras em reação às manchetes diárias dos jornais financeiros.

Você define um investidor ativo como uma pessoa que, em média, mantém um investimento durante alguns dias? Dos milionários que investigamos, menos de 1% dos que possuem ações estão nessa categoria. Que tal semanas? Mais 1%. Vamos subir para aqueles que, em média, conservam suas ações durante meses, porém menos de um ano. Menos de 7% são investidores "mensais". De modo geral, apenas 9% dos milionários que entrevistamos conservam seus investimentos por menos de um ano. Em outras palavras, menos de um em dez milionários são "investidores ativos". Cerca de um em cinco (20%) conserva seus papéis, em média, por um ano ou dois; um em cada quatro (25%) conserva entre dois e quatro anos. Cerca de 13% estão na categoria de quatro a seis anos. Mais de três em dez (32%) conservam seus investimentos por mais de seis anos. Na verdade, *42% dos milionários que entrevistamos em nossa última pesquisa não haviam feito nenhuma alteração no seu portfólio de ações no ano anterior à entrevista.*

O chamado investidor ativo é um dos tipos mais difíceis de milionários para se encontrar para uma entrevista. Ele pode ser um alvo ideal para os agentes da Bolsa. Com certeza, gasta quantias consideráveis em comissões de corretagem relacionadas a suas compras e vendas de papéis. Porém, ele representa uma minoria muito pequena da população dos milionários. Na verdade, encontramos mais negociantes ativos que não são milionários do que milionários. Como isso é possível? Ora, porque é muito caro comprar e vender, comprar e vender, comprar e vender suas ações a cada dia, a cada semana, ou a cada mês.

Com freqüência, os investidores ativos passam mais tempo negociando do que estudando e planejando seus investimentos. Inversamente, os milionários passam mais tempo estudando um leque muito menor de ofertas. Assim, podem concentrar seu tempo e sua energia – recursos necessários para compreender bem uma variedade muito menor de ofertas no mercado.

Sempre nos interessamos em estudar os hábitos de acumulação de riqueza dos corretores da bolsa. Comparados com membros de outros ramos de negócio, os corretores ganham uma alta renda. Eles têm acesso a uma grande quantidade de dados de pesquisa. E também pagam menos do que as pessoas comuns quando compram ações, pois ganham a sua própria comissão. Será que todos esses consultores de investimentos geradores de alta renda são ricos? Não, de maneira nenhuma.

Já perguntamos a muitos corretores da Bolsa sobre essa questão. Um deles nos deu a melhor definição, dizendo:

Eu seria rico se conseguisse conservar minhas ações... mas não consigo deixar de comprar e vender os papéis do meu portfólio. Todos os dias fico olhando para a tela...

Mantenha em mente que a renda anual desse corretor ultrapassa US$200.000. Mas como é um investidor muito ativo, ele raramente permite que as sementes que plantou com seus investimentos possam crescer. Qualquer ganho realizado a curto prazo é imediatamente taxado com impostos. Ele não é o tipo de corretor que os milionários preferem contratar. Então, qual é o tipo que eles preferem? Os investidores muito menos ativos. Eles preferem lidar com aqueles que acreditam em comprar baseando-se em consideráveis estudos, e depois conservar as ações compradas.

Voltemos para os nossos estudos de caso, o dr. Norte e o dr. Sul, para ver o planejamento financeiro em ação.

Comparando o Tempo Gasto

O dr. Norte aloca cerca de dez horas num mês típico, ou seja, 120 horas por ano, para estudar e planejar suas futuras decisões de investimentos (veja a Tabela 3-6). Em contraste, o dr. Sul aloca três horas por mês, ou seja, menos de 40 horas por ano.

TABELA 3-6

HORAS ALOCADAS: DR. NORTE *VERSUS* DR. SUL CONTRASTADOS COM AMOSTRAS DE PAR E SAR

Horas gastas num mês médio para:	Dr. Norte	(PAR) N=155	Dr. Sul	(SAR) N=205
Estudar/planejar futuras decisões de investimentos	10,0	(10,0)	3,0	(5,5)
Administrar investimentos atuais	20,0	(8,1)	1,0	(4,2)
Exercícios físicos	30,0	(16,3)	10,0	(16,7)

Quem passa mais tempo administrando seus investimentos atuais? Mais uma vez, a resposta é predizível. O dr. Norte aloca, em média, cerca de 20 horas por mês, ou 240 horas num ano típico, para este propósito, ao passo que seu equivalente SAR relatou que passa apenas uma hora por mês administrando seus investimentos atuais. Sem dúvida, este é um fator que contribui para o baixo patrimônio líquido do dr. Sul.

O dr. Norte é um investidor bem concentrado. Ele tem duas categorias prediletas de investimento: terras agrícolas e ações da indústria médica.

Começou com um colega meu da escola de medicina. Ele salvou a vida de um paciente que botava muita fé em investir em agricultura/pomares classe A. Meu colega investiu e me contou a respeito. Disse que as pessoas dessa área são muito honestas. Eu as conheci e concordo com ele. Desde aquela época venho investindo nesse ramo... e continuo investindo regularmente até hoje.

Meus maiores lucros foram nas ações da indústria médica, indústrias farmacêuticas e fabricantes de instrumentos médicos... Eu conheço bem essa área. Faço pesquisas na área médica. É isso que Warren Buffett faz... investe em companhias que ele conhece e compreende bem. Mas você precisa ter capital inicial, economias para investir em áreas que você conhece bem. Tenho mais de US$2 milhões no meu plano de participação de lucros.

O dr. Sul é responsável pelas principais decisões de investimento na sua família. Foi decisão sua abrir contas em quatro diferentes firmas de corretagem. Mas é surpreendente que o dr. Sul tenha menos de US$200.000 em ações. Nesse caso, por que ele tem quatro diferentes corretores financeiros? Porque ele acredita, erradamente, que não precisa despender seu tempo tomando suas próprias decisões de investimentos. Ele reconheceu para nós que seria "realmente" rico se *não* se aconselhasse com esses especialistas.

Mas mesmo os maus conselhos não são baratos. Estimamos que o dr. Sul gastou mais de US$35.000 em um único ano por consultoria e negociações relativas ao seu portfólio de US$200.000, com fraco resultado. E o dr. Norte? Durante esse período ele não gastou nenhum dólar em honorários de transação, e nenhum dólar por consultoria financeira. Ele é seu próprio consultor financeiro. Raramente vende ações. Além disso, não há honorários de transação por seus investimentos diretos em terras agrícolas e seus produtos.

O dr. Sul, à maneira tradicional dos SAR, já foi trapaceado por consultores financeiros. É comum que pessoas na sua posição aceitem telefonemas não-solicitados de corretores anunciando o grande negócio da semana. E com muita freqüência o dr. Sul entra no mercado muito tarde, e sai muito cedo. Em forte contraste, a maioria dos PAR que entrevistamos toma as suas próprias decisões de investimento. Eles despendem tempo e energia estudando as oportunidades de investimento. Conversam a respeito com consultores financeiros, mas no final, são eles próprios que tomam suas decisões.

O dr. Sul costuma comprar e vender rapidamente as "ofertas do mês" de seus corretores. E gasta muitos dólares nessas compras e vendas. Se as "novidades" sobem de valor, precipitam impostos sobre os ganhos de capital. Por outro lado, quando se negocia com ações num plano de pensão, estas não estão sujeitas aos impostos sobre ganhos de capital. Infelizmente, o dr. Sul não é um grande fã dos planos de pensão. Na época em que o entrevistamos, estimamos que ele tinha menos de US$40.000 em seu plano!

Quem são seus Fornecedores?

Como foi que você contratou o consultor financeiro da sua família? Será que você colocou um anúncio na seção "empregados procurados" no jornal da sua cidade? Será que avaliou a pilha de currículos que seu anúncio gerou? Ou será que você pediu ao seu contador, advogado ou pastor ajudá-lo a encontrar um consultor de qualidade? Muitas pessoas nos dizem que esses métodos simplesmente dão muito trabalho.

Isso é uma infelicidade. Quanto mais intelecto, tempo e energia você gastar contratando um consultor financeiro, maior a probabilidade de que você encontre um consultor adequado. Talvez você não esteja convencido da necessidade de se dedicar a essa tarefa, mas considere-a de uma outra maneira.

Quanto tempo e esforço você levou para encontrar seu emprego mais recente? Quais são suas chances de ligar hoje para a General Motors, a IBM ou a Microsoft e conseguir um emprego por telefone? Qual seria o seu discurso de vendas?

> *Bom dia, sou um funcionário em potencial de valor extraordinário. Sou capaz de aumentar enormemente a produtividade de qualquer departamento onde for colocado. Sou inteligente, eficiente, positivo, com personalidade agradável, boa aparência, polivalente e tenho consideração pelas necessidades dos outros. Quando vocês querem que eu comece?*

Suas chances de ser contratado dando um telefonema assim, em especial um telefonema sem ser solicitado, são quase zero. Nesse caso, por que será que tantas pessoas contratam seu consultor financeiro depois que ele ou ela lhes dá um telefonema desses? Porque não têm experiência em contratar funcionários.

Por que você não é tão rico quanto deveria? Pode ser por causa da maneira como você administra a sua casa. Será que em um negócio, especialmente um negócio muito produtivo, se contrataria um empregado importante sem fazer uma séria verificação dos seus antecedentes e uma entrevista em profundidade? Não! Contudo, a maioria das pessoas, mesmo as de alta renda, contrata um consultor financeiro depois de obter pouca ou nenhuma informação sobre os antecedentes desse "candidato a emprego".

Algumas pessoas de alta renda reagiram à nossa opinião sobre esse assunto dizendo: "Mas eu não estou contratando um empregado – estou apenas fazendo alguns investimentos com esse sujeito que me telefonou". Nossa resposta a uma afirmação assim é simples: administre sua casa como se ela fosse uma empresa produtiva. As melhores empresas contratam as melhores pessoas. E também preferem os melhores fornecedores. Utilizar os melhores recursos humanos e os melhores fornecedores são duas razões importantes pelas quais as organizações mais produtivas têm sucesso, enquanto outras fracassam. Você deve considerar todos os consultores financeiros que o procuram apenas como candidatos. Considere-os como possíveis funcionários ou fornecedores da sua casa. Em seguida, faça a você mesmo algumas perguntas simples: que critérios utilizaria o diretor de pessoal de uma empresa ao avaliar cada um desses candidatos? Será que um gerente de compras bem qualificado e/ou um funcionário financeiro de alto nível de uma organização compraria informações e investimentos desse fornecedor em potencial? Quais são os critérios, quais as informações principais quanto a seus antecedentes que seriam utilizados para avaliar um potencial fornecedor?

Antes de uma empresa bem administrada contratar um consultor financeiro ou um fornecedor de informações sobre investimentos, ela exigiria muitas comprovações vitais por escrito, incluindo as seguintes:

- Várias referências.
- Cópia oficial do diploma universitário.
- Verificação de crédito na praça.
- Uma série de entrevistas pessoais.
- Preenchimento completo de uma solicitação de emprego.
- Documentos atestando a capacidade do candidato de desempenhar os deveres e tarefas requerido.

Sua habilidade de contratar consultores financeiros de alto nível é diretamente relacionada com a sua propensão para acumular riqueza. Isso, por sua vez, se relaciona com uma das razões fundamentais pelas quais os proprietários de empresas superam todas as outras categorias ocupacionais quanto à acumulação de riqueza. A maior parte dos proprietários geradores de alta renda tem mais experiência para avaliar potenciais fornecedores, candidatos a empregos e recursos humanos em geral do que os indivíduos pertencentes a outros grupos ocupacionais. Ser negociante ou empresário requer uma avaliação constante desses recursos.

O MÉTODO MARTIN

Vários anos atrás tivemos o prazer de entrevistar o sr. Martin, um investidor muito astuto e milionário tipo *self-made man.* O sr. Martin participou de uma entrevista de grupo que realizamos com oito multimilionários. Para ser incluído nesse grupo, os respondentes precisavam ter um patrimônio líquido de US$5 milhões ou mais. Construir um patrimônio líquido de US$5 milhões ou mais em uma única geração é uma conquista e tanto. Mas o sr. Martin é raro até mesmo dentro dessa categoria, já que nunca teve uma renda anual ganha (provinda de empregos) de mais de US$75.000! Como foi que o sr. Martin se tornou tão rico? Ele é um dos melhores investidores que jamais entrevistamos. Fez sua fortuna no mercado de ações. Descobrimos que ele é extremamente inteligente e bem informado a respeito de diversos investimentos. Tem também uma excelente capacidade de julgar os consultores de investimentos.

Como se poderia esperar, o sr. Martin assina uma grande variedade de publicações relativas a investimentos. Várias destas vendem aos corretores sua lista de assinantes. Dessa forma, milhares de consultores financeiros têm acesso ao endereço e ao telefone do sr. Martin. Ele estima que a cada semana cada três a quatro corretores tentam conquistá-lo através de telefonemas não-solicitados. Como é que o sr. Martin lida com esses telefonemas? Ele instruiu sua secretária para utilizar o "Método Martin" ao interrogar todos que o procuram. O que é o "Método Martin"? Eis o que ele nos disse durante a entrevista:

Sou um negociante que gosta de testar as pessoas. Recebo muitos telefonemas de corretores. Eles dizem: "Tenho muita experiência nas melhores ofertas de Wall Street... Tenho um currículo fantástico... Já fiz meus clientes ganharem muito dinheiro".

Eu sempre digo: "Você tem algumas boas idéias de investimentos para mim?". Ele diz: "Com certeza, especialmente se o senhor estiver disposto a trocar algumas ações do seu portfólio. Só trabalho com contas de no mínimo US$200.000".

Daí eu lhe digo: "Quer dizer que você é bom mesmo. Bem, vou lhe dizer uma coisa. Mande-me uma cópia das suas próprias declarações de imposto de renda dos últimos anos, e uma lista do que você teve no seu próprio portfólio nos últimos três anos. Se você ganhou mais dinheiro do que eu ganhei com meus investimentos, vou investir com você. Aqui está o meu endereço".

Quando eles dizem: "Mas nós não podemos lhe mostrar isso!", eu digo: "Nesse caso, sua proposta deve ser conversa fiada". Esta é a minha estratégia para peneirar as pessoas. Eu as interrogo todas dessa maneira. E faço isso com toda a sinceridade.

Talvez você esteja se perguntando como o sr. Martin encontra tempo para avaliar todas as pilhas de credenciais desses telefonemas que ele recebe. Durante os muitos anos que o sr. Martin investe ativamente, já recebeu incontáveis solicitações por telefone. E quantos destes solicitantes "se candidataram ao emprego" de consultor financeiro submetendo-lhe suas próprias credenciais? Nenhum! Nem um único sequer das dezenas de corretores apresentou ao sr. Martin seus próprios dados quanto a renda e valorização de riqueza.

Segundo o sr. Martin: "Se esses sujeitos fossem bons mesmo, não passariam tanto tempo telefonando para mim". Bem, muito certo, sr. Martin. Mas nem todo mundo tem as suas informações sobre investimentos, nem a sua renda, nem o seu patrimônio líquido. Muitas pessoas estariam numa situação financeira melhor se utilizassem os serviços de um consultor, mesmo um que lhes desse um telefonema não-solicitado, pela simples razão de que a maioria dos consultores financeiros tem muito mais informações sobre investimentos do que o típico SAR de alta renda.

A maneira como a pessoa entra em contato com seu consultor financeiro é correlata à valorização da riqueza. Como foi que o sr. Martin entrou em contato com o seu? Como a maioria dos PAR, ele utilizou a comunicação interpessoal. Logo no início da sua carreira, pediu ao seu contador que lhe recomendasse um consultor financeiro de alto nível. O contador deu vários nomes. O sr. Martin também pediu referências dos clientes desses contadores que pareciam estar sempre se saindo bem em seus investimentos. O sr. Martin já contratou vários consultores financeiros desde o primeiro a quem foi apresentado pelo seu contador. Ele também confia em outras pessoas para obter aconselhamento sobre investimentos, inclusive seu advogado e seu contador oficial.

O sr. Martin sempre achou que seus consultores financeiros eram fontes fidedignas de informações sobre investimentos porque todos eram recomendados pelo seu contador e/ou pelos mais bem-sucedidos investidores do seu contador. O sr. Martin também raciocinou, corretamente, que esses consultores financeiros o tratariam como um cliente especial. E, de fato, eles se desdobraram para lhe oferecer bons conselhos e previsões oportunas. Por quê? Porque se não fizessem isso, estariam colocando em risco o seu relacionamento com toda a sua rede de contatos e referências. O que o sr. Martin faria se seus consultores lhe prestassem serviços de baixa qualidade? Ele se queixaria ao contador que lhe recomendou essas pessoas. O contador não gostaria de perder o sr. Martin como cliente, e com certeza excluiria esses consultores da sua rede de referências. Nenhum consultor financeiro gostaria de ser despedido dessa maneira. Até os consultores de melhor qualidade aumentam ainda mais o nível de seus serviços quando atendem algum membro de uma rede de referências importante.

O que podemos aprender com essa experiência? Escolha um consultor financeiro recomendado por um consultor esclarecido e/ou por seus clientes com um portfólio de investimentos que a longo prazo supere a média do mercado. Se você não tem um contador, contrate um.

Outra correlação da acumulação de riqueza é a contratação de um contador qualificado, não só para fazer seus impostos mas também para oferecer vários tipos de conselhos quanto a investimentos. Para encontrar um contador de alta qualidade, pergunte a amigos ou associados que se encaixam no perfil dos PAR. Você poderá também consultar o departamento de contabilidade da universidade do seu estado. Fale com vários professores de contabilidade. Peça-lhes o nome de seus ex-alunos que têm um excelente currículo no tocante a ajudar clientes a tomar decisões financeiras esclarecidas. Outro método é ligar para os escritórios locais das firmas nacionais de contabilidade, que costumam ser muito seletivas ao contratar pessoal. Até mesmo firmas grandes têm muitos clientes menores de contabilidade/planejamento financeiro. Nós selecionamos nossos contadores baseados em dois critérios. Em primeiro lugar, foram recomendados por professores de contabilidade. Em segundo, foram contratados logo ao sair da universidade por grandes firmas de contabilidade, e mais tarde abriram suas próprias empresas de sucesso. Descobrimos que muitos dos melhores contadores e planejadores financeiros seguem esse rumo na sua carreira.

Alguns contadores são melhores que outros para ajudar os clientes a acumular riqueza. Entreviste diversos. Escolha aquele que tiver maior concentração de PAR como clientes. Você talvez precise explicar a ele esse conceito.

Você Não É o Carro que Dirige

Eles acreditam que a independência financeira é mais importante do que exibir um alto status *social.*

O sr. W.W. Allan é um milionário do tipo *self-made man*. Ele e sua esposa moram na mesma casa de três quartos, no mesmo bairro de classe média, há quase quarenta anos. O sr. Allan possui e administra duas firmas de manufatura no meio-oeste americano. Durante toda a sua vida de casado ele possuiu apenas carros de passeio da General Motors. Ele poderá lhe dizer que nunca carregou o peso de possuir veículos ou quaisquer outros produtos de alto *status*. Os negócios do sr. Allan, assim como sua casa, são operações altamente eficientes. A produtividade de seus negócios, juntamente com os hábitos moderados de consumo de sua família, já lhe renderam muitos dólares extras. Estes, por sua vez, foram sempre reinvestidos em seus negócios, em imóveis comerciais e em ações de uma variedade de empresas americanas de alta qualidade. O sr. Allan é o que nós chamamos de super-PAR. Seu patrimônio líquido ultrapassa o valor esperado para pessoas da sua categoria de renda/idade em mais de dez vezes!

Durante sua carreira, o sr. Allan já ajudou muitos outros empresários. Já atuou como mentor de dezenas de proprietários de negócios e já salvou muitos negócios de irem à falência, dando assistência financeira a empresários que lutavam para sobreviver. Nunca, porém, ofereceu crédito para os que demonstravam ter aquela filosofia do "quanto maior o chapéu, menos gado". A seu ver, essas pessoas jamais conseguiriam pagar suas dívidas. Estes tipos, segundo o sr. Allan, "gastam, gastam, gastam, antecipando o dinheiro que vão ter, antes mesmo de ganhá-lo".

O sr. Allan, assim como as pessoas a quem ele deu apoio financeiro, nunca achou que seu objetivo na vida era parecer rico. Segundo ele: "É por isso que sou financeiramente independente".

> *Se o seu objetivo é alcançar a segurança financeira, provavelmente você irá consegui-lo... Mas se sua motivação é ganhar dinheiro para gastar e ter uma "boa vida"... você nunca vai conseguir.*

Muitas pessoas que nunca atingem a independência financeira têm convicções bastante diferentes. Quando lhes perguntamos sobre suas motivações, elas falam em termos de trabalho e carreira. Mas pergunte a elas por que trabalham tanto, por que escolheram as carreiras que escolheram. Suas respostas são muito diferentes das do sr. Allan. Elas são SAR, e os SAR, em especial os geradores de alta renda, trabalham para gastar, não para conquistar e manter a independência financeira. Os SAR vêem a vida como uma série de melhorias, passando de um nível de luxo para o nível seguinte.

Então, quem é que gosta de trabalhar? Quem obtém satisfação da sua carreira, os PAR ou os SAR? *Na maioria dos casos, os PAR amam trabalhar, enquanto que os SAR trabalham porque precisam sustentar seus hábitos de consumo excessivo.* Essas pessoas e seus motivos ofendem o sr. Allan. Ele afirmou:

> *O dinheiro nunca deve mudar os valores básicos da pessoa... O dinheiro é como um boletim. É uma maneira de dizer como você está indo na vida.*

ROLLS-ROYCE? NÃO, OBRIGADO!

O sr. Allan é extremamente perceptivo na sua compreensão dos SAR. Basicamente, ele acha que os produtos mudam as pessoas. Se você adquire um produto de luxo, provavelmente vai ter de comprar outros para completar a imagem da ostentação social. Não vai demorar para que seu estilo de vida mude por completo. O sr. Allan compreende a natureza complementar que existe entre os produtos de luxo e o estilo de vida de alto consumo. Ele não quer saber de nenhum desses objetos. Na sua opinião, são uma ameaça ao seu estilo de vida, bastante simples porém altamente eficiente:

> *Construir riqueza não é algo que vá mudar seu estilo de vida. Até mesmo no estágio atual da minha vida, não quero mudar minha maneira de viver.*

Os valores e prioridades do sr. Allan passaram recentemente por um teste. Várias pessoas a quem ele ajudou a sobreviver comercialmente resolveram lhe comprar um presente de aniversário muito especial. Que gesto bonito seria, pensaram eles. Só que os presentes de luxo, quer venham de amigos ou parentes ricos, nem sempre são compatíveis com os valores e o estilo de vida de quem os recebe. E muitas vezes esses presentes colocam uma tremenda pressão em quem os recebe para gastar cada vez mais da sua renda a fim de "corresponder à imagem".

Alguns pais abastados compram para seus filhos adultos casas localizadas em bairros ricos. Será uma boa idéia? Talvez eles devessem perceber que os "bairros ricos" são bairros de alto consumo. Desde os impostos municipais sobre a propriedade até a pressão para se decorar a casa, desde a necessidade de colocar os filhos em escolas particulares caras até o carro de US$40.000, um Suburban de luxo com tração nas quatro rodas, os filhos estão agora na roda-viva do "ganha-gasta". Obrigado, mamãe e papai!

Como nos disse o sr. Allan, o super-PAR:

> *Aconteceu uma coisa interessante há pouco tempo. Descobri que eu estava para ganhar um presente de surpresa de vários associados meus. O*

presente era um Rolls-Royce! Tinha sido encomendado para mim... Cor especial, decoração interna especial... Estava encomendado havia cerca de quatro meses... Mas ainda havia uma espera de cinco meses até a entrega.

Como se pode dizer a alguém que quer lhe dar um Rolls-Royce que você não quer ganhá-lo?

Por que o sr. Allan se recusou a aceitar um presente tão maravilhoso?

Não há nada que o Rolls-Royce represente que seja importante na minha vida. Nem tampouco eu gostaria de mudar a minha vida para me adaptar a um Rolls. Não posso jogar peixes no banco de trás de um Rolls-Royce como faço agora quando vou pescar. Preciso levar todos vocês até o lago... Eu pesco todos os fins de semana. Temos os melhores peixes de água doce do país, lá onde guardo o meu barco de pesca.

A pescaria do sr. Allan inclui atirar os peixes ainda sangrando no banco detrás do seu carro, um carro de passeio americano, de quatro anos de idade e sem nenhum luxo. Mas esse comportamento não combina com um Rolls-Royce. Ir de Rolls até o lago seria algo completamente fora de propósito. O sr. Allan não se sentiria à vontade com um veículo desses. Teria de mudar o seu comportamento – ou parando de pescar ou recusando o presente.

Vamos considerar mais um pouco o dilema do sr. Allan. Seu escritório se localiza dentro da sua fábrica, que fica numa velha área industrial. Um Rolls-Royce como aquele ficaria deslocado num ambiente assim. E, naturalmente, o sr. Allan não quer possuir dois carros. Isso seria ineficiente. Ele também acha que um carro de luxo iria despertar a antipatia de muitos de seus empregados. Eles poderiam ter a sensação de que estão sendo explorados pelo patrão. Se não fosse assim, como ele poderia comprar um carro tão caro? Há também outras considerações:

Com um Rolls-Royce não posso ir a alguns restaurantes populares de que gosto... Não posso chegar até lá num Rolls-Royce. Sendo assim, não, obrigado. Dessa forma, tive de ligar e dizer: "Preciso dizer uma coisa a vocês. Não quero esse Rolls". É algo totalmente sem importância. Há outras coisas mais divertidas e mais interessantes do que possuir um Rolls-Royce.

O sr. Allan reconhece que muitos artigos de luxo podem ser um fardo, ou até mesmo um impedimento, para alguém se tornar financeiramente independente. A vida já tem seus próprios fardos. Por que acrescentar excesso de bagagem?

Comprando um Carro, Estilo Milionário

Como fazem os milionários para comprar um veículo a motor*? Cerca de 81% compram seus veículos. O restante faz *leasing.* Apenas 23,5% dos milionários possuem carros novos (veja a Tabela 4-1). A maioria não comprou nenhum tipo de carro nos últimos dois anos. Na verdade, 25,2% não compram um carro há quatro anos ou mais.

Quanto pagam os milionários por esses veículos? O milionário típico (o do percentil 50) pagou US$24.800 pela sua aquisição mais recente (veja a Tabela 4-2). Note que 30% deles gastaram US$19.500 ou menos.

Note também que o comprador americano médio de um veículo novo pagou mais de US$21.000 pela sua aquisição mais recente. Ou seja, pouca coisa a menos do que os US$24.800 pagos pelos milionários! Mais ainda, nem todos esses milionários compraram carros novos. Quantos deles relataram que seu veículo mais recente era usado? Quase 37%. Além disso, muitos milionários mencionaram que recentemente compraram um veículo de preço *mais baixo* do que o que possuíam antes.

*Usamos o termo "veículo a motor" para incluir não só carros como também utilitários, veículos esporte, caminhonetes, etc.

TABELA 4-1

VEÍCULOS A MOTOR DOS MILIONÁRIOS: MODELO-ANO

Último modelo-ano do veículo possuído[1]	Porcentagem dos milionários
Carro do ano	23,5
Ano passado/um ano de idade	22,8
Dois anos de idade	16,1
Três anos de idade	12,4
Quatro anos de idade	6,3
Cinco anos de idade	6,6
Seis anos de idade ou mais	12,3

[1] Os que compraram veículos representam 81% desta amostra de milionários; os que fizeram *leasing* representam 19%.

Qual foi a quantia máxima que esses milionários pagaram por seus veículos? Dos milionários que pesquisamos, 50% nunca pagaram mais que US$29.000 em toda a sua vida por um veículo. Cerca de um em cinco, ou 20%, nunca gastou mais de US$19.950. Cerca de 80% pagaram US$41.300 ou menos para adquirir seu veículo mais caro.

E o que acontece se separamos da nossa amostra aqueles milionários que herdaram sua riqueza – ou seja, quase 14% da nossa amostra? O típico herdeiro de riqueza pagou mais de US$36.000 pelo seu veículo mais caro. Em forte contraste, o típico milionário *self-made* pagou muito menos – aproximadamente US$27.000, ou seja, quase US$9.000 a menos do que os milionários que herdaram sua riqueza. Assim, o comprador americano típico de um veículo novo gasta hoje cerca de 78% do que gasta o milionário *self-made* típico pelo seu carro mais caro.

Você pode considerar isso de outra maneira. O milionário típico da nossa pesquisa (o que está no percentil 50) gastou cerca de US$29.000 pelo seu

TABELA 4-2

VEÍCULOS A MOTOR DOS MILIONÁRIOS: PREÇO DE COMPRA

Quantia gasta pelo último modelo adquirido	Porcentagem que pagou esta quantia ou: Menos	Mais	Quantia máxima já gasta por um veículo	Porcentagem que pagou esta quantia ou: Menos	Mais
US$13.500	10	90	US$17.900	10	90
US$17.500	20	80	US$19.950	20	80
US$19.500	30	70	US$23.900	30	70
US$22.300	40	60	US$26.800	40	60
US$24.800	50	50	US$29.000	50	50
US$27.500	60	40	US$31.900	60	40
US$29.200	70	30	US$35.500	70	30
US$34.200	80	20	US$41.300	80	20
US$44.900	90	10	US$54.850	90	10
US$57.500	95	5	US$69.600	95	5

carro mais caro. Isso equivale a menos de 1% do seu patrimônio líquido. O comprador médio de um veículo a motor na América tem um patrimônio líquido que é de menos de 2% do desses milionários. Mas será que eles compram veículos que custam 2% do que os milionários pagam? Se fizessem isso, gastariam em média cerca de US$580 (2% de US$29.000). Em vez disso, porém, o comprador típico gasta o equivalente a pelo menos 30% do seu patrimônio líquido nessa compra. Note também que, na média, os consumidores americanos compram veículos novos a um preço que é 72% do máximo que um milionário típico já pagou por um veículo. Isso lhe dá uma idéia de por que tão poucas pessoas são milionárias?

Os milionários que fazem *leasing* de veículos são uma minoria - menos de 20%. Qual foi o "preço" da sua mais recente aquisição/*leasing*? Estimamos que 50% adquiriram veículos em *leasing* com preço de US$31.680 ou menos. Cerca de 80% fizeram *leasing* de veículos avaliados em US$44.500 ou menos. Muitas pessoas nos perguntam: "Será que devo fazer *leasing*?". Nossa resposta é sempre a mesma:

Mais de 80% dos milionários compram seus veículos. Se e quando mais de 50% deles começarem a fazer leasing, *mudaremos a nossa recomendação.*

Marcas de Veículos

Que tipo de veículo os milionários dirigem? Os fabricantes americanos vão gostar de saber que suas marcas respondem por 57,7% dos veículos que os milionários possuem; as marcas japonesas equivalem a 23,5%, enquanto marcas européias têm a preferência de 18,8%. Quais as marcas de carros mais populares entre os milionários? Elas estão listadas na ordem, segundo suas respectivas fatias de mercado:

1. *Ford* (9,4%). Os modelos mais populares são a picape F-150 e o utilitário Explorer. (De modo geral, os utilitários estão ficando cada vez mais populares entre os afluentes.) Cerca de três em cada dez milionários que dirigem Ford possuem uma picape F-150. Cerca de um em cada quatro possui um Ford Explorer. Note que a picape F-150 é o veículo mais vendido da América. Assim, os que dirigem as picapes têm algo em comum com os milionários.

2. *Cadillac* (8,8%). Mais de 60% dos donos de Cadillacs possuem De Ville/Fleetwood Brougham.

3. *Lincoln* (7,8%). Cerca de metade deles possui o Lincoln Town Car.

4. *Empate entre três: Jeep, Lexus, Mercedes* (6,4% cada um). Quase todos os milionários que possuem jipes escolheram o utilitário esporte Grand Cherokee. Na verdade, esse modelo é o primeiro entre todos os modelos possuídos pelos milionários. Quase dois terços dos que possuem Lexus escolheram o modelo LS 400. Seu modelo favorito de Mercedes-Benz é o S Class.

5. *Oldsmobile* (5,9%). O modelo favorito é o Olds 98.

6. *Chevrolet* (5,6%). São representados dez modelos diferentes. Os mais populares incluem os utilitários esporte Suburban e Blazer.

7. *Toyota* (5,1%). O modelo Camry responde por mais da metade desse segmento.

8. *Buick* (4,3%). Os modelos mais populares são o Le Sabre e o Park Avenue.

9. *Empate: Nissan* e *Volvo* (2,9% cada um). O Nissan mais popular é o utilitário esporte Pathfinder; para o Volvo, é a Série 200.

10. *Empate: Chrysler* e *Jaguar* (2,7% cada um).

Outras marcas populares incluem: Dodge, BMW, Mazda, Saab, Infiniti, Mercury, Acura, Honda, GMC, Volkswagen, Land Rover, Subaru, Pontiac, Audi, Isuzu, Plymouth e Mitsubishi. Os três principais fabricantes incluem a General Motors, com cerca de 26,7% da população dos milionários; a Ford, com 19,1% e a Chrysler, com cerca de 11,8%. Como se vê, a maioria dos milionários dirige os carros americanos mais populares, os chamados "metal de Detroit". São estes também os carros possuídos pela maioria dos americanos. Dessa forma, como se pode saber se seu vizinho que dirige um Ford, um Cadillac ou um Jeep é milionário ou não? Não se pode. Não é fácil julgar as características de riqueza das pessoas segundo os veículos que elas possuem.

Um número cada vez maior de pessoas afluentes está comprando veículos americanos, especialmente das marcas Buick, Cadillac, Chevrolet, Chrysler, Ford, Lincoln e Oldsmobile. Essa tendência se relaciona com a crescente popularidade dos veículos utilitários esportivos produzidos pela Chrysler, Ford e General Motors. O que há nesses carros americanos que tanto atrai os ricos?

Podemos responder a essa pergunta refletindo sobre algo que aconteceu há mais de quinze anos.

Depois de entrevistarmos um grupo de dez milionários, fomos até o estacionamento da empresa de pesquisas. Ficamos muito surpresos ao saber que quase todos os milionários que acabávamos de entrevistar dirigiam carros americanos comuns, inclusive Buick, Ford e Oldsmobile. Olhamos um para o outro e um de nós disse: "Essa gente não está interessada em *status*; eles compram automóveis por quilo!".

É verdade. Muitos milionários americanos têm tendência para comprar carros de passeio que têm um baixo custo por quilo. O preço médio por libra (0,454 kg) para todos os veículos novos é de US$6,86. Um carro de passeio Buick quatro portas é vendido atualmente por menos de US$6,00 por libra; o Chevrolet Caprice, por cerca de US$5,27 a libra; o Ford Crown Victoria, por US$5,50; o Lincoln Town Car, menos de US$10,00 por libra; e o Cadillac Fleetwood, US$8,26 por libra. O Ford Explorer custa cerca de US$5,98 por libra. O modelo mais popular entre os milionários é o Jeep Grand Cherokee, que custa US$7,09 por libra.

Como esses custos por libra se comparam com os de carros de passeio importados? O sedan BMW 740 custa mais de US$15,00 por libra; o Mercedes-Benz 500 SL, mais de US$22,00 por libra; e o Lexus LS400 custa agora mais de US$14,00 por libra. E o que dizer da Ferrari F40? Custa US$175,00 por libra! (O preço estimado por libra da maioria dos veículos atualmente no mercado está no Apêndice 2.)

Muitos respondentes abastados têm prazer em dirigir um veículo que não denota o chamado alto *status*. Estão mais interessados em medidas objetivas de valor. É verdade que alguns milionários gastam uma quantia considerável por automóveis de luxo. Mas são a minoria. Por exemplo, aproximadamente setenta mil Mercedes foram vendidos nos Estados Unidos ano passado. Isso significa cerca de metade de 1% dos mais de 14 milhões de veículos vendidos. Ao mesmo tempo, havia cerca de 3,5 milhões de lares milionários. O que isso nos diz? Esse fato sugere que os membros da maioria dos lares ricos não dirigem carros importados de luxo. O fato é que dois em cada três americanos que compram ou fazem *leasing* de veículos estrangeiros de luxo não são milionários.

As marcas americanas há muito tempo são as prediletas dos milionários mais velhos. Acreditamos que essa atitude esteja se tornando mais comum mesmo entre os milionários mais jovens. Por quê? Porque o verdadeiro crescimento do mercado dos milionários continua a vir do segmento empresarial. E os empresários, de modo geral, são mais sensíveis a preços do que as outras pessoas quando se trata de adquirir um veículo. Os empresários de sucesso julgam cada gasto em termos de produtividade. Com freqüência, eles se perguntam qual é o impacto que um pesado gasto por um veículo irá exercer sobre o lucro de seus negócios e, em última análise, sobre a sua riqueza. E com freqüência concluem que investir em outras coisas, como publicidade ou novos equipamentos, é muito mais produtivo do que comprar um veículo caro.

Comportamento de Compra

Por quais processos de pensamento e comportamento passam os milionários antes de comprarem um carro? Fizemos extensas pesquisas sobre os vários tipos de compradores que existem entre os milionários. Parece que os ricos diferem significativamente, mesmo de um para o outro. Estudar essas diversas conclusões revela informações valiosas sobre as atitudes e os comportamentos necessários para se acumular riqueza.

Há quatro tipos de compradores milionários. Subjacentes a esses quatro tipos há dois fatores fundamentais. Em primeiro lugar há a lealdade ao revendedor. Alguns compradores costumam favorecer o mesmo revendedor ao longo do tempo. Em outras palavras, quando estes tipos "leais ao revendedor" querem adquirir um veículo, inclinam-se a fazer negócio com o mesmo revendedor que lhes vendeu o último veículo (e o penúltimo). Cerca de 45,7% dos ricos são leais ao revendedor (veja a Tabela 4-3).

Todos os outros milionários são do tipo "pesquisador". Eles respondem por 54,3% da população. São pessoas que não têm nenhum desejo de favorecer o mesmo revendedor. São compradores muito agressivos, orientados para o preço. Muitas vezes levam meses para concretizar a compra de um veículo, sempre priorizando o preço.

O segundo fator subjacente aos compradores é a escolha do veículo – novo ou usado. Entre os ricos, 63,4% preferem comprar um carro novo. O restante, 36,6%, têm uma tendência muito forte para comprar apenas veículos usados. Unindo esses dois fatores, vemos que há quatro tipos de milionários quando se trata de comprar carros (veja a Tabela 4-3):

- Tipo 1: Preferem veículos novos – Leais ao revendedor (28,6%)
- Tipo 2: Preferem veículos novos – Pesquisam entre os revendedores (34,8%)
- Tipo 3: Preferem veículos usados – Leais ao revendedor (17,1%)
- Tipo 4: Preferem veículos usados – Pesquisam entre os revendedores (19,5%)

Preferem Veículos Novos – Leais ao Revendedor (28,6%)

As pessoas com essa orientação compram apenas veículos novos e têm uma lealdade pelo menos condicional a um revendedor ou a um conjunto de revendedores. A maioria dos afluentes tem fortes preferências quanto a marcas de veículos. Assim, quando decidem comprar uma determinada marca, os "leais" já têm em mente um certo revendedor. Eles vêem certos benefícios em comprar veículos novos do mesmo revendedor, ou revendedores. Mas isso não significa que eles entram na sua concessionária favorita

TABELA 4-3

ORIENTAÇÃO DOS MILIONÁRIOS QUANTO À AQUISIÇÃO DE VEÍCULOS

ORIENTAÇÃO QUANTO AO TIPO DE VEÍCULO:	ORIENTAÇÃO EM RELAÇÃO AOS REVENDEDORES: Leais	Pesquisadores	TOTAIS
Preferem veículos novos	1 % de todos os milionários que preferem veículos novos e são leais ao revendedor = 28,6 % de todos os leais = 62,5 % de todos os que preferem veículos novos = 45,1	2 % de todos os milionários que preferem veículos novos e são pesquisadores = 34,8 % de todos os pesquisadores= 64,1 % de todos os que preferem veículos novos = 54,9	% de todos os milionários que preferem veículos novos = 63,4
Preferem veículos usados	3 % de todos os milionários que preferem veículos usados e são leais ao revendedor = 17,1% % de todos os leais = 37,5 % de todos os que preferem veículos usados = 46,8	4 % de todos os milionários que preferem veículos usados e são pesquisadores = 19,5 % de todos os pesquisadores = 35,9% % de todos os que preferem veículos usados = 53,2	% de todos os milionários que preferem veículos usados = 36,6
TOTAIS	% de todos os milionários que são leais ao revendedor = 45,7	% de todos os milionários que são pesquisadores = 54,3	

e vão assinando um cheque. Pelo contrário, o preço – até para eles – é uma consideração importante. Talvez você ache que esses tipos leais são preguiçosos. Será que são os membros dos chamados ricos ociosos? Não, não é essa a razão pela qual eles favorecem o mesmo revendedor repetidas vezes. Você pode talvez especular que esses compradores simplesmente gostam do seu revendedor. Bem, o afeto também não é a resposta.

É muito simples: os que são leais aos revendedores e preferem comprar veículos novos optam por minimizar seus esforços, tanto ao escolher o revendedor como o tipo de veículo (isto é, novo *vs.* usado). Os leais que preferem veículos novos gastam enorme tempo e esforço para gerar sua alta renda. Eles acreditam que se pode ganhar muito mais dinheiro trabalhando do que indo de revenda em revenda procurando aquele "grande negócio" num veículo usado. Esse grupo favorece determinados revendedores porque acha que estes lhes oferecem, de modo geral, os melhores negócios. Alguns componentes desses "pacotes" vão muito além do preço e das dimensões físicas do veículo.

Por que esses milionários compram carros novos e não usados? Por que são menos sensíveis às variações de preço do que os compradores de carro usado? Em primeiro lugar, os que compram veículos novos gostam de veículos novos, embora esta não seja a única razão. Do seu ponto de vista, comprar um carro novo em vez de um usado é muito mais simples; requer menos tempo e esforço. Para eles, um veículo novo é de mais confiança e está disponível mais facilmente no modelo e na cor preferidos e com os acessórios desejados. Basicamente, acreditam que devem pagar mais para obter mais.

Contudo, o preço é bastante importante até mesmo para esse grupo. Antes de visitar um revendedor predileto, quase a metade (46%) determina o preço de custo para a revenda de um determinado modelo. Cerca de um em três faz contato com pelo menos dois revendedores rivais para conseguir "ter uma idéia do negócio em vista". Alguns estudam revistas de consumo e outras publicações e guias de preços que revelam os preços de custo. A localização é outro fator para se compreender o comportamento deste grupo. Muitos deles contatam revendedores localizados fora da sua área comercial; mas a maioria desses contatos é feita apenas para testar as ofertas locais. Apenas um em dez favorecem repetidas vezes revendas de outra cidade.

Há outro fator que explica a orientação desse tipo que é leal ao revendedor e prefere o veículo novo:

Mais de um em cinco favorece um
revendedor que é seu cliente ou freguês.

A rede de informações e referências pessoais vai muito bem, obrigado, entre os afluentes da América. Muitos empresários afluentes apostam na reciprocidade. Pense por um momento. Se você fosse, por exemplo, proprietário de uma firma de asfaltamento, onde você iria comprar seus veículos? Compraria de um estranho que tem um firme aperto de mão, ou de um revendedor de carros que acaba de contratá-lo para pavimentar seu estacionamento? A resposta é óbvia.

Muitos dos compradores de veículos leais ao revendedor e que são profissionais liberais autônomos, tais como médicos, advogados, contadores, planejadores financeiros e arquitetos, também acreditam nesse tipo de reciprocidade. Os mais esclarecidos costumam favorecer os revendedores de veículos que são seus clientes.

Não é nada raro que o proprietário de uma revenda tenha mais de cem diferentes fornecedores de produtos e serviços. Conseqüentemente, ele tem certa expectativa de que esses fornecedores irão lhe retribuir a preferência.

Muitos dos tipos afluentes e leais ao revendedor recebem indicações de novos clientes dos revendedores de carro que eles favorecem. Por sua vez, 25,5% dos tipos leais mencionam que recomendam as revendas selecionadas para seus sócios e amigos. Os revendedores, por sua vez, dão a esses compradores descontos significativos em suas compras de veículos.

Muitos milionários são leais aos revendedores por outra razão. Cerca de 20% deles favorecem revendas que pertencem a algum parente ou amigo. Muitos milionários também preferem lidar diretamente com o proprietário da revenda: 37% tratam exclusivamente com os proprietários. Por quê? Porque acreditam que isso lhes garantirá um excelente negócio.

Preferem Veículos Novos – Pesquisam entre os Revendedores (34,8%)

Os afluentes que têm essa orientação acreditam que os descontos que conseguem por meio de pesquisas agressivas e negociações com diversos revendedores valem muito bem o tempo e a energia despendidos. Em média, pagaram pelo veículo mais caro que já compraram cerca de 9% a menos do que os tipos leais aos revendedores e que preferem veículos novos. Na sua compra mais recente, pagaram 14% menos do que o tipo leal.

O tipo leal tem tendência a comprar um carro um tanto mais caro, o que explica cerca de metade da variação nos preços médios pagos pelos membros dos dois grupos. Em contraste, os que pesquisam entre os revendedores e tendem a comprar veículos novos são mais sensíveis às variações de preço entre revendedores rivais. Esses compradores em geral são negociadores experientes; muitos têm prazer em comprar e pechinchar. Em contraste com o tipo leal, o tipo pesquisador tem bem menos probabilidade de favorecer uma revenda que pertença a um parente ou amigo; a recomendar clientes aos revendedores que em troca lhes dão bons descontos; a comprar exclusivamente dos proprietários das revendas; e de comprar de revendedores que são seus clientes. Por outro lado, têm muito mais probabilidade de demorar semanas – ou mesmo meses – "para pesquisar o melhor preço possível", exigir "preço de custo" ou "abaixo do custo", ou "comprar um modelo novo com um grande desconto e revendê-lo depois de um ano ou dois pelo mesmo preço, ou até mais alto".

Abrindo Concorrência para Comprar seu Carro

Se você detesta ir pessoalmente comprar veículos, considere um método alternativo. O sr. Mark R. Stuart é um amigo nosso que já comprou muitos veículos visitando revendedores rivais; mas até este ano, nunca havia comprado um utilitário. Embora não tivesse experiência em comprar este tipo de veículo, encontrou uma maneira de não passar intermináveis horas visitando revendedores rivais. Abaixo segue o fax que o sr. Stuart enviou para os gerentes de vendas de seis concessionárias Ford da sua área.

Três gerentes de vendas responderam imediatamente, enviando por fax suas ofertas, muito competitivas. O sr. Stuart aceitou uma delas. Parece que sua experiência como comprador do exército norte-americano lhe foi útil na vida civil. Você tem um fax e precisa de um novo veículo?

```
PARA:_____________
   Gerente de Vendas de carros novos

DE: Mark R. Stuart
Fax: (404)XXX-XXXX

Re: Pedido de cotação de preços
```

Se o senhor está interessado em fazer negócio comigo, por favor, responda-me por fax: (404)XXX-XXXX. Trata-se de uma compra em dinheiro (não uma troca), sujeita ao imposto de vendas municipal. Caso o senhor não tenha esse veículo em estoque, esclareço que não estou com pressa e posso esperar a entrega. As especificações são as seguintes:

```
   Ford Explorer Limited 4x4, modelo do ano
   Cor: marfim
   Estofamento em couro
   Opções: teto solar
   Toca-CD
   Quadro para placa dianteira
```

Sua oferta deve detalhar o preço de impostos e outras despesas. Aguardo sua resposta por fax. Por favor, não me telefone. Se tiver qualquer pergunta, queira incluí-la na sua resposta por fax. Eu lhe telefonarei se tiver alguma pergunta. Obrigado.

Preferem Veículos Usados – Leais ao Revendedor (17,1%)

Por que será que os milionários como os deste grupo que têm uma renda anual de mais de US$300.000 e um patrimônio líquido de quase US$4 milhões precisam comprar veículos usados? Bem, precisar eles não precisam.

De modo geral, esses milionários têm mais satisfação em adquirir um carro usado em vez de um novo. Eles acreditam que ao comprar um veículo com dois ou três anos de idade, o primeiro proprietário já pagou pela desvalorização inicial. Muitas vezes eles planejam revender seu carro usado depois de dois ou três anos e recuperar boa parte do seu gasto. Muitos também crêem que comprar procurando agressivamente pechinchas de carros novos é um desperdício de tempo e energia. Eles acreditam que esses carros têm um preço excessivo, seja no preço de fábrica ou de atacado; segundo eles, não se pode ter esperanças de comprar um carro novo pagando muito menos do que o próprio revendedor pagou. Para muitos, os grandes negócios se encontram no mercado de veículos usados.

Os tipos leais ao revendedor e com predileção por veículos usados têm a mais alta porcentagem de empresários entre suas fileiras. Os empresários são extremamente sensíveis a preços quando adquirem um veículo. Preferem investir boa parte da sua renda em bens que se valorizam; contudo, isso precisa ser equilibrado com a necessidade que sentem muitos empresários de sucesso de dirigir um veículo de alta qualidade. Para este grupo, a solução é adquirir um veículo usado de boa qualidade. Suas marcas e modelos favoritos incluem os seguintes veículos usados: Jeep Cherokee, Cadillac De Ville, picape Ford F-150, Ford Explorer, Lincoln Town Car, Chevrolet Caprice, Chevrolet Suburban, Infiniti Q45.

Os membros deste grupo gastam menos nessas aquisições do que os membros de qualquer um dos grupos que preferem comprar veículos novos. A porcentagem da renda alocada para a compra de veículos é também a mais baixa de todos os grupos. Em média, gastaram apenas 7,6% da sua renda na sua aquisição mais recente, e apenas 9,9% na sua compra mais cara. Como percentual do seu patrimônio líquido, essas compras representam apenas 0,68% e 0,89%, respectivamente.

Como os membros desse grupo tomam suas decisões de compra e de escolha de revendedor? Em primeiro lugar, a maioria começa por determinar o preço de custo do modelo novo do seu veículo preferido. Calculam então a depreciação projetada do veículo. Esta informação é utilizada para reforçar sua decisão de comprar uma versão usada do seu veículo preferido. As informações sobre o valor atual de veículos usados no varejo e no atacado estão disponíveis em muitas bibliotecas e livrarias. Também um contador esclarecido pode oferecer essas informações a seus clientes.

Os tipos leais ao revendedor e com preferência por veículos usados passam então a examinar as ofertas de vários revendedores. Isto é feito para julgar a boa vontade dos revendedores locais em fazer negócios com os membros deste grupo. Alguns verificam também os preços de veículos oferecidos por particulares nos anúncios classificados. Muitas vezes telefonam para esses anúncios e perguntam para o dono do carro se estaria disposto a abaixar seu preço. Na maior parte dos casos, esses telefonemas se destinam apenas a pesquisar preços. Os tipos leais ao revendedor e com preferência pelos veículos usados passam então a utilizar as informações que reuniram como um trunfo para negociar com o revendedor ou revendedores de sua escolha. Na maioria dos casos, o revendedor escolhido irá reduzir seus preços para poder cobrir as ofertas da chamada "competição".

Os milionários nesse grupo de compradores escolhem sempre o mesmo revendedor ou revendedores. Eles acreditam que essa constância pode lhes garantir bons descontos e até mesmo serviços, mas essa não é a única razão da sua lealdade. Assim como muitos tipos leais ao revendedor, com predileção por veículos novos, 36% dos tipos leais com predileção pelos veículos usados nos disseram que compram carros usados de revendedores que costumam fazer negócios com eles. Muitos também favorecem os revendedores que se esforçam para lhes recomendar clientes. Lembre-se que esse grupo contém grande concentração de empresários, profissionais liberais e profissionais de vendas e marketing muito bem-sucedidos. É claro que eles acreditam na reciprocidade. Cerca de um em cada quatro adquire seu veículo de parentes ou amigos que estão no ramo automobilístico. Um em cada três dos tipos leais com predileção por veículos usados negocia exclusivamente com o proprietário da revenda.

Um em cada cinco trata exclusivamente com o profissional de vendas mais elevado na revenda escolhida. Esses compradores crêem que os profissionais em posições mais altas têm maior poder de persuasão para convencer o gerente de vendas a abaixar o preço.

Preferem Veículos Usados – Pesquisam entre os Revendedores (19,5%)

As pessoas desse grupo são as mais sensíveis a preços, e as mais agressivas caçadoras de pechinchas de todos que retratamos. Elas gastam menos, em média, do que os membros de todos os outros grupos. Pagaram, em média, US$22.500 pela sua aquisição mais recente, e menos de US$30.000 pela sua aquisição mais cara. Sua última compra representa menos de 0,7% de sua riqueza; sua aquisição mais cara, menos de 0,9%. Esse grupo contém a menor proporção dos que têm clientes, amigos ou parentes no ramo automobilístico. Já que eles não têm amigos nesse setor, como conseguem encontrar um bom negócio? Em primeiro lugar, não compram veículos novos. Você também notará que o título desse grupo – pesquisadores com preferência por veículos usados – não contém a palavra *revendedor*. Essas pessoas compram seus veículos usados de todos os tipos de vendedores. Em geral, compram de particulares, mas muitas vezes compram também em revendas, companhias de *leasing*, instituições financeiras, companhias de consignação, leilões, agentes, etc.

Esse grupo se compõe de pessoas muito pacientes. São os que têm maior probabilidade, entre todos os milionários, de demorar meses para conseguir o melhor negócio. Nunca estão com pressa de comprar. E de certa maneira, estão sempre atentos a um bom negócio. Estão o tempo todo num estado de semiprocura e compra.

Em um caso, um membro deste grupo passou mais de sete meses procurando, informalmente, um bom negócio para um Chevrolet último tipo. Mas ao contrário do dr. Sul do Capítulo 3, este comprador de barganhas nunca gastou muito tempo para fazer essa compra. No seu longo caminho de casa para o trabalho, passava todos os dias por três revendas. Se notava um veículo que lhe chamava a atenção, fazia contato com o revendedor por telefone. Ao mesmo tempo, telefonava aos particulares que anunciavam nos classificados do jornal. Acabou comprando de um particular, a um preço substancialmente mais baixo do que qualquer dos revendedores que havia contatado. Ele disse a esse particular:

> *"Não estou com pressa. Telefone-me daqui a mais ou menos um mês, e eu lhe farei uma oferta. Neste momento você está pedindo quase a mesma coisa que os revendedores com quem tive contato nas últimas semanas."*

Ele disse a mesma coisa para todas as pessoas que contatou.

Esse comprador também tem uma época favorita do ano para negociar. Afirma que tem mais sucesso em fazer bons negócios desde as últimas duas semanas de dezembro até fevereiro. Diz ele que durante o inverno os revendedores não encontram muitos compradores. As despesas de Natal e o frio desanimam a maioria das pessoas de fazer compras durante esse período. Porém, não desencorajam muitos compradores que preferem os veículos usados. Não é raro que os compradores deste grupo tenham quatro ou mais vendedores competindo para lhe vender um carro durante esses meses de inverno!

Os membros desse grupo, em geral, compram veículos com baixa quilometragem e que tenham de dois a quatro anos de idade. Suas marcas favoritas incluem Ford, Mercedes, Cadillac, Lexus, Chevrolet, Nissan e Acura.

O que Revelam os Hábitos de Compra

Podemos aprender muito sobre as pessoas afluentes analisando seus hábitos de compra de veículos. Por exemplo, note que a maioria dos milionários pesquisa e escolhe os revendedores; não é leal a um só. Você pode objetar que isso ocorre por uma margem pequena (54,3 *vs.* 45,7%). Porém, essa margem é um pouco enganadora. Vamos excluir a porcentagem dos tipos leais ao revendedor que agem assim porque têm fortes relações recíprocas com seu revendedor favorito. Exclua também os tipos leais que favorecem as revendas de propriedade de seus parentes e amigos. Pergunte novamente, então, qual a porcentagem de tipos leais *vs.* tipos pesquisadores. Fazendo isso, você descobrirá que há pelo menos dois pesquisadores para cada tipo leal entre os milionários americanos.

E o que dizer dos compradores de veículos em geral? A maioria não é rica. Assim, poderíamos esperar, pela lógica, que gastassem mais tempo e energia procurando o melhor negócio. Porém, a nossa pesquisa mostra o oposto. Os que não são ricos fazem menos pesquisas, barganhas e negociações do que os milionários. O comportamento de compra de um carro realmente ajuda a explicar porque algumas pessoas são ricas, ao passo que a maioria não é e nunca será.

Os compradores de carros que buscam pechinchas mais agressivamente também costumam ser caçadores de pechinchas quando se trata de outros produtos de consumo. Tendem também a planejar seus gastos. Em vista disso, qual é o tipo, entre os quatro descritos acima, que seria o mais frugal de modo geral?

Você já deve ter adivinhado que são os pesquisadores com preferência por veículos usados. Estes são os mais agressivos e os mais sensíveis a preços quando se trata de comprar veículos. Eles compram de uma ampla variedade de fontes. E, em média, pagam significativamente menos pelos seus veículos do que os membros dos outros grupos.

De todos os tipos estudados, os pesquisadores com preferência por veículos usados são os mais esclarecedores para quem se interessa em estudar o caminho para a afluência. Por quê? Porque de todos os grupos estudados, seus membros são os que têm a maior proporção de dólares de patrimônio líquido (US$17,2) para cada dólar de renda realizada. Eles têm a renda média mais baixa de todos os grupos; contudo, em média, conseguiram acumular mais de US$3 milhões. Como eles conseguiram isso? Vale a pena detalhar sua estratégia de acumulação de riqueza.

Milionários que Pesquisam e Compram Veículos Usados

Quais fatores explicam as variações em acumulação de riqueza? A renda é um deles. Pessoas com renda mais alta, pela lógica, devem ter um nível mais alto de riqueza. Mas note, mais uma vez, que os membros deste grupo de compradores de veículos usados têm uma renda significativamente mais baixa do que a média dos outros grupos de milionários. Cerca de $^{2}/_{3}$ têm renda na faixa superior dos cinco dígitos ou inferior dos seis dígitos.

A ocupação é outro fator. Já notamos muitas vezes que os empresários respondem por uma fatia desproporcionalmente grande dos milionários americanos. Inversamente, a maioria das outras ocupações geradoras de alta renda contém porções desproporcionalmente menores de tipos com alto patrimônio líquido. Estas incluem médicos, dentistas, gerentes empresariais de nível médio, executivos, contadores, advogados, engenheiros, arquitetos, funcionários públicos com alta renda e professores. Porém, há exceções. Por exemplo, todas essas ocupações não-empresariais estão representadas no grupo que estamos descrevendo agora, o que pesquisa e compra veículos usados.

Os compradores de veículos usados são especiais até mesmo entre seus colegas milionários. Note que, em média, eles têm os mais altos valores em todas as sete medidas de frugalidade (veja a Tabela 4-4).

Por trás do seu comportamento frugal há um firme conjunto de convicções. Em primeiro lugar, eles acreditam nos benefícios da independência financeira. Em segundo, acreditam que ser frugal é a chave para se adquirir a independência. Eles se vacinam contra os gastos pesados lembrando-se constantemente de que muitas pessoas que têm artigos de alto *status*, tais como roupas caras, jóias, carros e piscinas, possuem na realidade pouca riqueza. Eles costumam dizer a mesma coisa a seus filhos. Em um caso que estudamos, um rapaz perguntou ao pai por que a família não tinha uma piscina. O pai lhe deu a resposta "quanto maior o chapéu, menos gado" que muitas pessoas frugais costumam articular. Disse ao filho que eles *podiam* instalar uma piscina, mas isso significaria que a família não poderia mandá-lo para uma boa universidade.

Hoje em dia esse filho, Carl, é formado pela Universidade Cornell. Não, seus pais nunca tiveram piscina. E o que acontecerá quando os filhos de Carl lhe perguntarem sobre sua tendência à frugalidade? Será que ele vai conseguir defender sua orientação quanto às compras e sua natureza frugal em geral? A resposta a essa pergunta se reflete nos resultados da Tabela 4-4. Os pesquisadores de revendas que preferem veículos usados têm uma probabilidade significativamente maior de afirmar o seguinte:

- Meus pais são (eram) muito frugais.

Certa vez, um membro desse grupo nos falou sobre seus hábitos de frugalidade. Explicou que seus pais eram fazendeiros:

> *Minha família, em Nebraska, compreendia o valor de um dólar. Meu pai costumava dizer que as sementes são como os dólares. Você pode comer as sementes ou então semeá-las. Mas quando você vê no que as sementes se transformam... em pés de milho de três metros de altura... você não vai querer desperdiçá-las. A questão é esta: consumi-las ou plantá-las. Eu sempre fico feliz ao ver alguma coisa crescer.*

Este homem obtinha um prazer considerável com seu carro, um carro de passeio comum, americano, de quatro portas, três anos de idade. Ele acreditava que esse carro nunca revelava ao público que ele era afluente. E segundo ele, tampouco incentivava os ladrões a segui-lo para assaltar sua casa. Ele sempre dizia que seu carro era "o último que seria roubado do estacionamento do aeroporto"!

A Frugalidade se Traduz em Riqueza

Ser frugal é o motivo principal pelo qual os membros do grupo com preferência por veículos usados são ricos. Ser frugal lhes oferece uma base de dólares para investir. Na verdade, eles investem uma porção significativamente maior de sua renda anual do que qualquer dos outros tipos de compradores de veículos. Isso se aplica também às suas contribuições para os fundos de pensão. Como você já pode imaginar, o grupo que pesquisa e compra veículos usados também contém a mais alta porcentagem de PAR. Esse grupo tem muito mais probabilidade de concordar com esta afirmação:

- Nossa casa funciona segundo um orçamento anual bem pensado.

Para fazer um orçamento correto, é necessário registrar os gastos. Aqui também o grupo que compra veículos usados é mais detalhista que qualquer outro. A maioria dos seus membros concorda com esta afirmação:

- Sei quanto minha família gasta a cada ano com alimentação, roupas e moradia.

Os compradores de veículos usados também costumam comprar barganhas quando se trata de roupas. Sua pontuação, 145, foi a maior de todas (veja a Tabela 4-4). Uma porcentagem significativamente maior deles concordou com esta afirmação:

- Nunca comprei um terno que não estivesse em promoção (com desconto).

Os compradores de veículos usados têm uma probabilidade significativamente maior de favorecer as lojas de descontos do que os outros tipos de compradores de veículos. Isso é evidente a partir de sua resposta positiva à seguinte afirmação:

TABELA 4-4

ESTILO DE VIDA E ECONOMIA DOS TIPOS COMPRADORES DE VEÍCULOS

Correlação econômica e financeira do estilo de vida	Preferência por veículos novos/ leais ao revendedor (28,6%)	Preferência por veículos novos/ pesquisadores de revendas (34,8%)	Preferência por veículos usados/ leais ao revendedor (17,1%)	Preferência por veículos usados/pesquisadores de revendas (19,5%)
Inoculação contra o consumo "A maioria das pessoas que mora em bairros elegantes tem pouca riqueza real."	59[1] Baixo (4)	106 Alto (2)	111 Baixo (3)	136[2] Alto (1)
Orientação econômica própria "Sempre fui frugal."	82 Baixo (4)	108 Alto (2)	89 Baixo (3)	121 Alto (1)
Orientação econômica aprendida "Meus pais são (eram) muito frugais."	91 Baixo (4)	99 Médio (3)	105 Médio (4)	111 Alto (1)
Orientação para o orçamento doméstico "Nossa casa funciona segundo um orçamento anual bem pensado."	95 Médio (3)	101 Médio (2)	85 Baixo (4)	118 Alto (1)
Orientação para o registro minucioso dos gastos "Sei quanto a minha família gasta a cada ano em alimentação, roupas e moradia."	101 Médio (2)	94 Médio (4)	96 Médio (3)	112 Alto (1)
Orientação para comprar roupas em oferta "Nunca comprei um terno que não estivesse em promoção (com desconto)."	69 Baixo (4)	89 Baixo (3)	123 Alto (2)	145 Alto (1)
Orientação para lojas barateiras "Costumo comprar meus ternos em lojas de fábrica."	62 Baixo (4)	106 Médio (3)	111 Alto (2)	136 Alto (1)

[1] Por exemplo, os tipos com preferência por veículos novos/ leais ao revendedor têm uma contagem de pontos significativamente mais baixa (59) na escala de inoculação contra o consumo quando comparados com a pontuação composta de todos os milionários (100). Eles estão em último/quarto lugar na escala de inoculação contra o consumo.

[2] Por exemplo, os tipos com preferência por veículos usados/pesquisadores de revendas têm uma pontuação significativamente mais alta (136) na escala de inoculação contra o consumo quando comparados com a pontuação composta de todos os milionários (100). Eles estão em primeiro lugar na escala de inoculação contra o consumo.

- Costumo comprar meus ternos em lojas de fábrica.

Além disso, eles compram com muito mais freqüência na Sears do que qualquer outro tipo de milionário comprador de veículo. Este grupo, em média, gasta consideravelmente menos por uma variedade de artigos. Tal como já mencionamos no Capítulo 2, pedimos para todos os nossos respondentes milionários para nos dizerem o máximo que já pagaram por (1) um relógio; (2) um terno; (3) um par de sapatos. Mais uma vez, os que pesquisam e compram veículos usados demonstraram sua frugalidade. Os membros deste grupo gastaram apenas 59% do que pagaram os outros milionários por um relógio, 83% por um terno e 88% por um par de sapatos.

A maior parte das pessoas não tem a capacidade de aumentar sua renda de maneira significativa. Contudo, a renda tem uma correlação positiva com a riqueza. Nesse caso, qual é o nosso recado? Se você não consegue aumentar sua renda significativamente, torne-se rico de alguma outra maneira. Aja defensivamente. Foi o que fez a maioria dos compradores de veículos usados. Eles conseguiram se vacinar contra a doença do estilo de vida consumista que muitos de seus vizinhos adotaram. *Mais de 70% de seus vizinhos ganham tanto ou mais do que eles. Mas menos de 50% desses vizinhos têm um patrimônio líquido de US$1 milhão ou mais.*

A maioria desses vizinhos de milionários que tem alta renda e baixo patrimônio líquido parte de premissas erradas. Acreditam que ao concentrar sua energia em gerar uma alta renda, tornar-se-ão automaticamente abastados. Nesse aspecto eles jogam muito bem na ofensiva. Em geral, estão posicionados na faixa dos 3% ou 4% superiores na distribuição de renda entre todos os domicílios americanos. Muitos deles aparentam ser milionários. Contudo, não são ricos. Jogam mal na defesa. Já afirmamos essa convicção de incontáveis milionários que nos disseram:

Na América, é mais fácil ganhar muito dinheiro
do que acumular riqueza.

E por quê? Porque somos uma sociedade orientada para o consumo. E os vizinhos não-milionários geradores de alta renda desses compradores de carros usados estão entre as pessoas mais consumistas do país.

Estudos de Caso

Sr. J. S., Contador: Preferência por Veículos Novos – Leal ao Revendedor

O sr. J.S. é um dos três sócios principais de uma firma de contabilidade pequena, porém altamente rendosa. É também um milionário. O sr. J.S. gosta de comprar veículos novos e tem verdadeira ojeriza pela idéia de comprar um carro velho. Para ele, dirigir um carro usado é o mesmo que vestir a roupa usada de outra pessoa. O sr. J.S. é leal ao revendedor em parte porque "Meu tempo é mais valioso do que sair por aí pesquisando para conseguir o tal 'grande desconto'". Além disso, o sr. J.S. compra de um certo revendedor com quem costuma fazer negócios.

Mais uma vez vemos que a rede de contatos pessoais e a reciprocidade são fatores importantes nos hábitos de compra de veículos de muitas pessoas dessa categoria. Como foi que o sr. J.S. conseguiu que o revendedor de veículos se tornasse cliente de sua firma de contabilidade? Recomendando mais de uma dúzia dos seus próprios clientes ao dono dessa revenda, antes mesmo de prestar qualquer serviço ao próprio revendedor. Antes disso, o proprietário da revenda fora cliente de outro contador durante anos, até perceber que este nunca lhe tinha recomendado nem um único cliente.

Agora o revendedor e o sr. J.S. têm um forte laço recíproco. Uma das grandes vantagens de ser dono da sua própria firma é poder aproveitar as associações comerciais da sua organização. No caso do sr. J.S., ele também aproveita a influência que exerce sobre vários clientes. Para muitos destes, é ele o líder quando se trata de dar opinião sobre revendas de carros. O sr.

J.S. deixa claro para cada cliente a quem faz a recomendação que aquele revendedor também é seu cliente. O revendedor, por sua vez, provavelmente oferecerá a esses clientes boas condições de serviços e preços. Em resumo, nos últimos dez anos o sr. J.S. já conseguiu mais de trinta vendas para seu cliente, o revendedor. Ao mesmo tempo, esse revendedor já gerou milhares de dólares em serviços de contabilidade para o sr. J.S.

Sr. T. F., Corretor da Bolsa: Preferência por Veículos Usados – Leal ao Revendedor

O sr. T.F. é um corretor da Bolsa milionário que gosta de comprar carros de luxo usados, de último tipo. Depois de comprar vários modelos do mesmo revendedor, o sr. T.F. teve uma idéia: telefonar pessoalmente ao proprietário da revenda. Primeiro, o sr. T.F. lembrou ao proprietário que já havia comprado dele três carros nos últimos cinco anos, e recomendado a ele vários clientes seus. Em seguida, perguntou se ele estaria disposto a negociar, dando-lhe alguns de seus investimentos para administrar. A resposta do revendedor foi muito franca. Disse ao sr. T.F. que vendia veículos a dezenas de corretores, e que era impossível fazer negócios com todos eles.

O sr. T.F. compreendeu a posição do revendedor, e fez uma contraproposta. Perguntou-lhe se ele faria a gentileza de lhe dar o nome de seus cinco fornecedores principais:

> *Imagine que alguém lhe pedisse para dizer quais foram seus principais fornecedores este ano. Quem estaria no alto da sua lista? Por exemplo, quem colocou o telhado novo na sua revenda? Posso dizer a ele que o senhor sugeriu que eu lhe telefonasse?*

O revendedor concordou e lhe deu o nome dos seus fornecedores. O sr. T.F. continua comprando carros desse revendedor e lhe enviando clientes. Por sua vez, o revendedor recomenda outras empresas para o sr. T.F.

O Autor Tom Stanley Vende seu Carro

Pouco antes do Natal, coloquei um anúncio no jornal da minha cidade para vender o Acura Legend da minha família. Antes disso, liguei para nosso revendedor. Ele me disse o preço máximo que eu poderia receber pelo carro, e foi esse o preço que anunciei. Sempre conservei nossos carros com o máximo cuidado. O nosso Legend tinha todos os opcionais possíveis e imagináveis, incluindo o chamado Gold Package. O carro sempre ficava guardado na garagem. Nosso revendedor Acura fazia toda a manutenção. Nós até usávamos óleo sintético Mobil One! O carro tinha um bom conjunto de pneus Michelin MXV4, com pouca quilometragem. E o mais importante, tínhamos comprado aquele carro novo. Meu anúncio detalhava várias dessas características.

Permitam-me que eu descreva alguns dos tipos que vieram ver o nosso carro.

Comprador 1: Mulher, executiva sênior de uma empresa de marketing

Ela chegou dirigindo um Infiniti Q45. Quando vi aquele carro, perguntei-lhe porque ela estava interessada num Legend, já que o seu Q45 parecia quase novo. Ela respondeu que o Q45 era de seu marido e que eles o haviam comprado usado há quase um ano. Na verdade, ela acabava de olhar diversos Legends e Infinitis "com proprietários anteriores" em diversas revendas. Deixou claro que sua família sempre comprava veículos usados. Não era leal a nenhuma marca de automóvel, mas ela e o marido davam preferência a alguns veículos: Acura Legend, Infiniti Q45 e Lexus 400.

No dia em que me visitou, tinha tirado a tarde livre do trabalho. Tinha um mapa da área de Atlanta e havia marcado a localização de revendedores selecionados e os endereços dos vendedores particulares. Dessa maneira, deixou claro para mim que estava bem consciente de muitas oportunidades atraentes.

Ficou óbvio para mim que essa mulher era muito capaz de avaliar um carro usado. Imediatamente ela apontou para um pequeno amassado na porta do motorista. Examinou o interior, o compartimento do motor e a lataria. Daí me perguntou porque eu queria vender o carro. Respondi: "Meus filhos adolescentes têm aversão a carros de passeio de quatro portas. Para eles, um Legend só serve para gente chata de meia-idade, como seus pais! Eles prefeririam um utilitário 4 x 4, até mesmo bem usado, ou um carro esporte de duas portas".

Ela fez uma pausa e refletiu sobre meu comentário. Pensando bem, creio que ela teria preferido outra resposta. Gostaria que eu dissesse que estava vendendo o carro devido a obrigações financeiras. Isso a colocaria numa posição de barganha muito mais forte. Mesmo assim, tentou negociar um preço mais baixo. Perguntou: "Qual é o preço mais baixo que o senhor está disposto a aceitar?". Respondi: "Se eu não conseguir vender o carro em trinta dias, vou pensar em abaixar o preço". Mostrei-lhe então a pasta com todos os registros de manutenção, selos adesivos originais de fábrica etc. Ela deu meia volta, entrou no Q45 de seu marido e foi embora. Nunca mais ouvi falar dela. Estou convencido de que ela encontrou exatamente o bom negócio que estava procurando – ou seja, um veículo usado de último tipo, comprado de alguém que estava com pressa de vender.

Comprador 2: Homem, vice-presidente de uma instituição financeira regional

É interessante saber o cargo exato deste homem: era vice-presidente do departamento de *leasing* de veículos de sua empresa. Ou seja, alguém com conhecimentos excelentes sobre o verdadeiro valor de um veículo. Compreendia também as vantagens relativas de comprar ou fazer *leasing*. E note: esse especialista em *leasing* de veículos novos passa boa parte do seu tempo procurando bons negócios em veículos usados.

O comprador 2 também estava em busca de um ótimo negócio. Estava interessado em várias marcas de bons carros japoneses; mas, assim como a compradora número 1, não tinha muita lealdade a nenhuma marca em especial. Passou bastante tempo examinando os documentos de manutenção e outros registros do meu Acura. Daí fez a mesma pergunta da compradora 1: "Não quero ofendê-lo, mas qual é o preço mínimo que o senhor aceitaria pelo Acura?". Eu lhe dei a mesma resposta que já havia dado para a compradora 1. Ele também foi embora. Continuo esperando seu telefonema até hoje.

Comprador 3: Homem rico, ex-proprietário de empresa

O comprador número 3 era o mais interessante de todos com quem tive contato. Quando ligou, disse que pretendia levar sua mulher até o shopping center. Perguntou sobre a localização da minha casa, que achou ideal em relação ao shopping. Chegou com sua mulher, logo depois do telefonema, num BMW série 5 que parecia recém-saído da loja. Assim, eu lhe perguntei porque tinha necessidade de comprar o Acura. Ele me disse que o BMW era da esposa, e passou a examinar o Acura de alto a baixo. Enquanto isso, tive uma interessante conversa com sua esposa. Ela me informou que o marido acabava de vender sua participação numa bem-sucedida companhia de software. Eram milionários. O marido continuava trabalhando como consultor daquela organização, mas agora tinha mais tempo para fazer outras coisas. Ela me disse também que seu marido jamais havia comprado um carro novo, nos trinta anos do seu casamento. Ele está sempre à procura de bons negócios em veículos. Tem particular predileção por carros usados japoneses e alemães de boa qualidade. Mas nunca, absolutamente nunca, tem pressa de comprar. Como muitas pessoas do grupo "pesquisadores e compradores de carros usados", ele obtém imenso prazer em encontrar bons negócios com vendedores particulares que têm "carro demais e capital de menos".

Creio que é por isso que ele passou um bom tempo me interrogando. Perguntou-me qual era a minha profissão e se meus negócios iam bem. Talvez tivesse achado que eu era um executivo desempregado. Se não, porque eu estaria em casa no meio da tarde de calça cáqui e camisa de flanela? Respondi que sou escritor e que estava trabalhando no meu livro número quatro. Daí ele perguntou se os meus outros livros estavam vendendo bem. "Otimamente", respondi. Ele então franziu a testa e fez a grande pergunta: "O senhor estaria interessado em abater US$1.500 do preço que pediu?". Mais uma vez, respondi: "Talvez daqui a trinta dias, se até lá não conseguir vender". Também continuo esperando esse sujeito! Ele pareceu impressionado com a boa manutenção do carro, de modo que logo antes de partir, perguntou se eu pretendia vender algum dos meus outros carros. Apontou para o meu Camaro Z28 de alto desempenho. Tive de recusar a sua oferta por esse carro também.

Comprador 4: Mulher, professora

Não é interessante que um número desproporcionalmente alto de compradores de carro usado sejam professores secundários e universitários? A compradora número 4 me ligou no fim da tarde de sexta-feira. (Quando as tarifas telefônicas mais baixas de fim de semana entram em vigor?) Tinha uma montanha de perguntas a me fazer. Depois desse intenso interrogatório, me informou que morava a centenas de quilômetros de Atlanta, lá na terra do algodão. Disse que estava telefonando para muitas pessoas que haviam anunciado Acura Legends nos jornais de Atlanta.

Prometeu retornar a ligação na quarta-feira seguinte. Manteve a promessa e perguntou se eu poderia lhe enviar por fax as provas de que não havia hipoteca sobre o veículo. Perguntou também se seria possível obter uma lista mais detalhada dos acessórios do carro. Eu lhe enviei por fax o título e uma cópia dos selos adesivos originais de fábrica, os preços e as opções. Ela então disse que planejava vir a Atlanta naquela sexta-feira e examinar vários veículos à venda. Ela e seu marido, um bem-sucedido plantador de algodão, chegaram à nossa casa na sexta-feira, dirigindo um Nissan Maxima último tipo. O carro parecia em ótimas condições. A compradora 4 testou meu carro durante uns vinte minutos, dirigindo pela cidade junto comigo e com seu marido. Durante esse tempo, tive a oportunidade de lhes fazer uma série de perguntas. Por que eles tinham vindo de centenas de quilômetros de distância? Por que estavam interessados em comprar um carro usado? Os fazendeiros não deveriam ser frugais?

Parece que esse casal compra a cada dois ou três anos um veículo japonês último tipo, usado, de boa qualidade. Eles acham que os preços e a disponibilidade são bem melhores numa cidade grande. (Moram a mais de 200 km de distância do vendedor Acura mais próximo.) Eles costumam comprar carros semelhantes ao meu, e os revendem após dois ou três anos na sua comunidade rural, obtendo quase o mesmo preço que pagaram.

Ela e seu marido me convenceram que eram frugais. Já chegaram com um cheque visado num valor que era US$1.000 a menos do que o preço que eu pedi. O fazendeiro, voltando do *test driving*, perguntou à mulher: "Você não vai tentar barganhar com esse cara?". E ela respondeu: "Ele não tem necessidade de vender o carro. Está em ótimas condições". O marido concordou. Nisso, ela me deu o cheque visado e dez notas de US$100. Depois que todos os papéis foram assinados e a venda se completou, ela me disse que meu carro custava pelo menos US$3.000 a mais no revendedor mais próximo de sua fazenda. Respondi que seus colegas iriam ficar impressionados com o carro quando ela chegasse na escola na segunda-feira. Seu marido comentou que os outros professores ficariam realmente impressionados se soubessem do baixo preço que ela pagou pelo carro.

Um comentário que ele fez foi de particular interesse para mim: "Uma colega de minha esposa tem um Mercedes-Benz todo equipado, novo. Ela fez um *leasing* de seis meses a US$600 por mês. Sabe quanto algodão a gente tem de plantar para conseguir pagar isso?".

Um Professor de Frugalidade com Vizinhos SAR

Como foi que o dr. Bill, um professor de engenharia que nunca teve uma renda familiar total de mais de US$80.000, se tornou milionário? Ele não herdou nada. Nunca ganhou na loteria nem contratou um consultor de investimentos capaz de transformar alguns milhares de dólares numa fortuna. Seu sucesso em acumular riqueza baseia-se em viver bem abaixo de seus meios. Esse professor é um exemplo clássico do tipo que pesquisa e compra veículos usados. Mas como a maioria das pessoas deste grupo, ele nunca negligenciou sua família. Já providenciou fundos mais que suficientes para todos os estudos universitários dos filhos. Mora com a família numa bela casa num bairro de classe média alta. Na verdade, cerca de 80% das pessoas do seu grupo moram em casas que valem de US$300.000 a US$500.000.

O objetivo do dr. Bill sempre foi tornar-se financeiramente independente, mas ele nunca quis ser empresário. Muitas vezes os empresários enriquecem assumindo grandes riscos e aproveitando-se do trabalho e do talento de dezenas, ou mesmo de centenas de outras pessoas. Mas o dr. Bill é talhado para ser professor e nada mais que isso. Ele não é o único. *A maioria das pessoas na América não é do tipo empresarial. Mas isso não significa que não possam se tornar milionárias.*

As pessoas costumam confundir a nossa mensagem sobre a relação entre ser rico e ser empresário. Não estamos dizendo às pessoas que desistam da medicina, direito, contabilidade ou outras ocupações e passem a ser empresárias. É bom que você nem sequer considere essa mudança, a não ser que realmente queira fazer isso e seja plenamente capaz de ser bem-sucedido. Se você é capaz de gerar uma renda razoavelmente boa – digamos, o dobro da norma dos lares americanos, ou seja, entre US$65.000 e US$70.000 – então você pode se tornar rico algum dia, seguindo as estratégias defensivas adotadas pelos milionários que são pesquisadores e compradores de veículos usados.

A maioria dos vizinhos não-milionários do dr. Bill não tem nenhum planejamento doméstico e nenhum planejamento de consumo. Em conseqüência, não tem nenhuma restrição para seus gastos domésticos, exceto uma – o limite superior da sua renda. Contudo, são esses mesmos tipos que costumam cochichar suas críticas a respeito de vizinhos frugais como o dr. Bill.

O sr. Norman é um executivo que vive numa casa de US$400.000 no bairro do dr. Bill. Sua renda doméstica no ano passado foi de mais de US$150.000, mas ele tem perto de zero investido em qualquer outra coisa que não seja o patrimônio líquido de sua casa, veículos e o plano de aposentadoria da sua empresa. A família do sr. Norman tem um patrimônio líquido de menos de US$200.000. Ele e sua esposa têm 50 anos de idade. É a mesma idade de seus vizinhos, dr. Bill e sua esposa, que são do tipo pesquisador e comprador de veículos usados. O dr. Bill ganha apenas cerca de metade da família Norman. Mas a família de Bill tem um patrimônio líquido nove vezes maior do que a família Norman. Será que isso é possível?

É mais do que possível. É provável e previsível. *Uma grande ofensiva e uma defensiva fraca resultam em sub-acumulação de riqueza.* Mas os Norman não são os únicos. Existem muito mais sub-acumuladores no seu bairro do que acumuladores prodigiosos como o dr. Bill e sua família. Os SAR, como os Norman, acham degradante a idéia de comprar um carro usado. Para eles, um carro usado está fora de cogitação. Já seu vizinho, dr. Bill, nunca se sentiu humilhado ao pesquisar carros usados de boa qualidade. Na verdade, essas aquisições lhe dão grande satisfação. Ele supõe que, ao longo dos anos, só comprando carros usados em vez de novos, já economizou o suficiente para financiar por completo os estudos universitários e pós-universitários de um de seus filhos. Onde foi que o dr. Bill comprou seu mais recente carro, um BMW série 5 de três anos de idade? Comprou-o de Gary, um profissional de vendas do tipo alta renda, superconsumista, empregado na área de alta tecnologia. Gary só compra veículos importados e novos. Se ele for como a maioria dos SAR, deve acreditar piamente que o dr. Bill, comprador do seu BMW velho, não está tão bem de finanças como ele próprio. Esse é um dos sintomas reveladores dos SAR: eles costumam achar que possuem mais riqueza do que seus vizinhos. Muitos SAR também acreditam que as pessoas possuem o melhor carro que conseguem comprar.

Agora considere essa situação de outro ângulo. Gary, o SAR, está, na verdade, financiando as compras de veículos do dr. Bill. Gary assume o grosso da depreciação, que ocorre nos primeiros três anos, e em seguida transfere a propriedade de um excelente automóvel para o dr. Bill, o milionário frugal. Outro fator: já que Gary é empregado e não-autônomo, não pode descontar a depreciação do seu imposto de renda. Além disso, Gary não tem amigos, parentes nem clientes que trabalhem com carros. Ele não consegue nenhum superdesconto de algum tio proprietário de uma revenda; tampouco obtém reciprocidade de algum cliente ou freguês que esteja no ramo dos automóveis. Ele consome veículos puramente por prazer.

O que é importante para Gary, o sr. Norman e outros SAR ficarem sabendo? Que eles gastam mais para comprar um veículo do que o milionário americano típico. A renda ganha de Gary é igual à de muitos milionários, porém Gary não é milionário. Talvez ele compense isso por meio do seu alto consumo de artigos de alto *status*. Será que ele está tentando imitar os hábitos de compra e os automóveis do presidente da empresa onde trabalha? Porém esse presidente é milionário, e possui ações da própria empresa. Ao contrário de Gary, ele só comprou um veículo caro *depois* que se tornou abastado. Em vez disso, reinvestiu grande parte da sua renda realizada comprando ações da própria empresa. Em contraste, Gary faz suas compras de artigos caros *antecipando* que algum dia será rico. Porém é muito pouco provável que esse dia vá chegar.

PRONTO-SOCORRO ECONÔMICO

Seus pais não lhes deram ajuda financeira.

Prezados dr. Stanley e dr. Danko:

Acabo de ler um artigo sobre sua pesquisa sobre os milionários. Minha esposa tem um fundo em seu nome, já vencido, que seus pais não querem lhe entregar. Minha sogra está sempre tentando nos desanimar, exigindo mais documentos e mais burocracia. Parece que ela está decidida a nunca soltar o dinheiro desse fundo para minha esposa.

Será possível que os senhores tenham entrado em contato com a família de minha esposa durante sua pesquisa? O sobrenome dela é __________. Ou talvez os senhores poderiam sugerir alguma outra fonte que nos dissesse quanto está acumulado nesse fundo?

Obrigado
Sr. L.S.

O autor desta carta e sua esposa precisavam de dinheiro urgentemente. O autor (vamos chamá-lo de Louis) é casado com uma mulher (que chamaremos de Mary) que vem de uma família rica. Mary recebe mais de US$15.000 por ano de seus pais em presentes financeiros. Ela vem recebendo essas doações, assim como outras formas de ajuda, desde que se casou com Louis, há quase trinta anos.

Hoje, ela e seu marido estão com cinqüenta e poucos anos de idade. Moram numa bela casa num esplêndido bairro. São sócios de um clube de campo. Ambos gostam de jogar tênis e golfe. Cada um tem um carro importado de luxo. Usam boas roupas e estão envolvidos socialmente com várias associações sem fins lucrativos. Antes, participavam ativamente no levantamento de fundos para as escolas particulares de seus filhos. Ambos gostam de bons vinhos, comidas finas, divertimentos, jóias de alta qualidade e viagens ao estrangeiro.

Seus vizinhos acreditam que Louis e Mary são ricos. Alguns estão firmemente convencidos de que o casal é multimilionário. Mas as aparências enganam. Eles não são ricos. Será que pelo menos têm uma alta renda? Não, nenhum dos dois ganha muito. Mary é dona de casa. Louis é administrador de uma universidade local. Nunca, no longo casamento, os dois ganharam uma renda anual superior a US$60.000, embora tenham um estilo de vida semelhante ao das pessoas com renda de pelo menos o dobro da sua.

Você poderia achar que esse casal é ótimo no quesito orçamento e planejamento. Se não fosse assim, como conseguiriam ter um nível de vida tão alto com uma renda tão baixa? Mas Louis e Mary nunca fizeram um orçamento em toda a sua vida de casados. Todos os anos eles gastam mais do que ganham. Também gastam todo o dinheiro que Mary recebe de seus pais. Em resumo, Mary e Louis conseguem viver de uma maneira tão pródiga porque são receptores daquilo que chamamos de "Pronto-Socorro Econômico" (PSE). Com isso, estamos nos referindo aos presentes econômicos substanciais e "atos de generosidade" que alguns pais dão a seus filhos e netos adultos. Este capítulo vai explorar as implicações do PSE e como isso afeta a vida dos que dão e dos que recebem.

Pronto-Socorro Econômico

Muitas pessoas que hoje distribuem PSE já demonstraram grande capacidade para acumular dinheiro numa fase mais jovem da vida. Em geral, são frugais quando se trata do seu próprio consumo e estilo de vida. Mas alguns deles não são nada frugais quando se trata de oferecer a seus filhos e netos esses "atos de generosidade". Esses pais se sentem impelidos, ou até mesmo obrigados, a providenciar apoio econômico para seus filhos adultos e suas respectivas famílias. Qual é o resultado dessa generosidade? Os pais que oferecem certas formas de PSE têm significativamente menos riqueza do que outros pais dentro do mesmo grupo de idade, renda e ocupação cujos filhos adultos têm independência econômica. *E, em geral, quanto mais dinheiro os filhos adultos recebem, menos eles acumulam, ao passo que os que recebem menos dinheiro acumulam mais.*

Os provedores de PSE costumam concluir que seus filhos adultos não seriam capazes de manter um estilo de vida de alto consumo, de classe média ou classe média alta, sem subsídios. Em conseqüência, um número cada vez maior de famílias chefiadas pelos filhos e filhas dos ricos estão desempenhando o papel de membros bem-sucedidos da classe média alta, geradores de alta renda. Mas esse estilo de vida não passa de uma fachada.

Esses filhos e filhas dos ricos são grandes consumidores de produtos e serviços de alto *status*, desde casas coloniais em bairros elegantes até carros importados de luxo. Desde seus clubes de campo até as escolas particulares que escolhem para os filhos, eles são a prova viva de uma simples regra em relação ao PSE: *é muito mais fácil gastar o dinheiro dos outros do que os dólares que a própria pessoa produz.*

O PSE é muito comum na América. Mais de 46% dos ricos nesse país doam pelo menos US$15.000 em PSE todos os anos para seus filhos e/ou netos adultos. Quase a metade dos filhos adultos dos abastados, com menos de 35 anos de idade, recebem de seus pais presentes anuais em dinheiro. O PSE vai declinando à medida que os filhos adultos vão ficando mais velhos. Cerca de um em cada cinco filhos adultos na casa de quarenta ou cinqüenta anos recebe esses presentes. Note, por favor, que essas estimativas se baseiam em levantamentos sobre os filhos adultos dos abastados, e que as pessoas que recebem PSE costumam subestimar tanto a freqüência como o volume real desses presentes. É interessante que, nas pesquisas, os que dão os presentes relatam uma freqüência e um volume muito mais altos do que os filhos adultos que os recebem.

Grande parte do PSE é distribuído em somas totais ou de maneira irregular. Por exemplo, pais e avós ricos costumam doar a seus filhos uma coleção inteira de moedas, selos e presentes semelhantes, de uma vez só. Cerca de um em cada quatro pais abastados já deu coleções assim a seus filhos ou netos adultos. Também as despesas médicas e dentárias costumam ser precipitadas pela necessidade que tem um neto ou filho de ortodontia ou cirurgia plástica. Cerca de 45% dos abastados já financiaram as despesas médicas/dentárias de seus filhos e/ou netos adultos.

Durante os próximos dez anos, a população abastada da América (os que têm um patrimônio líquido de US$1 milhão ou mais) irá aumentar de cinco a sete vezes mais rápido do que a população em geral. Num paralelo direto com esse crescimento, a população abastada irá produzir um número significativamente maior de filhos e netos do que no passado. Sendo assim, o PSE aumentará muito durante esse período. O número de espólios na faixa de US$1 milhão ou mais irá aumentar em 246% durante a próxima década; esses espólios serão avaliados (em dólares constantes de 1990) num total de mais de US$2 trilhões! Mas quase a mesma quantia será distribuída antes que os pais milionários morram. Grande parte dessa riqueza será distribuída pelos pais e avós idosos, antes de falecerem, a seus filhos/netos.

O custo de oferecer PSE também aumentará substancialmente no futuro. As mensalidades de escolas particulares, os carros importados de luxo, as casas em bairros elegantes, os serviços dentários e de medicina cosmética, o custo de uma faculdade de direito e muitos outros itens do PSE estão aumentando a uma taxa muito mais alta do que o índice geral do custo de vida.

Além disso, à medida que a população vai envelhecendo, mais e mais pais e avós abastados estão chegando à idade da realização tributária do espólio. Em especial as viúvas e viúvos estão ficando conscientes de que o governo pode subtrair 55% ou mais do seu espólio em impostos. Assim, à medida que os afluentes envelhecem, irão aumentar o volume e a freqüência do seu PSE a fim de reduzir a carga tributária que incidirá sobre seu espólio.

MARY E LOUIS

Como foi que Mary e Louis conseguiram pagar os estudos de seus dois filhos em escolas particulares? Ora, não conseguiram: foram os pais de Mary que pagaram a conta. Isso é raro? Pelo contrário. Nossa pesquisa indica que 43% dos milionários da América que têm netos pagam integral ou parcialmente as mensalidades das escolas particulares (veja a Tabela 5-1). Nós nos referimos a esses subsídios como "aperfeiçoamento educacional da terceira geração".

Há pouco tempo discutimos essa forma de PSE com um público de avós abastadas. Nós lhes apresentamos os resultados de nossas pesquisas, sem aprovar nem criticar esse comportamento. Depois da apresentação, respondemos perguntas. Uma daquelas senhoras então declarou:

> *Estou absolutamente indignada. Ora, o que eu haveria de fazer com o meu dinheiro? A família de minha filha está tendo dificuldades para pagar as contas. O senhor sabe os problemas que têm as escolas públicas nessa região? É claro que estou mandando meus netos para uma escola particular!*

Para nós é óbvio que essa avó não está muito à vontade com o PSE que está oferecendo à família de sua filha. O problema real não é o que está acontecendo com as escolas públicas; o problema é que a família de sua filha está numa situação de dependência econômica. A avó está tendo dificuldade para encarar o fato de que sua filha se casou com um homem incapaz de ganhar uma alta renda. A filha e os netos talvez não consigam residir num ambiente adequado à situação da avó, de classe média alta. Assim, a avó está decidida a melhorar a situação da família da filha. Deu uma grande contribuição para a compra de uma casa que estava acima do alcance da sua filha e genro. A casa fica numa área elegante onde a maioria dos moradores mandam os filhos para escolas particulares. A única maneira com que seus filhos po-

TABELA 5-1

AUXÍLIO FINANCEIRO DADO POR PAIS ABASTADOS A SEUS FILHOS E/OU NETOS ADULTOS[1]

	PRONTO-SOCORRO ECONÔMICO	% DOS AFLUENTES
1.	APERFEIÇOAMENTO EDUCACIONAL DA TERCEIRA GERAÇÃO	
	• Fundos ou pagamento de mensalidades para escola particular primária ou secundária dos netos	43
2.	APERFEIÇOAMENTO EDUCACIONAL DA SEGUNDA GERAÇÃO	
	• Fundos ou pagamento de mensalidades para a universidade dos filhos	32
3.	SUPLEMENTO INTERGERACIONAL PARA AQUISIÇÃO DE CASA PRÓPRIA	
	• Pagamento de hipoteca para filhos adultos	17
	• Auxílio financeiro para adquirir casa própria	59
4.	BENEFÍCIOS SUPLEMENTARES DE RENDA	
	• Empréstimos a fundo perdido para filhos adultos	61
5.	DOAÇÃO DE IMÓVEIS COMERCIAIS GERADORES DE RENDA	
	• Transferências de imóveis comerciais para filhos adultos	8
6.	TRANSFERÊNCIAS DE TÍTULOS	
	• Doações de ações da bolsa para filhos adultos	17
7.	TRANSFERÊNCIAS DE BENS PARTICULARES	
	• Doação da posse (integral ou parcial) da empresa familiar para filhos adultos	15

[1] Os 222 pais afluentes ou milionários incluídos nesta análise tinham pelo menos um filho adulto, de 25 anos de idade ou mais.

deriam residir numa área residencial de consumo tão alto é com pesadas doses do PSE oferecido pela avó. Porém, esta não percebe que este ambiente tem mais desvantagens do que vantagens em relação à auto-suficiência, mesmo que esta signifique aceitar um estilo de vida menos abastado.

Mary se parece muito com a filha dessa avó que veio assistir à nossa palestra. Ambas receberam PSE. Em ambos os casos, as doadoras fizeram a mesma suposição: o PSE irá "dar um empurrão nos jovens" e depois não vai mais ser necessário. Só que essa hipótese está errada. A mãe de Mary vem lhe dando PSE há mais de 25 anos. A família de sua filha depende economicamente dela.

Louis também aproveitou o PSE. Logo depois de casar, deixou seu emprego para fazer um curso de mestrado. Seus próprios pais pagaram as mensalidades universitárias e todas as despesas relacionadas. Isso não é absolutamente raro. Na verdade, 32% dos milionários da América pagam pela pós-graduação dos filhos adultos.

O primeiro filho do casal nasceu pouco depois que Louis começou a fazer sua pós-graduação. A mãe de Mary não gostava do apartamento que o casal alugou, perto da universidade que Louis freqüentava. Ela assumiu a responsabilidade de mandar uma faxineira regularmente para "dar um jeito na casa". Mas, para ela, esse não era o ambiente ideal para a família de sua filha. Assim, a mãe ofereceu-se para ajudar o casal a comprar uma casa. Louis ajudava a pagar as contas. Ganhava algumas centenas de dólares por mês da universidade, num emprego de meio período como assistente. Naquela época, Mary não trabalhava. Na verdade, desde que se casou, sempre foi dona de casa em tempo integral.

A mãe de Mary deu uma entrada considerável para a compra da casa. Quase seis em cada dez (59%) pais abastados que têm filhos adultos nos dizem que ofereceram aos filhos "assistência financeira para adquirir casa própria". A mãe de Mary também pagava as prestações da hipoteca da casa. Note que 17% dos milionários que entrevistamos mencionaram que fizeram tais pagamentos (veja a Tabela 5-1). No início, a idéia da mãe de Mary era oferecer esses fundos como um empréstimo sem juros. Porém, no fim, esse empréstimo foi convertido numa doação. Esses empréstimos a fundo perdido são considerados normais entre os que recebem PSE. Dos abastados da América, 61% ofereceram esses "empréstimos" a seus filhos adultos. E o que aconteceu quando o casal se mudou para uma casa mais cara? Mais uma vez a mãe de Mary financiou a compra. Por fim, o casal se mudou para sua atual residência. E mais uma vez, o PSE era parte da compra.

Louis passou quase quatro anos na pós-graduação, e recebeu dois diplomas. Hoje ele é administrador de uma faculdade. Mas dado que seu salário anual é de menos de US$60.000, continua sendo difícil para ele e Mary dar conta das despesas. Até mesmo com os US$15.000 que sua sogra oferece a cada ano, a renda dos dois não basta para sustentar seu estilo de vida de classe média alta. O mais interessante sobre a renda anual de Mary e Louis, de US$60.000, é que eles não são os únicos. *Cerca de 30% dos lares da América avaliados em US$300.000 têm uma renda realizada doméstica de US$60.000 por ano ou menos.* Será que isso é resultado de orçamentos criativos, ou da ampla prática do PSE? Na maior parte dos casos, o motivo são os SAR que recebem PSE.

Segundo Mary, não é muito difícil pagar as necessidades básicas com a renda de Louis mais a doação monetária atual que recebe da mãe. O que é difícil é comprar veículos. E Mary e Louis gostam do "luxo importado". Como eles conseguem acomodar essas compras no seu orçamento? Será que compram carros usados a fim de reduzir a "dor econômica"? Não, eles compram um carro *novo* a cada *três anos*. Por que com tanta freqüência? Porque este é o ciclo da sogra. Mais ou menos a cada três anos a mãe de Mary doa a sua filha uma parte das ações do seu portfólio – tal como fazem cerca de 17% dos ricos da América. Alguns filhos adultos que recebem esses presentes conseguem segurá-los; mas não Mary e Louis. Eles vendem as ações e imediatamente compram um carro novo!

Mas o que vai acontecer com Mary e Louis depois que a mãe de Mary não estiver mais viva? É óbvio que isso é uma grande preocupação para esse casal. Infelizmente, não podemos prever o futuro, de modo que não fomos capazes de dizer a eles quanto a mãe de Mary tinha guardado no fundo para sua filha. Nós lhes desejamos boa sorte. Não vai demorar muito para Mary e Louis consumirem uma herança, mesmo que seja de bom tamanho. E eles já estão antecipando a chegada dessa bonança econômica. Uma casa maior, um chalé de férias, uma viagem de volta ao mundo já estão surgindo no horizonte.

O que Está Errado Nesta Figura?

O adulto típico que fica sentado esperando a próxima dose de PSE não é muito produtivo. Com muita freqüência, os presentes em dinheiro já estão reservados para o consumo e o sustento de um estilo de vida não-realista. É precisamente o que aconteceu com Mary e Louis. A renda anual de seu domicílio, de US$60.000, é a mesma que um casal da classe operária da sua região ganhou fazendo horas extras. Tanto o marido como a mulher ganham a vida dirigindo ônibus. Contudo, eles têm uma visão mais realista de quem eles realmente são e do que já conseguiram. Inversamente, Mary e Louis estão vivendo no mundo da fantasia. Ostentar o *status* de classe média alta é o grande objetivo socioeconômico desses dois.

Será que isso significa que todos os filhos adultos de pais abastados estão destinados a se tornarem Marys e Louises? Absolutamente, não. Na verdade, como probabilidade estatística, quanto mais riqueza os pais acumulam, mais disciplina econômica devem ter seus filhos. Note que os milionários da América têm cinco vezes mais probabilidade do que o domicílio médio de ter um filho ou filha formado em medicina. E têm mais de quatro vezes a probabilidade de ter um filho formado em direito.

Pagar por uma boa educação é equivalente a ensinar seus filhos como pescar. Porém, a mãe de Mary ensinou outra coisa a sua filha e a seu genro. Ela lhes ensinou como gastar. Ensinou-os a considerá-la uma máquina de dar peixes. Existem muitas formas de PSE . Algumas têm forte influência positiva na produtividade de quem recebe. Isso inclui o financiamento da educação de seus filhos e, mais importante, doações especificamente destinadas a iniciar ou aumentar uma empresa própria. Muitos milionários/empresários do tipo *self-made men* sabem disso intuitivamente. Ao contrário da mãe de Mary, preferem dar a seus filhos ações que não podem ser trocadas de imediato por um novo carro importado de luxo.

Inversamente, qual é o efeito dos presentes em dinheiro que, sabidamente, estão destinados ao consumo e a sustentar um certo estilo de vida? *Nós cons-*

tatamos que dar esses presentes é a razão mais significativa da falta de produtividade entre os filhos adultos dos ricos. Com muita freqüência, esses presentes "temporários" afetam a psique do recipiente. Presentes em dinheiro destinados ao consumo embotam a iniciativa e a produtividade da pessoa. Tornam-se um vício, e precisam continuar ao longo da maior parte da vida de quem recebe.

O estilo de vida subsidiado de muitos adultos tem outra conseqüência. Os vizinhos vêem como Mary e Louis vivem. O que eles concluem? Com freqüência, concluem que gastar muito é um modo de vida aceitável. Por exemplo, há vários anos Mary e Louis vêm participando do comitê de boas-vindas do seu bairro. Lembre-se que o casal também participou do levantamento de fundos para a escola particular de seus filhos. Qual é a mensagem que Mary e Louis passam a seus novos vizinhos? Recentemente, um gerente de vendas/vice-presidente muito ambicioso e bem-sucedido mudou-se para o bairro com sua família. Na época, esse executivo tinha apenas 35 anos de idade. Ganhava quase três vezes mais do que Louis. Ele e sua esposa tinham três filhos em idade escolar.

Dez minutos depois de dar as boas-vindas aos novos vizinhos, Louis já entrou com seu discurso de vendas. Disse a eles que as escolas públicas da área eram sofríveis, mas que ele tinha uma solução para esse problema. Começou então a falar sobre os benefícios da escola particular. Os novos vizinhos ouviram atentamente. Daí perguntaram sobre as mensalidades. Louis lhes disse que os custos eram muito menos significativos do que os benefícios. Segundo ele, o custo anual da escola secundária era de apenas US$9.000. É o que Louis diz a todos os vizinhos que chegam – isto é, que US$9.000 é um preço baixo para uma educação tão boa. Ora, naturalmente, Louis adora aquela escola. Para ele, foi um ótimo negócio mandar seus filhos para lá, já que é a mãe de Mary quem paga 100% das despesas escolares.

Mais tarde, esse gerente de vendas e sua esposa fizeram algumas pesquisas sobre o sistema de escolas públicas da área e descobriram que a qualidade do ensino era muito melhor do que Louis lhes dissera. Resolveram então colocar os filhos na escola pública. E ficaram satisfeitos com a qualidade do ensino oferecido.

Qual é o valor que você atribui a uma educação em escola particular, carros de luxo, viagens ao estrangeiro e uma casa maravilhosa? Você é sensível aos preços desses produtos e serviços? Louis é totalmente insensível aos preços altos. Já o executivo de vendas é exatamente o oposto. Para Louis, é muito mais fácil gastar o dinheiro dos outros do que o seu próprio. Já o gerente de vendas, por outro lado, nunca recebeu nenhum PSE, exceto para seus estudos universitários. Hoje ele sustenta a si próprio integralmente. Por quê? Porque ele e sua família não recebem nenhum PSE destinado ao consumo. Ele passa grande parte do seu tempo aumentanto sua produtividade, trabalhando mais duro e investindo prudentemente. Inversamente, Louis e Mary passam grande parte do seu tempo antecipando o dia em que irão receber uma dose ainda mais forte de PSE.

A Grande Pergunta

Você pode perguntar: "Será que vou estragar meus filhos adultos se lhes der presentes em dinheiro?". Todos os efeitos dos presentes financeiros que os afluentes dão para seus filhos adultos não podem ser apresentados em apenas um capítulo. E é importante notar que os que recebem essas doações não são os "desempregados de baixa escolaridade" de que a imprensa tanto fala. Com toda probabilidade, são pessoas instruídas e que ocupam cargos respeitados. As dez primeiras ocupações dos filhos adultos dos abastados são as seguintes:

1. Executivo de empresa
2. Empresário
3. Gerente de nível médio
4. Médico
5. Profissional de publicidade/marketing/vendas
6. Advogado
7. Engenheiro/Arquiteto/Cientista
8. Contador
9. Professor universitário
10. Professor secundário/primário

Mesmo assim, não se pode negar que os filhos adultos que recebem presentes monetários diferem daqueles que não recebem. Vamos examinar a riqueza e a renda, contrastando os filhos adultos que recebem presentes com os que não recebem. Como a idade tem alta correlação tanto com a riqueza como com a renda familiar, é importante tentar manter a idade constante ao fazer comparações entre os recipientes e os não-recipientes de doações monetárias. Também é útil examinar as diferenças nesses dois grupos dentro de cada uma dessas dez classificações ocupacionais, já que os diferentes grupos ocupacionais tendem a gerar diferentes níveis de renda e de patrimônio líquido.

Vejamos um levantamento dos recipientes e não-recipientes provindos de todas as categorias de renda, na faixa etária que vai do início dos quarenta até meados dos cinqüenta anos de idade. Examine os números da Tabela 5-2.

Note que em oito das dez categorias ocupacionais, os recipientes de doações têm menos patrimônio líquido (riqueza) do que os que não recebem. Por exemplo, na média, os contadores que têm aproximadamente cinqüenta anos de idade e recebem presentes em dinheiro de seus pais têm apenas 57% do patrimônio líquido dos contadores da mesma faixa etária que não recebem. Mais ainda, os contadores que recebem doações geram apenas 78% da renda anual dos contadores que não recebem.

Note que os presentes monetários não foram incluídos ao se computar a renda anual dos contadores que recebem doações. Quando essas doações, em dinheiro livre de impostos, são acrescentadas à renda dos recipientes, então, na média, eles recebem aproximadamente 98% da renda anual média dos não-recipientes. Mas, apesar disso, continuam tendo apenas 57% do patrimônio líquido dos contadores que não recebem presentes.

Os contadores que recebem doações não são o único grupo ocupacional que tem menos renda e menos patrimônio. Como se vê na Tabela 5-2, os recipientes de presentes nas sete outras categorias ocupacionais também têm um nível mais baixo de patrimônio do que os não-recipientes, incluindo: advogados, 62%; profissionais de publicidade/marketing/vendas, 63%;

TABELA 5-2

RECIPIENTES *VERSUS* NÃO-RECIPIENTES DE DOAÇÕES EM DINHEIRO: QUEM TEM RIQUEZA/RENDA MAIS ELEVADA?

Ocupações	% do patrimônio líquido familiar	Classificação	% da renda familiar anual	Classificação
• Contador	57[1]	10º	78[2]	7º
• Advogado	62	9º	77	8º
• Profissional de publicidade/marketing/vendas	63	8º	104	1º
• Empresário	64	7º	94	2º
• Gerente sênior/Executivo	65	6º	79	6º
• Engenheiro/Arquiteto/Cientista	76	5º	74	10º
• Médico	88	4º	75	9º
• Gerente de nível médio	91	3º	80	5º
• Professor universitário	128	2º	88	4º
• Professor secundário/primário	185	1º	92	3º
• Todas as ocupações	81,1	–	91,1	–

[1]Por exemplo, os lares chefiados por contadores que recebem presentes em dinheiro dos pais têm 57% do patrimônio líquido daqueles da mesma categoria ocupacional que não recebem.

[2]Por exemplo, os lares chefiados por contadores que recebem presentes em dinheiro dos pais têm 78% da renda familiar anual daqueles da mesma categoria ocupacional que não recebem.

empresários, 64%; gerentes sênior/executivos, 65%; engenheiros/arquitetos/cientistas, 76%; médicos, 88% e gerentes de nível médio, 91%.

Apenas em dois dos dez grupos ocupacionais os recipientes de doações têm maior nível de riqueza do que os não-recipientes. Apesar de ter uma renda mais baixa do que os não-recipientes, os recipientes que são professores secundários ou primários têm um patrimônio mais alto do que os não-recipientes. Os professores secundários / primários que recebem doações têm 185% do patrimônio líquido da média dos não-recipientes, mas apenas 92% da renda. Os professores universitários que recebem doações têm 128% do patrimônio líquido e 88% da renda dos não-recipientes. Os pais abastados podem aprender muito com esses recipientes de doações que são professores secundários e universitários. Os professores que recebem doações em dinheiro têm uma propensão muito mais alta de acumular riqueza do que os recipientes das outras oito categorias ocupacionais. Como se explica essa peculiaridade? Para isso é importante compreender primeiro por que a maioria dos recipientes de doações têm uma propensão mais baixa para acumular riqueza do que os não-recipientes.

1. Doar Precipita Consumo, Mais do que Economia e Investimento

Por exemplo, os pais abastados costumam financiar a compra de uma casa para os filhos. Sua intenção pode ser ajudar os filhos a "começar com o pé direito". Esses pais assumem que tais presentes são um fenômeno que só acontece uma vez na vida. Alguns nos disseram que achavam que "esse seria o último dólar de que as crianças iriam precisar". Eles assumem que os recipientes de sua generosidade vão conseguir "se virar sozinhos" num futuro próximo. Em quase a metade das vezes, estão errados.

Os recipientes de doações costumam ter baixo desempenho para gerar renda. Com muita freqüência, a renda do recipiente não aumenta no mesmo nível do que seu consumo. Lembre-se, as casas caras em geral se localizam em bairros de alto consumo. Morar nesses bairros requer mais do que simplesmente pagar a hipoteca da casa. Para se adaptar, a pessoa precisa "fazer o seu papel" em termos de roupas, jardinagem e paisagismo, manutenção da casa, veículos, móveis e assim por diante. E não se esqueça de acrescentar os altos impostos sobre a propriedade.

Assim, doar a entrada para a compra de uma casa pode colocar o recipiente numa roda-viva de consumo e contínua dependência em relação ao doador. Mas a maioria dos vizinhos desse recipiente, com toda probabilidade, não recebem presentes monetários de seus pais. Estão muito mais contentes e confiantes acerca de seu estilo de vida do que os que recebem doações. Muitos recipientes nessa situação se tornam sensíveis à necessidade de um contínuo PSE. Sua orientação pode até mesmo mudar dramaticamente, passando da realização econômica autônoma para a esperança e a antecipação da chegada de mais doações. Para os geradores de baixa renda nessas situações, é quase impossível acumular riqueza.

A entrada para a compra de uma casa não é o único tipo de presente que precipita mais consumo. Considere, por exemplo, os pais abastados que deram a seu filho Bill e sua nora Helen um tapete de US$9.000 que, pelo que nos disseram, contém milhões de nós amarrados a mão. Bill é engenheiro civil e trabalha para o governo. Ganha menos de US$55.000 por ano. Seus pais se sentem impelidos a ajudá-lo a manter um estilo de vida e um nível de dignidade coerentes com alguém que tem um diploma de pós-graduação numa universidade de prestígio. Naturalmente, esse tapete caríssimo parecia deslocado numa sala cheia de móveis de segunda mão e luminárias simples. Assim, Bill e Helen se sentiram obrigados a comprar uma caríssima mobília de nogueira para a sala de jantar, um candelabro de cristal, luminárias caras e um serviço de prata. Dessa forma, aquele presente de US$9.000, o tapete, precipitou o consumo de quase a mesma quantia em outros "artigos finos".

Algum tempo depois, Bill mencionou à sua mãe que as escolas públicas da área não eram tão boas como na época em que ele estava no primário. Sua mãe respondeu que pagaria parte das mensalidades do neto e da neta numa escola particular. Naturalmente, cabia a Bill e Helen decidir se iriam tirar seus filhos da escola pública. A mãe pagava $^{2}/_{3}$ da mensalidade; Bill e

Helen pagavam o resto. Neste caso, um presente de US$12.000 acabou custando para Bill e Helen US$6.000 por ano.

Mais ainda, Bill e Helen não tinham pensado nas despesas extras implicadas em mandar os filhos a uma escola particular. Por exemplo, muitas vezes, eles são solicitados a dar contribuições extras para a escola, além das mensalidades normais. Eles também julgaram que precisavam comprar uma van de sete lugares, a fim de participar no rodízio dos pais para levarem os filhos à escola. Livros e materiais escolares também custam caro. E seus filhos agora vivem em contato com outras crianças que têm um nível de consumo mais alto do que seria o caso se estivessem numa escola pública. Na verdade, seus filhos já estão esperando ansiosamente uma viagem para a Europa no próximo verão. Faz parte do seu processo de educação e socialização. Os recipientes de doações têm muito mais probabilidade do que os não-recipientes de mandarem seus filhos a escolas particulares. (Embora, no cômputo geral, haja mais filhos de não-recipientes em escolas particulares, isso ocorre porque a população dos não-recipientes é muito maior do que a dos recipientes.)

2. Os Recipientes de Presentes Monetários em Geral Nunca Distinguem Bem entre o seu Dinheiro e o de seus Pais

Talvez seja Tony Montage, um gerente de investimentos, quem sintetizou melhor:

> *Esses filhos que ganham doações... esses filhos adultos de pais abastados acham que a riqueza/o capital de seus pais é a sua renda... renda para ser gasta.*

Um dos motivos principais pelos quais os recipientes de doações costumam achar que estão financeiramente bem de vida é porque recebem subsídios dos pais. E as pessoas que acham que estão financeiramente bem costumam gastar. Na verdade, estatisticamente elas se consideram afluentes com a mesma probabilidade que os verdadeiros afluentes que não recebem doações. Isso acontece ainda que ganhem 91% da renda e possuam 81% da riqueza dos não-recipientes.

Veja a situação do ponto de vista do recipiente. A cada ano da sua vida adulta, William recebe de seus pais um presente de US$10.000, livre de impostos. William tem 48 anos de idade. Agora vejamos: US$10.000 de renda, livre de impostos, pode ser considerado como produto de que capital? Vamos assumir um retorno de 8%. Seria o equivalente a um capital de US$125.000. Acrescente agora essa quantia ao patrimônio real de William. Qual é o resultado? William tem uma imagem de si mesmo como de alguém que tem US$125.000 a mais em capital do que ele na realidade possui.

Considere essa comparação. Você já viu uma criança de oito anos parada diante do jardim da casa dos pais? Se você, um estranho, tentar entrar naquela propriedade, a criança vai dizer: "Você não pode entrar no *meu jardim*. Essa casa *é minha*". A criança acha que a propriedade é dela. Aos oito anos de idade, ela pode estar correta. Afinal, é uma criança morando na casa dos pais. Nessa idade, as crianças acham que o jardim, a casa e o carro são propriedades da família. Mas quando as crianças crescem e são bem socializadas pelos pais, passam a ser adultos independentes. Adultos que conseguem distinguir claramente o que é e o que não é deles. Seus pais lhes ensinam a independência.

Infelizmente, uma parcela cada vez maior de filhos adultos não está aprendendo o valor de ser independente dos pais, emocional e economicamente. Como foi que um casal testou para ver se seu filho adulto já era independente? Utilizaram o "Efeito Tony Montage" como base para o teste.

Depois do jantar do Dia de Ação de Graças na casa dos pais, James teve uma conversa com eles. Os pais lhe disseram que tinham decidido doar várias parcelas da propriedade comercial "deles" para uma universidade regional. O pai disse ao filho: "Sei que você vai compreender que a universidade vai se beneficiar muito com essa doação". A resposta de James, se fosse escrita como uma manchete de jornal, seria:

Filho de casal abastado grita: "Essa propriedade é minha também, e o pessoal da universidade não pode entrar (no meu jardim)!".

A reação de James foi previsível. Durante toda a sua vida adulta ele vem recebendo presentes monetários substanciais. Ele precisava de uma doação anual equivalente a 20% da sua renda para cobrir as suas despesas anuais. Portanto, viu a idéia de seus pais de doar um capital para a universidade como uma ameaça a sua futura renda.

Como muitos outros recipientes de doações, James se considera um profissional "que se fez por si mesmo". De fato, cerca de dois em cada três filhos adultos que recebem periodicamente de seus pais doações monetárias significativas se consideram membros do clube "Eu consegui sozinho". Ficamos abismados quando essas pessoas nos dizem nas entrevistas: "Nós ganhamos cada dólar que temos".

3. Os Recipientes de Doações Têm uma Dependência de Crédito Significativamente Maior do que os Não-Recipientes

Os que recebem presentes periódicos de dinheiro ou o equivalente são eufóricos acerca de seu bem-estar econômico. Essa euforia se relaciona com a sua necessidade de gastar dinheiro. Só que grande parte desse dinheiro ainda não está à mão. É o PSE de amanhã. Assim, como os recipientes reagem a esse dilema? Utilizam o crédito para amenizar seus problemas de fluxo de caixa. Por que esperar pelo pote de ouro que estará no fim do arco-íris? Os filhos adultos que recebem presentes monetários têm mais probabilidade do que outros filhos adultos de viver sempre antecipando a volumosa herança que, por fim, acabará lhes chegando às mãos.

Apesar de terem apenas cerca de 91% da renda total anual e 81% do patrimônio líquido dos não-recipientes de doações, os recipientes têm uma probabilidade significativamente maior de se orientarem para o crédito. Esse crédito é obtido para propósitos de consumo e não de investimento. Inversamente, os não-recipientes de presentes tomam mais empréstimos para fins de investimento do que os recipientes. Exceto por isso, em todas as outras categorias concebíveis de crédito para produtos ou serviços, os recipientes de presentes ultrapassam os não-recipientes. Isso se aplica tanto à incidência do uso do crédito como à quantia real gasta para pagar os juros do empréstimo. Isso se aplica aos empréstimos pessoais e às dívidas de saldo de cartão de crédito. Os recipientes e os não-recipientes de doações não diferem significativamente quanto ao uso de serviços de hipoteca ou à alocação de dinheiro para tais propósitos. Contudo, uma parte significativa dos recipientes ganhou presentes monetários para fazer vultosos pagamentos iniciais na compra de uma casa.

4. Os Recipientes de Doações Investem Muito Menos do que os Não-Recipientes

No nosso levantamento, os recipientes de presentes relataram que a cada ano investiram menos de 65% do que foi investido pelos não-recipientes. E mesmo essa estimativa é muito conservadora, já que, como a maioria dos grandes usuários de crédito, os recipientes de doações superestimam a quantia que investem. Por exemplo, eles costumam se esquecer de incluir grandes compras a crédito quando computam seu consumo real e seus hábitos de investimento.

Há exceções a essa regra. Os professores que recebem presentes aparentemente continuam tão frugais, ou mesmo mais ainda, do que os que não recebem doações. Eles têm muito maior probabilidade de economizar e investir o dinheiro que ganham de presente do que os recipientes das outras categorias ocupacionais. A questão dos professores como modelos de comportamento será detalhada mais adiante neste capítulo.

Como já esclarecemos, os recipientes de presentes são superconsumistas e propensos ao crédito. Vivem bem acima da norma para outras pessoas com renda comparável à sua. Porém, muitas pessoas acreditam, erroneamente, que os recipientes de doações apenas se preocupam com seus próprios desejos, necessidades e interesses. Não é o caso. Em média, os recipientes de presentes doam quantias significativamente maiores para a caridade do que outras pessoas na mesma categoria de renda. Por exemplo, os recipientes de doações que têm uma renda familiar na categoria dos US$100.000 normalmente doam pouco abaixo de 6% da sua renda anual para causas de caridade. A população geral nessa categoria de renda doa apenas cerca de 3%. Os recipientes de presentes doam numa proporção muito mais parecida com a dos lares com renda anual na categoria dos US$200.000 a US$400.000. Essas pessoas doam aproximadamente 6% da sua renda para causas nobres.

Sejam nobres ou não, os recipientes de doações consomem mais, e portanto têm muito menos dinheiro para investir. Do que adianta estar a par das oportunidades de investimentos quando se tem pouco ou nenhum dinheiro para investir? É essa a situação na qual um jovem professor de comércio se encontrou. Ele, que era um recipiente de presentes monetários, foi convidado a dar um curso sobre investimentos num programa de educação contínua. Seu público incluía muitas pessoas instruídas e de alta renda. O professor discorreu sobre vários tópicos, incluindo fontes de informações sobre investimentos e como avaliar as ofertas de ações de várias empresas públicas. No final, recebeu muitos elogios. É um homem bem treinado na sua disciplina. Tem doutorado em Administração de Empresas, com especialização em Finanças. Contudo, no final do curso, um cavalheiro do público fez uma simples pergunta a esse professor:

Doutor E., posso lhe perguntar sobre seu portfólio pessoal? No que o senhor costuma investir?

Sua resposta surpreendeu a classe:

Não tenho um grande portfólio no momento. Estou muito comprometido pagando a hipoteca de duas casas, um empréstimo para um carro, as mensalidades escolares...

Mais tarde uma pessoa da classe nos disse:

É como aquele sujeito que escreveu um livro sobre "cem coisas inteligentes para se dizer para mulheres atraentes". Só que ele não conhecia nenhuma mulher atraente.

Outra pergunta: por que os consultores financeiros não enfatizam a importância da frugalidade, ao aconselharem esses recipientes de doações que são SAR? É porque, em geral, esses consultores financeiros se concentram num foco bastante estreito. Eles vendem investimentos e conselhos sobre investimentos. Eles não ensinam a frugalidade e a elaboração de orçamentos. Muitos acham que seria embaraçoso, ou até degradante, sugerir a seus clientes que eles estão levando um estilo de vida alto demais.

Para sermos justos, muitas pessoas de alta renda, assim como seus consultores, não têm idéia de qual seria o patrimônio que alguém deveria ter, considerando certos parâmetros de renda e idade. Além disso, os consultores financeiros muitas vezes não sabem que seus clientes recebem importantes presentes em dinheiro todos os anos. Confiando apenas na declaração de renda de um cliente, um consultor poderia dizer:

Bem, Bill, para um sujeito de 44 anos de idade que ganha US$70.000 por ano, você está indo muito bem. Muito bem em termos de sua linda casa, seu barco, seus carros importados de luxo, as doações que você faz e até mesmo seu portfólio de investimentos.

Mas será que esse consultor acharia o mesmo se Bill lhe contasse que recebe dos pais um presente de US$20.000 em dinheiro, livre de impostos?

Aqui é importante voltar a um ponto que estamos tentando realçar durante todo este livro. Nem todos os filhos adultos dos abastados se tornam SAR. Os que se tornam, em geral, são aqueles cujos pais dão pesados subsídios para o padrão de vida dos filhos. Porém, muitos outros filhos e filhas de pais abastados se tornam PAR. As provas sugerem que isso acontece quando os pais são frugais e bem disciplinados e instilam nos filhos esses valores, assim como a independência.

A imprensa popular costuma pintar uma imagem bem diferente. Com freqüência, ela divulga aquelas histórias tipo "Abraham Lincoln nasceu numa cabana de madeira". Os jornais dramatizam os casos em que uma pessoa de família operária acaba tendo grande sucesso. Com isso, eles querem provar que a disciplina da pobreza é o pré-requisito para se tornar milionário na América. Se isso fosse verdade, deveria haver pelo menos 35 milhões de lares milionários na América. Entretanto, sabemos que hoje existe apenas um décimo desse número.

É verdade que a maioria dos milionários são filhos e filhas de pais não-milionários, já que a população destes é mais de trinta vezes maior do que a outra. Apenas uma geração atrás, era mais de setenta vezes maior. O enorme tamanho da população de não-milionários tem muito a ver com o fato de que a maioria dos milionários provém de lares não-milionários. Como probabilidade, os milionários têm mais possibilidade de gerar filhos milionários. E, coerentemente, as chances de se tornar milionário são mais baixas para os indivíduos que são filhos de não-milionários.

UM PROFESSOR E UM ADVOGADO: ESTUDO DE CASO

Henry e Joseph são irmãos, mas ter os mesmos pais não significa que eles sejam semelhantes. Henry tem 48 anos de idade, Joseph 46. Henry é professor de matemática em uma escola secundária; Joseph é advogado em uma firma de advocacia de tamanho modesto.

Eles são dois dos seis filhos do casal de milionários Bernard e Susan, que acumularam seu dinheiro gerindo uma bem-sucedida firma de construção civil. Esse casal sempre foi generoso com seus filhos. Todos os anos eles deram a Henry, Joseph e aos outros quatro filhos e filhas cerca de US$10.000 em dinheiro. Esses presentes não cessaram quando os filhos ficaram adultos. Bernard e Susan achavam que esses presentes ajudariam a diminuir o tamanho do seu espólio, e assim reduziriam os impostos sobre a herança que os filhos teriam de pagar algum dia.

Bernard e Susan também queriam ajudar seus filhos adultos a terem um bom início na vida. Acreditavam que os seus presentes financeiros os ajudariam a se tornarem, por fim, financeiramente independentes. Bernard e Susan sempre foram democráticos na distribuição de sua riqueza entre os filhos. Cada filho adulto recebia anualmente o mesmo presente monetário. Além disso, cada filho ganhou aproximadamente a mesma quantia para ajudar a comprar a primeira casa própria.

Poderíamos esperar que os filhos de famílias assim se tornassem financeiramente independentes. Com certeza, Bernard e Susan acreditavam nisso. Eles sempre acharam que eles próprios teriam sido ainda mais bem-sucedidos se tivessem cursado uma universidade e depois recebido presentes em dinheiro de seus pais. Porém, os pais de ambos os lados eram pobres. Bernard e Susan tiveram sucesso porque seus pais lhes deram algo diferente de dinheiro. Cada um deles foi produto de uma vida doméstica disciplinada. Bernard e Susan não só eram bem disciplinados; também aprenderam sozinhos a lidar com a adversidade, e justamente isto fez deles o que são hoje – milionários bem-sucedidos. As épocas de crise na área da construção civil eliminam os fracos e os menos produtivos. Bernard e Susan nunca fraquejaram e sempre geriram sua firma com alta rentabilidade e baixos custos. Isso se aplica tanto a sua empresa como a sua casa.

Até hoje, esse casal nunca possuiu um carro de luxo. Nunca foram esquiar, nunca viajaram para o estrangeiro, nunca entraram em nenhum clube de campo. Mas, de alguma forma, assumiram que, se seus filhos adultos pudessem se expor à sabedoria que se adquire numa universidade, em viagens ao estrangeiro e em contatos com pessoas de *status* mais alto, eles haveriam de se sair até melhor que seus pais, economicamente.

Essa suposição estava totalmente errada. Os filhos dos pais abastados não se saem automaticamente tão bem quanto seus pais em termos de acumular riqueza. Isso não quer dizer que os Henrys e Josephs da América nunca irão ultrapassar seus pais. Alguns conseguem; mas são a minoria entre os filhos dos abastados. É importante notar que os filhos de pais abastados possuem uma chance em cinco de acumular riqueza na casa dos sete dígitos (em dólares de hoje) durante sua vida; ao passo que uma criança cujos pais não são milionários tem, em média, a chance de um em trinta.

Será que algum dos seis filhos de Bernard e Susan é milionário hoje? Não! Mas um deles tem mais probabilidade de se tornar membro do clube dos sete dígitos (de patrimônio líquido). Será Henry, Joseph ou algum dos outros filhos? Os outros filhos são bem mais jovens do que Henry e Joseph. Com certeza, a idade é uma correlação da acumulação de riqueza. Os adultos jovens têm menos probabilidade de ter acumulado uma riqueza considerável por seus próprios meios. Além disso, os outros quatro filhos não vêm recebendo PSE de seus pais pelo mesmo período de tempo que seus irmãos mais velhos.

Muitos observadores poderiam prever que Joseph teria mais probabilidade de acumular um patrimônio na casa dos sete dígitos antes de seu irmão. Essa opinião é compreensível. Os advogados costumam gerar uma renda significativamente mais alta do que os professores secundários. Mais uma vez, a renda tem alta correlação com a acumulação de riqueza. No ano passado, a renda doméstica total de Henry (excluindo o presente financeiro que ganhou dos pais) foi de US$71.000; a renda de Joseph foi de US$123.000. Poderíamos assumir, considerando apenas essas quantias, que Joseph teria muito mais probabilidade de acumular riqueza. Afinal, sua renda é quase o dobro da do seu irmão. Mas quem faz essa previsão se esquece da regra fundamental para a construção da riqueza:

Seja qual for a sua renda, sempre viva abaixo dos seus meios.

Henry, apesar do seu salário mais baixo, vive abaixo dos seus meios. Joseph, por outro lado, vive substancialmente acima da sua renda. Na verdade, Joseph "realmente conta com aqueles US$10.000 dos pais para equilibrar seu orçamento". Esses US$10.000, acrescentados à sua renda de US$123.000, o colocam na faixa dos 4% superiores de todos os lares geradores de renda da América. Lembre-se de que aproximadamente 3,5% dos lares americanos têm um patrimônio líquido de US$1 milhão ou mais. Porém, Joseph tem um patrimônio líquido que, mesmo avaliado com otimismo, fica bem abaixo desse número. Seu patrimônio total, incluindo o valor quitado de sua casa, a sociedade na empresa de advocacia, o plano de pensão e outros bens, é de US$553.000.

E o que dizer de Henry? Apesar de ter uma renda muito menor, ele acumulou riqueza muito mais significativa. Avaliado de maneira conservadora, seu patrimônio líquido é de US$834.000. Como é possível que um professor tenha uma riqueza tão maior do que um advogado com renda quase duas vezes superior?

Respondendo com simplicidade, Henry e sua esposa são frugais; Joseph e sua esposa são grandes consumidores. Boa parte dessa diferença se relaciona com suas respectivas profissões. Descobrimos que, como grupo, os professores são frugais. Além disso, os advogados que recebem presentes monetários de seus pais gastam mais e economizam e investem menos do que os advogados da mesma faixa etária que não recebem doações. Como já foi dito, os advogados que recebem auxílio monetário de seus pais têm apenas 62% da riqueza e 77% da renda dos advogados da mesma faixa etária que não recebem essas doações (veja a Tabela 5-2).

Qual é a posição dos professores que recebem presentes monetários quanto à acumulação de renda e riqueza? Os lares chefiados por professores que recebem doações dos pais têm, em média, 185% do patrimônio líquido e 92% da renda familiar anual dos professores da mesma faixa etária que não recebem essas doações.

Os professores que recebem presentes têm mais probabilidade, em comparação aos que não recebem, de lecionar numa escola particular (que, nos Estados Unidos, em geral paga salários mais baixos aos professores do que as escolas públicas). Talvez sem saber, muitos Bernards e Susans da América estão subsidiando as escolas particulares ao dar presentes em dinheiro aos seus filhos adultos. Isso, por sua vez, pode encorajar pessoas como Henry a se disporem a trabalhar por um salário menor numa escola particular. Henry pode imaginar que, já que recebe PSE, não precisa ganhar alguns milhares de dólares a mais lecionando numa escola pública. Embora lecione numa escola particular, Henry se sente muito bem dirigindo seu Honda Accord de quatro anos de idade ou a mini-van de sua esposa.

Em contraste, Joseph vive num ambiente completamente diferente. O estacionamento do edifício onde trabalha está cheio de carros esporte e importados de luxo. Joseph é responsável pela área de novos negócios de sua firma. Assim, mesmo que ele quisesse dirigir um Honda de quatro anos de idade, seus clientes e prováveis futuros clientes talvez não quisessem entrar nesse carro com ele. Poderiam ficar com uma impressão errada.

Joseph e sua esposa têm três automóveis último tipo: um BMW série 7 e um Volvo de sete passageiros, ambos em *leasing,* e um Toyota Supra. Seus hábitos de consumo quanto a veículos são semelhantes aos de outros consumidores com renda significativamente mais alta. Joseph gasta três vezes mais, em média, do que Henry para comprar veículos.

Joseph também gasta quase o dobro de Henry em pagamentos de hipotecas. Ele mora numa casa maior e mais luxuosa que Henry, num chamado bairro de prestígio. Henry mora numa casa muito mais modesta num bairro de classe média. Seus vizinhos são professores, gerentes de nível médio, funcionários públicos e gerentes de lojas. Henry e sua família combinam muito bem com os vizinhos. Seus hábitos de consumo são típicos de classe média, apesar de Henry ter uma riqueza acumulada de quatro a cinco vezes maior do que a de seus vizinhos típicos.

E o que dizer do bairro de Joseph? Sua residência principal (ele também tem participação num condomínio de uma estação de esqui) fica num bairro elegante. Seus vizinhos são geradores de alta renda, como médicos, executivos sêniores, profissionais de vendas e marketing com altos salários, advogados e empresários ricos. Joseph se sente confortável nesse ambiente, que é ideal para receber clientes e sócios. Porém, há algo que Joseph não percebe: embora sua renda esteja no terceiro quartil em comparação com a de seus vizinhos, ele está no final da lista em termos de patrimônio líquido domiciliar.

Joseph e sua família estão representando o papel de gente que tem um patrimônio líquido duas, três vezes maior e até mais. Joseph, você não é o único. Pelo menos uma em cada cinco casas do seu bairro está representando esse mesmo papel. Também está recebendo PSE. Também gasta mais e investe menos do que outras na mesma área.

Como funciona o orçamento de Joseph? Como ele satisfaz sua tendência para gastar? Joseph é como muitos outros SAR. Primeiro ele gasta. Do que sobrar, ele economiza e investe. O que isso significa, na verdade, é que ele economiza e investe nada mais do que aquilo que porventura seja injetado no seu plano de pensão e de participação nos lucros. Mais de dois terços da sua riqueza consistem no valor quitado de sua casa, sua sociedade na empresa e seu plano de pensão. Em essência, Joseph e sua família não investem nenhum dólar de sua renda pessoal. Mas talvez eles se sintam afluentes mesmo assim, pois Joseph recebe US$10.000 em dinheiro a cada ano e já está prevendo que algum dia vai herdar muito mais do que isso.

Mas o que dizer dos filhos de Joseph? Será que eles têm chance de receber presentes monetários substanciais de seu pai? Nada provável. Contudo, essas crianças estão crescendo num ambiente de alto consumo.

Com toda a probabilidade, irão imitar o comportamento consumista do pai. E é um papel difícil de desempenhar, em especial sem a ajuda de um PSE substancial.

Os filhos de Henry, em contraste, podem ficar surpresos ao saber que seu pai acumulou uma pequena fortuna. Henry e sua esposa nunca abusaram nem exageraram. Henry se parece exatamente como um professor. Tem carro de professor, se veste como professor, faz compras onde compram os professores. Não possui nenhum dos artigos de grife que seu irmão possui. Não tem piscina, não tem sauna, não tem banheira de hidromassagem nem barco a vela, nem é membro de nenhum clube de campo. Possui dois ternos e três paletós esporte. As atividades de Henry são muito mais simples, custam muito menos e são muito menos orientadas para o *status*. Seu exercício físico consiste em fazer *jogging* dia sim, dia não. Gosta de acampar com a família e caminhar nas montanhas. O que eles possuem, realmente, são duas barracas, vários sacos de dormir e duas canoas (uma delas usada). Henry lê muito e é ativo no grupo de jovens de sua igreja.

Seu estilo de vida mais simples se traduz em dólares excedentes, os quais são economizados e investidos. Durante o primeiro ano de Henry como professor, outro professor mais antigo o aconselhou a melhorar seus investimentos contribuindo para um fundo particular de aposentadoria vitalícia. Henry contribuiu para esse fundo todos os anos, desde que começou a trabalhar como professor. Também investiu a maior parte dos presentes em dinheiro que seus pais lhe deram todos os anos.

Quem tem mais probabilidade de se aposentar confortavelmente algum dia – Henry ou Joseph? Seus pais estão agora distribuindo seu capital não só aos filhos, mas também aos netos. Assim, Henry e Joseph podem acabar herdando muito pouco. No ritmo em que Joseph vem consumindo, ele provavelmente nunca poderá se aposentar com conforto. Henry provavelmente irá consegui-lo. A quantia combinada de seu plano de pensão, da aposentadoria particular e de seu portfólio de investimentos será substancial quando ele chegar aos 65 anos.

Ensine seus Filhos a Pescar

Quando damos palestras sobre a relação entre presentes monetários e a realização econômica, sempre há alguém do público que pergunta: "Se não é o dinheiro, então que tipo de presente é o mais benéfico?". Eles estão ansiosos para saber como melhorar a produtividade econômica de seus filhos. Aqui, mais uma vez, nós os lembramos que o ponto crítico é ensinar os filhos a ter uma vida frugal. Com freqüência, os filhos que foram treinados da maneira oposta se tornam superconsumistas, necessitando de subsídios em dinheiro quando jovens e adultos.

Quais são as transferências intergeracionais que poderiam ajudar seus filhos a se tornarem adultos economicamente produtivos? O que você deveria lhes dar? Os abastados têm grande apreciação pelo valor de uma educação de alta qualidade. Perguntamos aos milionários pesquisados se concordam com a seguinte afirmação:

- O que aprendi na escola/na faculdade é/foi de pouca utilidade para eu ganhar a vida no mundo real.

Apenas 14% concordaram; 6% não tinham opinião formada, e os restantes 80% discordaram. É por isso que os milionários gastam grande parte de seus recursos na educação de seus filhos. Qual foi o presente mencionado com mais freqüência que os milionários receberam de seus pais? Mensalidades escolares!

Todos os outros presentes econômicos são mencionados por uma proporção significativamente menor dos milionários. Cerca de um em cada três recebeu algum apoio financeiro para comprar sua primeira casa; cerca de um em cada cinco recebeu um empréstimo sem juros durante sua vida; apenas um em cada 35 recebeu auxílio de seus pais para pagar uma hipoteca.

O que você pode dar a seus filhos para melhorar a probabilidade de que se tornem adultos economicamente produtivos? Além de lhes dar boas escolas, crie um ambiente que honre a independência de pensamento e de ação, valorize as realizações individuais e recompense a responsabilidade e a liderança. Sim, as melhores coisas da vida muitas vezes são gratuitas. Ensine seus filhos a viverem por conta própria. Custa muito menos financeiramente, e a longo prazo acaba beneficiando tanto os filhos como os pais.

Há incontáveis exemplos da relação inversa entre a produtividade econômica e a presença de doações econômicas substanciais. Nossos próprios dados, coletados ao longo de vinte anos, confirmam repetidamente essa conclusão. Excluindo as mensalidades universitárias, mais de dois terços dos milionários americanos não receberam nenhum auxílio econômico de seus pais. E isso inclui a maioria daqueles cujos pais eram afluentes.

Enfraquecendo os Fracos

Assim, o que devem fazer os pais abastados com sua riqueza? Quando e como eles devem distribuí-la entre seus filhos? Detalharemos a distribuição da riqueza no próximo capítulo. Mas, neste momento, aqui está algo para você refletir: a maioria das pessoas abastadas tem pelo menos dois filhos. Tipicamente, o filho mais produtivo economicamente recebe a parcela menor da riqueza dos pais, ao passo que o menos produtivo recebe a parte mais substancial, tanto do PSE como da herança.

Considere por um momento que você seja um pai afluente típico. Você já notou que seu filho ou filha mais velho(a) desde cedo foi extremamente independente, empreendedor e disciplinado. Seu instinto é incentivar esses traços, não tentando controlar as decisões dele ou dela. Em vez disso, você passa mais tempo ajudando seu filho que tem menos recursos internos a tomar decisões; ou, na verdade, tomando as decisões no lugar dele. Qual o resultado? *Você fortalece a criança mais forte e enfraquece a mais fraca.*

Suponha que você tenha um filho de dez anos que vai fazer um *check-up* físico. O médico lhe diz que seu filho está abaixo do peso e do desenvolvimento esperado. Como você reagiria? Encontraria maneiras de melhorar a saúde física dele. Iria incentivá-lo a fazer exercícios, a tomar vitaminas, a fazer musculação, a praticar um esporte. A maioria dos pais atacaria um problema assim, de uma maneira pró-ativa. Você não acharia estranho se os pais adotassem a atitude oposta? Como você reagiria se os pais incentivassem essa criança a comer menos e a não se exercitar?

Com muita freqüência, esse método de enfraquecer os fracos é aplicado às crianças que mostram fraquezas de personalidade. Num caso que conhecemos, a escola disse aos pais que o filho era deficiente na escrita e nas atividades verbais. Como os pais reagiram a esse problema? Em primeiro lugar, transferiram o filho para outra escola. Como o problema de deficiência verbal não melhorou, o pai começou a fazer a lição de casa do garoto. O filho já está no segundo ano da faculdade, e o pai continua fazendo seus trabalhos escolares até hoje.

Em outro caso que conhecemos, um casal abastado tinha uma filha de 12 anos que era muito tímida e quase não falava. Preocupada, a mãe escreveu um bilhete para a professora pedindo que deixasse a menina sentar no fundo da sala, pois lá ela se sentia mais à vontade. A mãe nos contou: "As professoras costumam fazer mais perguntas para as crianças que sentam na frente". No dia em que a professora recebeu esse pedido, ela não mandou a criança mudar de lugar, e à tarde a mãe ligou-lhe para protestar. A professora não estava no momento, mas telefonou de volta no dia seguinte. Sentindo-se menosprezada, a mãe logo transferiu a filha para outra escola.

Em outro caso, um professor conceituado recebeu o telefonema de um vizinho extremamente irado:

> *Vizinho:* Dr. ________, já que o senhor está nessa área, preciso do seu conselho. Como posso conseguir que um professor seja despedido? O senhor não deve conhecer esse sujeito. Ele leciona na universidade estadual.
>
> *Professor:* Por que o senhor quer despedi-lo?

Vizinho: Minha filha está indo mal no curso dele. Ele diz que ela não tem base para ir bem nas suas aulas... É um sujeito de cabelo comprido, não usa terno... Um idiota! Já falei com o diretor, mas só consegui evasivas. Quero que esse sujeito seja despedido!

Professor: Bem, e por que a sua filha simplesmente não desiste do curso dele?

Vizinho: Nesse caso ela precisaria ter aulas de recuperação no verão.

Professor: Existem muitas coisas piores do que fazer recuperação no verão.

Vizinho: Se ela ficar de recuperação, não poderá ir para a Europa conosco. Estamos planejando essa viagem há dois anos. Minha mulher não quer ir sem a menina. O que posso fazer?

O que fizeram todos os pais nesses casos? Contribuíram para enfraquecer o fraco. Se seu filho tem uma deficiência em habilidades verbais, empenhe-se em ajudá-lo a superar essa deficiência. Num caso, um pai percebeu que o filho tinha grande aptidão para matemática, mas muito pouca capacidade verbal. O pai atacou o problema. Todas as noites durante o jantar, o pai pedia ao filho que definisse três palavras, tiradas do guia de estudos para os exames. Durante centenas de jantares, o pai ensinou o filho. Também contratou um professor particular. A combinação funcionou. Hoje o filho se formou numa das universidades de maior prestígio do país.

O RESULTADO DO PSE

O que acontece quando esses "filhos enfraquecidos" se tornam adultos? O resultado mais típico é que eles ficam sem iniciativa. Com freqüência, têm baixo desempenho econômico e alta propensão para gastar. É por isso que eles precisam de subsídios econômicos para manter o padrão de vida de que desfrutavam na casa dos pais. Vamos repetir:

> Quanto mais dinheiro um filho adulto ganha de presente, menos irá acumular; os que ganham menos presentes monetários acumulam mais.

Esta é uma relação estatisticamente comprovada. Contudo, muitos pais continuam achando que seu dinheiro pode automaticamente transformar seus filhos em adultos economicamente produtivos. Eles estão equivocados. Disciplina e iniciativa não são coisas que se podem comprar numa loja, como um carro ou um casaco.

Um recente estudo de caso ajudará a exemplificar. Um casal abastado estava decidido a dar a sua filha, Wendy, todas as vantagens. Assim, quando ela expressou interesse em abrir sua própria firma, eles reagiram da maneira típica. Criaram para ela todo um ambiente que, na opinião deles, seria o ideal. Em primeiro lugar, não queriam que sua filha tivesse dívidas. Assim, deram-lhe todo o dinheiro necessário para abrir sua firma. Wendy não colocou nenhum dinheiro seu. Nem sequer pediu um empréstimo comercial.

Em segundo lugar, os pais sentiram uma forte necessidade de lhe oferecer uma dose substancial de PSE. Acharam que isso aumentaria a chance da filha de ser bem-sucedida entre as fileiras dos empresários americanos. Os pais também acreditavam que ela se beneficiaria em morar com eles, pois assim poderia dedicar toda sua energia e seus recursos para seus negócios. Poderia morar com os pais sem pagar aluguel. Não precisaria perder tempo indo ao supermercado, limpando a casa, nem mesmo arrumando sua própria cama. Essa última forma de subsídio vai além do PSE – podemos chamá-la de "internamento econômico".

Será que um ambiente onde não se paga aluguel é ideal para um jovem empresário? Acreditamos que não. Nem tampouco o é dar uma firma de presente. Os donos de empresa mais bem-sucedidos são os que colocaram muitos recursos próprios no seu empreendimento. Muitos são bem-sucedidos porque *precisam* ser. É o seu dinheiro, o seu produto, a sua reputação que estão em jogo. Eles não têm rede de segurança. Não têm em quem se apoiar, nem no sucesso nem no fracasso.

Em terceiro lugar, os pais de Wendy acrescentaram outro elemento na equação. E se sua filha não precisasse preocupar-se, de início, em gerar lucros com seu empreendimento? Eles acreditaram que ao reduzir esse fardo, estariam aumentando a probabilidade de sucesso de sua filha. Assim, Wendy se tornou mais um membro do grupo dos financiados. Os pais lhe deram cerca de US$60.000 em dinheiro e equivalentes todos os anos.

Qual é o resultado de ter criado esse ambiente "ideal"? Hoje Wendy está com trinta e tantos anos. Continua morando com os pais. Não têm dívidas comerciais. Seus pais financiaram sua firma, e continuam fazendo isso até hoje. No ano passado, sua firma gerou quase US$50.000. Mas seus pais continuam a lhe dar US$60.000 por ano. Eles continuam achando que Wendy se tornará verdadeiramente independente algum dia no futuro. Mas nós não somos tão otimistas quanto a isto.

A maioria dos empresários de sucesso não são como Wendy. Quantos deles na fase inicial de seus negócios fariam o que Wendy fez em um ano?

- Comprou um carro de US$45.000 sem pesquisar nem negociar o preço nem as condições. Pagou US$5.000 por um relógio, US$2.000 por um *tailleur* e US$600 por um par de sapatos.

- Gastou mais de US$20.000 em roupas em geral.

- Pagou mais de US$7.000 em juros de cartão de crédito e compras a crédito em lojas varejistas.

- Pagou mais de US$10.000 por mensalidades de clubes de campo.

A resposta é: pouquíssimos. A firma de Wendy na verdade não é um sucesso. Recebe pesados subsídios, diretos e indiretos, vindos do dinheiro de outras pessoas. Na verdade, Wendy foi ludibriada por seus pais. Ela talvez nunca venha a saber se seria ou não capaz de vencer sozinha. As condições "ideais" que eles lhe ofereceram foram um incentivo para que ela gastasse altas quantias em bens de consumo. Enquanto isso, ela deu ao seu negócio um tratamento de madrasta para enteado.

Quem você acha que tem mais medos e preocupações – Wendy ou um empresário típico, rico, mas que nunca recebeu subsídios? A lógica poderia sugerir que Wendy não deve ter nenhuma preocupação, já que recebe PSE intensivo dos pais. Mas, na verdade, ela tem muito mais temores do que os homens e mulheres afluentes que não recebem qualquer subsídio.

Os empresários afluentes típicos têm apenas três preocupações principais (veja a Tabela 3-4 no Capítulo 3). E as três se relacionam com o governo federal. Eles temem que o governo decrete políticas e regulamentos desfavoráveis aos proprietários e à população abastada em geral. E quais são os medos de Wendy? Ela nos disse que tem doze grandes medos. Como é possível que uma pessoa que foi quase totalmente isolada do risco financeiro tenha quatro vezes mais temores do que o empresário abastado típico? *É porque esses empresários abastados já superaram a maior parte de seus medos. Eles se vacinaram contra muitos temores tornando-se totalmente auto-suficientes.* E foi essa mesma luta pela auto-suficiência que os ajudou a vencer esses medos.

Quais são os maiores medos e preocupações de Wendy? Lembre-se, são medos que não figuram com destaque na população abastada auto-suficiente. Wendy tem medo das seguintes situações:

- Ter de pagar altos impostos sobre o espólio dos seus pais.

- Experimentar uma redução significativa no seu padrão de vida.

- Sua firma ir à falência.

- Não ter dinheiro suficiente para se aposentar com conforto.

- Ser acusada por seus irmãos e irmãs de receber mais do que sua parte justa nas doações financeiras e na herança de seus pais.

Quem é mais confiante, mais contente, mais capaz de lidar com a adversidade? Não são as Wendys da América. São aqueles que foram criados por pais que recompensavam a independência de idéias e de comportamento. São aqueles que não se preocupam com o dinheiro dos outros; que se preocupam mais em ser bem-sucedidos do que em saber quanto vai sobrar no espólio de alguém. E mais: se a pessoa vive abaixo dos seus meios, não precisa se preocupar com a possibilidade de ter de reduzir seu padrão de vida. Os pais de Wendy fracassaram no seu objetivo. Queriam ter uma filha que "nunca precisaria se preocupar". Porém, o método que eles usaram deu um resultado exatamente oposto. Muitas pessoas procuram proteger seus filhos das realidades econômicas da vida. Mas essas proteções costumam produzir adultos que vivem constantemente com medo do amanhã.

Os Resultados do PSE Zero

Quanto vale sua assinatura? Depende de como ela é usada. Uma assinatura ajudou Paul Orfalea a iniciar a empresa que traz seu apelido: Kinko.

> *Com um empréstimo de US$5.000... co-assinado por seu pai em 1969... Orfalea alugou uma pequena garagem. Junto com alguns amigos, passou a vender serviços, alcançando um faturamento diário de cerca de US$2.000* (Laurie Flynn, "Kinko's Adds Internet Services to Its Copying Business", *The New York Times,* 19 de março de 1996, p. C5).

Estima-se que a empresa Kinko tem um faturamento anual de mais de US$600 milhões. Mas o que aconteceria se os pais de Paul Orfalea tivessem socializado seu filho num ambiente semelhante ao de Wendy? Será que hoje ele seria tão produtivo? Não é nada provável. Orfalea tem aquilo que todos os empresários bem-sucedidos possuem: uma considerável coragem. Assumir um risco financeiro é prova de coragem. Mas que riscos Wendy já assumiu na vida? Muito poucos.

O dicionário Webster define *coragem* como "força mental ou moral para resistir à oposição, ao perigo ou às condições adversas". Implica firmeza da mente e da vontade diante de um perigo ou de uma extrema dificuldade. A coragem pode ser desenvolvida. *Mas não pode se desenvolver num ambiente que elimina todos os riscos, todas as dificuldades, todos os perigos.* É exatamente por isso que Wendy não tem vontade de sair da casa dos pais, expandir seus negócios e desmamar das altas doses de PSE que vem recebendo.

É preciso uma coragem considerável para trabalhar num ambiente em que a recompensa depende do desempenho. A maioria das pessoas abastadas tem coragem. Quais são as provas que sustentam essa afirmação? A maioria dos afluentes da América ou são donos do seu próprio negócio ou são empregados que ganham com base em comissões e incentivos. Lembre-se, quer seus pais sejam ricos ou não, a maioria dos afluentes da América adquiriu sua riqueza por conta própria. Tiveram a coragem de entrar em empreendimentos e oportunidades comerciais que implicavam considerável risco.

Um dos maiores empresários e mais extraordinários profissionais de vendas de todos os tempos, Ray Kroc, priorizava a coragem ao selecionar potenciais franqueadores e executivos para a McDonald's. Na verdade, Kroc recebia bem os profissionais de venda que lhe davam telefonemas não-solicitados. Dizia para sua secretária: "Mande todos eles para cá". Por quê? Porque não é fácil encontrar gente que tem a coragem de ser avaliado estritamente com base no seu desempenho. Ele vendeu a sua primeira franquia fora da Califórnia por US$950 para Sanford e Betty Agate (veja John Love, *McDonald's: Behind the Arches* ,Toronto, Bantam Books, 1986, pp. 78-79, 96-97). Kroc conheceu Betty Agate quando esta fazia prospecção de clientes de forma não-solicitada, na área financeira de Chicago. A secretária de Kroc lhe perguntou: "Ora, mas por que a senhora, que é judia, está vendendo bíblias católicas?". "Para ganhar a vida", foi a resposta. Kroc raciocinou que uma pessoa com essa coragem seria uma ótima candidata para comprar uma franquia.

Quantos telefonemas dessa forma Wendy já deu na sua vida? Nenhum. A maioria das pessoas que compra dela são amigos ou sócios de seus pais e de seus parentes. Telefonemas para essas pessoas são telefonemas solicitados.

Muitos pais nos perguntam como instilar coragem em seus filhos. Sugerimos que eles experimentem a profissão de vendas. Incentive seus filhos a concorrerem ao cargo de representante da classe na escola primária ou secundária. Eles vão ter de vender a si mesmos para seus colegas. Até mesmo vender biscoitos com os escoteiros pode ter um impacto positivo. A venda a varejo oferece uma maneira de as crianças serem avaliadas por uma terceira pessoa totalmente objetiva.

Uma Mulher de Muita Coragem

FAX PARA: William D. Danko, Ph.D., Albany, NY
DE: Thomas J. Stanley, Ph.D., Atlanta, GA
RE: Uma mulher de muita coragem
DATA: Dia do Trabalho, pela manhã

Imagine onde seu colega estava às 5h30 da manhã de hoje? Tomando um avião no primeiro vôo do dia. Embora o avião tivesse lugar para mais de cem passageiros, havia apenas umas vinte pessoas a bordo. Logo que tomei meu lugar, ficamos sabendo que havia nevoeiro no nosso destino e teríamos mais um daqueles famosos "pequenos atrasos". Quando me levantei, a mulher sentada à minha frente (vou chamá-la de Laura) também se levantou. Eu lhe disse que estava aborrecido por ter acordado tão cedo para pegar esse avião. Ela respondeu que já tinha viajado a noite toda e ainda tinha mais uma escala no seu vôo.

Perguntei a Laura por que ela estava viajando à noite. Ela respondeu que é muito mais econômico. O que descobri em seguida é que essa mulher não precisava viajar com um bilhete a preço reduzido. Na verdade, ela é abastada, mas também muito frugal. Qual o objetivo da sua viagem? Ela estava a caminho de uma conferência de executivos do ramo imobiliário, onde ia receber o prêmio de Executiva Imobiliária do Ano. Perguntei, então, como ela começou a trabalhar com imóveis. Ela respondeu: "Por necessidade".

Contou que certa manhã encontrou um bilhete do marido na mesa da cozinha. O bilhete dizia:

> Cara Laura,
> Estou apaixonado pela minha secretária. Meu advogado lhe dará os detalhes. Desejo boa sorte a você e às crianças.

Como foi que Laura, uma dona de casa com três crianças pequenas, reagiu a essa informação? Estava decidida a não voltar para seu antigo emprego de professora secundária. E nem pensou em pedir apoio econômico a seus pais, que estavam bastante bem de vida. Fora criada num ambiente que incentivava a independência e a disciplina. Ficou pensando no que poderia fazer com um diploma de mestrado em literatura inglesa. Ela descobriu que as pessoas com sua formação educacional eram muito procuradas, mas raciocinou que a renda que ganharia como professora, editora e autora não seria suficiente para sustentar o estilo de vida de sua família. Assim, discutiu várias oportunidades de emprego com diversos comerciantes da comunidade. Depois dessas conversas, decidiu tentar vender imóveis. Durante os primeiros quatro meses, ganhou mais vendendo imóveis do que havia ganho no melhor ano em que ensinara inglês.

Sei que você gostaria de perguntar a Laura os fatores que ela crê que contribuíram para seu sucesso. Ela me disse o seguinte:

> *É incrível o que você consegue fazer quando se decide a fazer. Você não imagina quantos telefonemas de vendas a gente é capaz de dar quando não tem nenhuma alternativa a não ser vencer.*

Quando jovem, Laura desenvolveu uma excelente base para sua carreira em vendas. Quando estudante, conseguira convencer dezenas de empregadores a contratá-la para empregos de férias. Também teve uma série de empregos de meio período enquanto estava no secundário e na universidade. Laura era tão boa para encontrar empregos que chegava a ajudar suas amigas a encontrarem emprego também. Sem dúvida, teria muito sucesso se abrisse uma firma de recrutamento de executivos. Laura também foi chefe de campanha de vários amigos seus que conseguiram se eleger representantes da classe; tanto no secundário como na universidade.

Por ironia, Laura teve a pouca sorte de se casar com um homem que não tinha a integridade necessária para dar uma vida melhor para ela e os filhos. Mas, devido às transgressões dele, Laura conseguiu utilizar plenamente todos os seus talentos. A ironia é que ela sempre teve mais potencial que o marido no mundo dos negócios. Hoje isso é um fato comprovado. Ela está muito "melhor de vida" do que seu ex-marido. O sucesso dela também é resultado da sua integridade, algo que o marido não tinha.

Depois de passar vários anos se destacando como profissional de vendas, Laura abriu sua própria imobiliária. Mas apesar do seu extraordinário sucesso financeiro, ela continua tomando o vôo da noite e o primeiro do dia. Olhando para ela, você nunca imaginaria que essa mulher tem tanta coragem e energia. Não chega a ter um metro e meio de altura e deve pesar menos de cinqüenta quilos. Contudo, como já vimos várias vezes, a aparência é muito menos importante do que a coragem, a disciplina e a determinação das pessoas que são economicamente produtivas.

AÇÃO AFIRMATIVA, ESTILO FAMÍLIA

Seus filhos adultos são economicamente auto-suficientes.

A maioria dos pais abastados que tem filhos adultos quer reduzir o tamanho de seu espólio antes de falecer. Com certeza, é uma decisão sensata, já que a alternativa é deixar seus filhos com altos impostos a pagar. A decisão de compartilhar a riqueza com os filhos é fácil; o difícil é decidir como será dividido o capital.

Os pais afluentes que têm filhos mais jovens, em geral, acreditam que a distribuição da riqueza nunca será problema. Eles assumem que os bens serão distribuídos igualmente. Os pais com quatro filhos, por exemplo, em geral afirmam: "Minha riqueza será distribuída igualmente entre os filhos – 25% para cada um".

Essa fórmula simples de distribuição se torna mais complexa quando as crianças se tornam adultas. Os pais com filhos adultos muitas vezes descobrem que alguns deles têm maior necessidade de doações financeiras do que outros. Quem deveria ganhar mais? Quem deveria ganhar menos? São perguntas que todos devem responder. Contudo, os pais abastados podem se beneficiar de várias importantes constatações da nossa pesquisa:

- Os pais que têm filhas adultas que não trabalham e filhos adultos "temporariamente" desempregados têm uma alta tendência a dar a todos esses filhos pesadas doses de PSE. Estes também têm a probabilidade de receber uma parcela desproporcionalmente alta do espólio dos pais.

- Os filhos que têm mais sucesso econômico provavelmente receberão menos PSE e uma herança menor.

- Muitos filhos e filhas mais produtivos não recebem nenhuma transferência de riqueza, qualquer que seja. Contudo, como já dissemos no Capítulo 5, essa é uma das razões pelas quais eles são ricos!

Donas de Casa: Tipo A ou Tipo B?

Grande parte da variação na doação de presentes entre os filhos pode ser explicada pelo sexo e pela ocupação (ou *status* socioeconômico). Descobrimos que as donas de casa têm a maior tendência de todos os grupos ocupacionais de receber heranças, assim como presentes financeiros periódicos dos pais (veja as Tabelas 6-1 e 6-2). Na verdade, as donas de casa têm uma probabilidade três vezes maior de receber uma herança substancial dos pais do que a média dos filhos adultos dos abastados. Em essência, as donas de casa estão em primeiro lugar tanto no montante da herança como na probabilidade de herdar riqueza dos pais. Também têm maior probabilidade de receber tanto quantias significativas como presentes financeiros anuais.

Nossa pesquisa identificou dois tipos distintos de filhas dos afluentes que são donas de casa – vamos chamá-las de Tipo A e Tipo B. Ambos se beneficiam, em diferentes graus, da convicção dos pais de que uma mulher que não trabalha deve ter "seu próprio dinheiro", de que a conjuntura econômica desfavorece as mulheres, e que nunca se pode confiar inteiramente num genro para sustentar a mulher e os filhos.

TABELA 6-1

PROBABILIDADE DE RECEBER UMA HERANÇA SUBSTANCIAL: CONTRASTES OCUPACIONAIS ENTRE OS FILHOS ADULTOS DOS ABASTADOS

PROBABILIDADE DE RECEBER UMA HERANÇA		
Probabilidade significativamente maior	Probabilidade significativamente menor	Probabilidade média
• Dona de casa • Desempregado • Professor secundário/primário • Professor universitário • Artesão/operário	• Médico • Gerente sênior/executivo • Empresário	• Engenheiro/arquiteto/cientista • Profissional de publicidade/marketing/vendas • Advogado • Contador • Gerente de nível médio

TABELA 6-2

PROBABILIDADE DE RECEBER PRESENTES FINANCEIROS SUBSTANCIAIS: CONTRASTES OCUPACIONAIS ENTRE OS FILHOS ADULTOS DOS ABASTADOS

PROBABILIDADE DE RECEBER PRESENTES FINANCEIROS		
Probabilidade significativamente maior	Probabilidade significativamente menor	Probabilidade média
• Dona de casa • Desempregado • Advogado • Professor secundário/primário • Professor universitário	• Artesão/operário • Empresário • Gerente de nível médio • Gerente sênior/executivo	• Engenheiro/arquiteto/cientista • Profissional de publicidade/marketing/vendas • Médico • Contador

A dona de casa Tipo A difere significativamente do Tipo B. O Tipo A tende a casar-se com um homem de sucesso, gerador de alta renda. Em geral, tem um papel ativo ao cuidar dos pais idosos, por vezes deficientes. Os presentes e heranças que recebe são, em parte, uma compensação por esses esforços – esforços que seus irmãos e irmãs que trabalham costumam evitar. As donas de casa do Tipo A têm boa instrução e em geral são as testamentárias ou co-testamentárias do espólio dos pais. Muitas são líderes e voluntárias em diversas entidades educacionais e assistenciais.

As donas de casa do Tipo A costumam ser vistas por seus pais como suas iguais e confidentes, e não como pessoas de valor secundário. São consideradas pessoas inteligentes e fortes, líderes e conselheiras, e são consultadas com freqüência sobre assuntos importantes da família, tais como o planejamento da aposentadoria e dos imóveis, a venda de uma empresa familiar e a escolha de profissionais e prestadores de serviços. As Tipo A também estão familiarizadas com as leis relativas aos impostos sobre o espólio. Para minimizar os tributos, costumam incentivar os pais a reduzirem o tamanho do espólio oferecendo presentes a seus filhos. As donas de casa do Tipo A recebem presentes em dinheiro substanciais ao longo de todo o estágio inicial e intermediário da vida, em geral, a partir do casamento. Mais tarde, os presentes são associados com a compra de uma casa, e em algumas situações, com a compra de imóveis para investimento.

A presença de uma dona de casa do Tipo A é de grande benefício para os pais afluentes, assim como para os outros filhos adultos, uma vez que ela costuma carregar o enorme fardo de cuidar das necessidades emocionais e médicas dos pais idosos.

Em contraste, as donas de casa do Tipo B são vistas como filhas adultas que precisam de PSE e até mesmo apoio emocional. Costumam ser dependentes dos outros e dificilmente são líderes em qualquer área. As Tipo B tendem a casar com homens que, provavelmente, não gerarão alta renda. Também tendem a ter menos escolaridade do que as mulheres do Tipo A. Os pais das donas de casa Tipo B costumam subsidiar a renda doméstica das filhas, a fim de ajudar as famílias delas a manter um estilo de vida mínimo de classe média. As donas de casa Tipo B costumam morar bem próximo dos pais. Com freqüência, acompanham a mãe nas compras. Não é raro que uma dona de casa do Tipo B de meia-idade receba dinheiro para roupas dos pais afluentes. Os pais também cuidam das filhas Tipo B por meio de provisões feitas no testamento ou nos planos para o espólio. Elas recebem presentes monetários e herança porque seus pais acreditam que elas "realmente precisam do dinheiro". Em resumo, as Tipo B são cuidadas pelos pais idosos, em vez de fazer o inverso.

Os pais das donas de casa Tipo B costumam evitar distribuir presentes monetários substanciais às filhas, temendo que elas e seus maridos administrem mal o dinheiro. Assim, os presentes monetários para as donas de casa Tipo B costumam vir com base na necessidade, tal como quando o marido da Tipo B está "num intervalo entre dois empregos" ou quando nasce uma criança na família. Muitas vezes, as doações são precipitadas por uma crise, e vão desde pagamentos diretos em dinheiro até roupas e reembolso de mensalidades escolares. Mesmo assim, as Tipo B recebem o grosso da riqueza dos pais sob a forma de herança. Com freqüência, seus pais dão instruções específicas quanto ao planejamento da distribuição e aos fundos para a educação dos filhos de sua filha. É comum que a família da dona de casa Tipo B nunca alcance a independência financeira. Não é raro que uma dona de casa Tipo B de cinqüenta e poucos anos continue recebendo subsídios monetários dos pais.

Não é raro que o marido da dona de casa do Tipo B trabalhe na empresa dos pais dela. Em alguns casos, o salário é substancialmente mais alto do que indicaria uma pesquisa objetiva no mercado de trabalho. Em outras palavras, nessas situações, o genro ganha mais como empregado na firma dos sogros do que se trabalhasse para uma terceira pessoa. Mesmo os genros que não trabalham na empresa da família muitas vezes fazem horas extras, trabalhando gratuitamente em tempo parcial na empresa deles ou fazendo tarefas e pequenos serviços para os sogros.

As filhas que não são donas de casa e trabalham em tempo integral têm menos probabilidade de receber presentes monetários e herança do que suas irmãs que não trabalham. Mas mesmo as filhas que trabalham em ocupações de alto *status* têm mais probabilidade de receber presentes monetários e heranças do que seus irmãos que têm sucesso econômico. Por quê? Porque como já foi dito, os pais afluentes têm uma convicção muito forte de que as mulheres, mesmo as que trabalham, precisam ter "seu próprio dinheiro". Eles também afirmam que seus genros "não são de inteira confiança... não se sabe se eles vão continuar leais... para apoiar e sustentar nossas filhas". Na verdade, os abastados demonstram bastante perspicácia nesse aspecto. Nossos dados indicam que mais de quatro de cada dez de suas filhas que se casam irão se divorciar pelo menos uma vez.

AÇÃO AFIRMATIVA PARA AS MULHERES

Os pais abastados compreendem que nos Estados Unidos as oportunidades para gerar renda que se oferecem aos homens e às mulheres são muito diferentes. Esses pais costumam exercer uma ação afirmativa à sua própria maneira. Considere os seguintes fatos:

- As mulheres são 46% da força de trabalho na América, mas representam menos de 20% dos indivíduos que ganham US$100.000 ou mais por ano. Em 1980, menos de quarenta mil mulheres tinham uma renda anual de US$100.000 ou mais. Em 1995, cerca de quatrocentas mil mulheres estavam nessa categoria de renda. Isso significa um aumento de dez vezes. No ano 2000, mais de seiscentas mil mulheres terão uma renda de seis dígitos ou mais. Mas mesmo assim, tal como em 1995, haverá cinco homens para cada mulher nessa categoria de renda.

- As mulheres fizeram progressos significativos quanto à proporção de formadas em universidades. Em 1970, por exemplo, apenas 8,4% dos formados em medicina eram mulheres. Em 1995, quase 40% eram mulheres. Em 1970, as mulheres eram 6% dos formados em direito; e em 1995 elas constituíam quase 45%. Uma ocupação de alto *status*, porém, não se traduz automaticamente numa alta renda. Uma recente manchete do censo dizia: "Diferenças de renda [em 1995] continuam aparentes *mesmo* para os profissionais graduados". Nesse aspecto, lembramos que em 1995 as mulheres profissionais liberais ganhavam menos da metade dos homens profissionais (49,2%).

- Como se comparam os salários dos homens e das mulheres nas ocupações geradoras de mais alta renda? Veja os resultados da nossa análise na Tabela 6-3. Em todas as vinte ocupações geradoras de mais alta renda, as mulheres ganham, em média, significativamente menos do que seus colegas homens. Por exemplo, as mulheres médicas ganham apenas 52% do que ganham os homens médicos, as dentistas ganham 57,4% do que ganham os dentistas, as podólogas ganham 55% do que ganham seus colegas homens, e as advogadas, 57,5% do que ganham os advogados.

- Em 1980, cerca de 45% das mulheres com renda de seis dígitos ou mais não trabalhavam. As demais, 55%, ganhavam US$100.000 ou mais por meio de seus empregos. Essas porcentagens não mudaram consideravelmente desde 1980, e tampouco tendem a mudar até o ano 2005. Em forte contraste, quase 80% dos homens na América que ganham US$100.000 ou mais estão empregados. A maior parte dos outros 20% têm mais de sessenta anos de idade e são aposentados.

- A vasta maioria das mulheres que não trabalha e tem renda anual de US$100.000 ou mais herdou seu dinheiro e/ou recebeu presentes financeiros substanciais dos pais, avós e/ou maridos. Sua renda, tipicamente, é gerada a partir de juros, dividendos, ganhos de capital, aluguéis e assim por diante.

- As mulheres possuem quase um terço dos pequenos negócios na América. Contudo, cerca de 2/3 dessas firmas têm um faturamento anual de menos de US$50.000.

- As mulheres que trabalham têm uma probabilidade mais de quatro vezes maior de deixar seu emprego do que os homens que trabalham.

Os dados objetivos não deixam dúvidas. Na América, as chances são contra as mulheres para ganharem uma renda alta. Decerto, parte dessa variação na renda pode ser explicada por desvios no mercado de trabalho. Mas esses desvios por si só não explicam plenamente o fato de que há cinco homens para cada mulher no 1% superior da distribuição da renda ganha. Será que a tendência dos pais abastados de financiarem suas filhas está ajudando a perpetuar essa desigualdade?

As filhas de casais abastados costumam não ter uma carreira própria. Por quê? Nos últimos vinte anos, a população abastada típica foi composta de um só tipo de domicílio: mais de 80% são casais com filhos, onde a esposa não trabalha em tempo integral. Que mensagem isso envia às filhas desses casais? Em palavras simples: "Mamãe não trabalhou (e o casamento sobreviveu), de modo que talvez seja melhor eu também não trabalhar". É difícil argumentar contra essa lógica. Na verdade, o sistema familiar tradicional dos abastados funciona muito bem. Os casais abastados têm uma taxa de divórcio que é menos da metade da norma geral do país.

O sistema "papai trabalha, mamãe é mãe e faz tudo pela família" com freqüência é copiado pelas filhas desses casamentos. Na verdade, muitos pais abastados incentivam suas filhas a não trabalhar, a não ter uma carreira própria e a não alcançar a independência econômica e psicológica. Os

TABELA 6-3

GANHOS ANUAIS MÉDIOS: HOMENS *VERSUS* MULHERES NAS VINTE PRINCIPAIS OCUPAÇÕES GERADORAS DE ALTA RENDA

Profissão	Renda anual, tempo integral - total	Renda anual, tempo integral - homens	Renda anual, tempo integral - mulheres	Diferença entre os sexos	Renda das mulheres como porcentagem da renda dos homens
Médicos	US$120.867	US$132.166	US$68.749	US$63.417	52,0
Podólogos	US$90.083	US$94.180	US$51.777	US$42.403	55,0
Advogados	US$86.459	US$94.920	US$54.536	US$40.384	57,5
Dentistas	US$85.084	US$88.639	US$50.919	US$37.720	57,4
Professores de medicina	US$82.766	US$91.236	US$48.801	US$42.435	53,5
Professores de direito	US$76.732	US$85.376	US$51.727	US$33.649	60,6
Vendas de ações e de serviços financeiros	US$67.313	US$78.097	US$37.695	US$40.402	48,3
Técnicos em diagnóstico de saúde	US$66.546	US$76.139	US$33.718	US$42.421	44,3
Optometristas	US$62.556	US$64.988	US$42.659	US$22.329	65,6
Atuários	US$61.409	US$71.028	US$40.219	US$30.809	56,6
Juízes	US$60.728	US$65.277	US$43.452	US$21.825	66,6
Pilotos e co-pilotos de avião	US$57.383	US$58.123	US$32.958	US$25.165	56,7
Veterinários	US$56.451	US$62.018	US$35.959	US$26.059	58,0
Engenheiros petrolíferos	US$55.788	US$56.653	US$43.663	US$12.990	77,1
Analistas empresariais	US$54.436	US$62.588	US$36.574	US$26.014	58,4
Professores de economia	US$52.862	US$57.220	US$38.884	US$18.336	68,0
Gerentes e administradores assalariados	US$52.187	US$61.152	US$30.378	US$30.774	49,7
Físicos e astrônomos	US$52.159	US$53.970	US$38.316	US$15.654	71,0
Gerentes, profissionais de marketing, publicidade e relações públicas	US$51.879	US$58.668	US$35.227	US$23.441	60,0
Engenheiros nucleares	US$50.492	US$51.313	US$36.513	US$14.800	71,2

Fonte: Banco de dados de 1996 do Affluent Market Institute Database e U.S. Census of Occupations (1990).

pais abastados instilam essa característica de "dependência" em suas filhas ao longo do tempo, por meio de dicas sutis. Muitos transmitem às suas filhas mensagens deste tipo:

> *Não se preocupe... Se você não quiser ter uma carreira própria, não precisa se preocupar com dinheiro. Nós vamos ajudá-la financeiramente... Mas se você tiver uma carreira... se realmente tiver grande sucesso... e se tornar independente, você não receberá de nós nem herança nem doações financeiras substanciais.*

Os Fracos e os Fortes

Anna e Betty: Donas de Casa e Filhas

Anna tem 35 anos. É a filha mais jovem de um casal que chamaremos de Robert e Ruth Jones. Seus pais são milionários. O sr. Jones possui e dirige várias empresas de distribuição. A sra. Jones é uma dona de casa tradicional. Nunca terminou a faculdade e nunca teve um emprego fora de casa. Contudo, é ativa em várias causas nobres na sua comunidade. Quando seus filhos eram pequenos, ela participava ativamente da Associação de Pais e Mestres.

Sua filha Anna é muito franca sobre sua relação com os pais:

> *Seria tão fácil... pegar dinheiro dos meus pais... para pagar a casa, a mensalidade de escolas particulares... Mas tudo sempre implica certas condições... Minha irmã [Betty, 37 anos] aprendeu isso... Ela não tem vida própria... Ela já aprendeu que essa "assistência social" tem um preço: fazer as coisas da maneira como minha mãe quer.*

Anna compreendeu muito cedo os componentes dessa equação do controle dos pais. Logo que se casou, ela e seu marido procuraram emprego em outra cidade. Ela se isolou da influência dos pais ficando a mais de 1.500 km de distância deles.

Anna desistiu da sua própria carreira depois do nascimento do segundo filho. Mas, ao contrário da sua irmã Betty, nunca aceitou PSE dos pais. Ela percebeu o custo verdadeiro da dependência observando a experiência da irmã.

Segundo Anna, Betty vive com sua família numa "casa subsidiada". O sr. e a sra. Jones fizeram um volumoso pagamento como entrada na casa. Eles também doam milhares de dólares por ano a Betty para despesas domésticas. A cada ano, no Natal, ela recebe dos pais US$20.000 em dinheiro. Betty mora a menos de três quilômetros de distância dos pais. (Uma das maneiras comprovadas de os pais dominadores controlarem seus filhos adultos é morar perto deles.) Anna relata que há certa confusão acerca da propriedade da casa entre Betty e seus pais. Parece que a mãe está sempre na casa de Betty – com ou sem convite. E a mãe influiu mais na escolha da casa do que a própria Betty.

Betty se casou e teve filhos antes de terminar a universidade. Depois de casar, ela e seu marido moraram com os pais dela por três anos. Isso deu ao marido dela a oportunidade de terminar a universidade. Durante todo esse tempo, nenhum dos dois trabalhou, nem mesmo em tempo parcial.

O marido de Betty terminou a universidade e aceitou um cargo administrativo numa empresa regional, mas depois de menos de dois anos sua posição foi eliminada. Aceitou, então, a posição de vice-presidente administrativo na firma do sogro. Segundo Anna, "vice-presidente administrativo" foi um novo título para o cargo. O título anterior era "gerente operacional". Mas, como explicou Anna, o emprego paga muito bem, e "dá para aproveitar um pacote esplêndido de benefícios extras".

Nessas condições, é difícil para Betty e seu marido criarem autoconfiança. Os pais de Anna, especialmente o pai, não têm respeito pelo marido de Betty. Segundo Anna, eles sempre acharam que ele era inferior a Betty, tanto do ponto de vista econômico como social e intelectual. Eles demonstram muito mais respeito pelo marido de Anna, que se formou com distinção numa universidade de prestígio e conseguiu um mestrado com grau A aos 24 anos de idade. Robert e Ruth estão sempre falando aos seus amigos e parentes sobre as grandes realizações do "marido da nossa Anna".

Robert e Ruth estenderam um tapete vermelho para o futuro marido de Anna logo da primeira vez que este foi visitá-los. Ficaram impressionados com suas credenciais acadêmicas. Anna contou que durante essa breve visita, o marido de Betty, que na época morava com os sogros, agiu mais ou menos como um garçom. Por exemplo, Robert, o sogro, mandava o genro preparar e servir os drinques e aperitivos. Certa noite, depois de alguns coquetéis, Robert se referiu ao genro como "um palhaço". Anna e seu noivo ficaram chocados. Esse tratamento causou uma impressão duradoura no jovem casal. Anna prometeu a si mesma que ela e seu marido jamais se tornariam "palhaços" aos olhos dos pais. Até hoje ela mantém a promessa. Isso apesar de os pais de Anna a pressionarem sem cessar para aceitar sua ajuda econômica. Em contraste, Robert e Ruth estão sempre pedindo ao marido de Betty que faça pequenos serviços para eles. Ele é tratado mais como motorista e pau-para-toda-obra do que como o marido de sua filha mais velha. Por que o marido de Betty tolera essa situação? Porque foi condicionado a isso. Ele e Betty têm um estilo de vida de alto consumo, coerente com o dos sogros. Contudo, sua capacidade de manter esse estilo de vida depende do fato de serem controlados. Robert e Ruth já passaram uma mensagem básica para Betty, nem tanto em palavras, mas em atos:

> *Betty, você e seu marido, sozinhos, não são capazes de gerar renda suficiente para manter a sua situação na vida. Vocês são economicamente deficientes. Vocês precisam do nosso* PSE *especial.*

Será que Robert e Ruth têm razão quando acham que Betty e seu marido seriam incapazes de se arranjar na vida sem ajuda? Uma terceira pessoa, olhando objetivamente, poderia imaginar que sim. Mas o que essa pessoa diria se examinasse a situação desde a origem? Poderia concluir que Robert e Ruth fizeram um esforço especial para provar que sua premissa estava certa. Depois de alguns anos recebendo PSE agressivo e sufocante, Betty e seu marido já perderam grande parte de sua independência, ambição e autoconfiança econômica. Ninguém pode saber se esse casal poderia ter funcionado produtivamente se fosse deixado por sua própria conta. Betty e seu marido nunca tiveram essa oportunidade.

O papel dos pais esclarecidos é fortalecer os fracos. Robert e Ruth fizeram exatamente o oposto. Eles enfraqueceram os fracos, e continuam a fazer isso até hoje. Também não é surpresa que nunca tenham reconhecido o papel que tiveram em causar a dependência de Betty e seu marido. Hoje, Anna tem certo ressentimento, até mesmo amargura, em relação aos pais. Ela acha que eles são responsáveis por terem criado a dependência econômica e emocional que sua irmã e cunhado precisam enfrentar todos os dias. Anna aprendeu muito com a experiência de Betty e seu marido.

Anna é especialmente sensível quanto ao papel dos pais ao usurpar o controle dos filhos da sua irmã. Fazendo isso, os erros do passado só podem ser repetidos. Anna só desejaria que seus pais tivessem seguido algumas regras simples sobre como criar os filhos para que sejam independentes. Hoje eles já não podem fazer isso. Mas Anna pode. Para ela, não é tarde demais. Ela jamais permitirá que seus pais controlem qualquer parte da sua vida, nem da vida de seu marido e de seus filhos.

Sarah Cinderela

Sarah é uma executiva de cinqüenta e tantos anos. Seus pais eram ricos. O pai abriu seu próprio negócio quando ela era bem jovem. Quando nós a entrevistamos, Sarah foi extremamente franca sobre seu relacionamento com o "Papai" e com sua irmã.

O pai de Sarah era uma pessoa de opiniões fortes. Suas convicções sobre o papel da mulher na sociedade eram contrárias às de Sarah. Ele achava que as mulheres devem ser educadas nas belas artes e depois casar, ter filhos e nunca trabalhar fora. Segundo os ditames de Papai, a mulher não deve ter uma carreira própria. Ela deve apoiar o marido, até mesmo ser subserviente a ele.

Quando adolescente, Sarah gostava de debater com Papai sobre diversos assuntos, inclusive sobre o papel das mulheres liberadas na nossa cultura. Muitas vezes esses debates viravam discussões centradas em como Sarah iria passar o resto da sua vida. Papai costumava ameaçar sua filha desafiadora com a perda de apoio financeiro para sua educação universitária, a perda do dote e assim por diante.

Apesar dessas ameaças, Sarah saiu de casa quando ainda jovem. Papai cumpriu a promessa e retirou todo o apoio financeiro. Contudo, Sarah nunca perdeu sua determinação de se tornar independente dos pais, tanto financeira como emocionalmente. Depois de sair de casa, tornou-se revisora de uma grande editora. Durante sua carreira na área editorial, alcançou uma posição muito elevada. Acabou se casando, mas só depois que sua carreira já estava bem estabelecida.

Sarah era bem diferente de sua irmã Alice. Ao contrário de Sarah, Alice, uma dona de casa do Tipo B, cumpriu o papel que Papai lhe tinha determinado. Era uma verdadeira "filhinha de papai". Casou-se com um homem de posição social mais baixa que a sua e com grande propensão para gastar mas pouca para ganhar. Em vista disso, Papai colocou Alice, seu marido gerador de baixa renda e os três filhos do casal aos cuidados do seu PSE. Papai nunca permitiu que sua filha preferida morasse numa casa ou num bairro que não estivesse à altura da imagem que ele próprio fazia de uma família de classe média alta. Deu altos subsídios para a compra de uma casa e acessórios para Alice e sua família. Todos os anos, a "filhinha de papai" recebia doações monetárias significativas, assim como presentes sob a forma de ações.

Em vista desses subsídios generosos, seria de se esperar que a "filhinha de papai" tivesse acumulado considerável riqueza. Na verdade, ela e o marido acumularam muito pouco dinheiro durante todos os anos que estiveram recebendo PSE. Seu sistema de orçamento era muito simples: gaste mais do que você ganha, e mais do que você recebe em presentes monetários. O que faltar fica por conta do Papai.

Durante todo esse tempo, sua irmã Sarah, como muitos executivos (veja a Tabela 6-4), não recebeu nenhum PSE do Papai. Em vez disso, foi castigada pela audácia de violar as rígidas normas que Papai havia estabelecido.

Quando Papai faleceu, Alice não recebeu mais nenhum PSE anual, apesar de que, sendo a filha predileta, recebeu o grosso do que sobrara do dinheiro dele. Sarah recebeu uma quantia muito menor. Na verdade, ela ficou até surpresa por ter recebido uma parte do espólio paterno, pois ele havia lhe dito, pouco antes de morrer, que ela "receberia muito menos do que a irmã". Para ele, essa filha liberada e independente tinha muito menos necessidade de uma herança do que a irmã, uma dona de casa do Tipo B.

Não demorou muitos anos para que Alice, a filha predileta, e seu marido, gastassem quase todo o dinheiro do Papai. Logo depois, Alice faleceu. Como foi que seus filhos sobreviveram? O pai deles não tinha renda suficiente para manter seu estilo de vida de classe média alta. Quem os sustentou? Quem financiou a educação universitária deles? Quem mais, senão sua tia Sarah, a que não recebeu nenhum PSE, a semi-deserdada Sarah Cinderela. Durante todos os anos em que seu pai sustentou sua irmã, Sarah nunca se endureceu nem demonstrou nenhuma animosidade para com Alice. Nunca se esqueceu de lhe mandar um presentinho de aniversário e nem de mandar presentes de Natal e aniversário para os filhos de Alice. Na verdade, Sarah é uma mulher muito bem-sucedida, independente e de bom coração.

Hoje, Sarah é milionária. É a encarregada das finanças de sua própria família e está atualmente estabelecendo fundos para os filhos e os futuros netos de sua irmã. Sarah crê que isso é importante. Em relação às filhas de Alice, ela nos disse: "Elas não sabem nada sobre dinheiro". Como poderiam saber? O modelo delas foi seus pais, típicos SAR.

Sarah é uma PAR. Até hoje ela é frugal e muito bem disciplinada como consumidora. Seu patrimônio líquido é muitas vezes mais alto do que seu salário anual como executiva. Ela nos disse:

TABELA 6-4

EXECUTIVOS DE CORPORAÇÕES – DOAÇÕES E HERANÇAS: CONTRASTES ENTRE OS FILHOS ADULTOS DOS ABASTADOS

Propensão para receber doações/herança	Motivo para conceder doações/oferecer herança	"Posição" do filho/filha em relação aos pais	Estágio em que o filho/filha provavelmente receberá doações/herança	Forma/tipo das doações/da herança
Os executivos de corporações têm uma probabilidade significativamente menor do que a norma entre todos os filhos dos afluentes de receber uma herança dos pais.	Os jovens executivos costumam demonstrar maturidade antes dos outros. Assim, seus pais se sentem bem não lhes oferecendo presentes monetários significativos.	Não é claro se os executivos de corporações são mais "próximos" dos pais do que outros tipos de filhos dos abastados. Contudo, alguns dados sugerem que eles tendem a ser bastante distantes, tanto em termos de interação como de local de residência.	Se é que os executivos recebem algum presente, em geral isso ocorre no início da idade adulta. No meio ou no final da fase adulta, sua probabilidade de receber tais doações é significativamente menor.	Os executivos que ganham herança dos pais em geral recebem dinheiro/bens financeiros.
Sua propensão para receber presentes financeiros anuais dos pais é significativamente inferior à média para todos os filhos adultos dos abastados.	Os pais abastados costumam achar que seus filhos/filhas de meia-idade que são executivos têm pouca necessidade de PSE/presentes monetários ou herança.			As doações monetárias para a compra de uma primeira casa costumam derivar de um "fundo para educação universitária" que foi estabelecido pelos pais e teve uma sobra substancial.

As pessoas ficariam assombradas se soubessem quanto dinheiro eu já acumulei... Eu sei como segurar o dinheiro.

Tal como muitas pessoas ricas, Sarah está subsidiando a renda de outras pessoas, produtos de pais que acumularam de menos e consumiram demais.

As pessoas costumam nos perguntar como é possível que filhos dos mesmos pais possam ser tão diferentes quando se trata de acumular dinheiro. Como é possível que Sarah e sua irmã fossem tão diferentes? Estamos convencidos que algumas diferenças existem desde o nascimento. Porém, grande parte da diferença pode se explicar pelas variações da maneira como os pais se relacionam com cada um dos filhos.

Papai incentivou Sarah a se tornar uma prodigiosa acumuladora, ao mesmo tempo que incentivava o traço de caráter oposto em sua irmã. Basicamente, ele fortaleceu a filha forte e enfraqueceu a filha fraca. Quando Sarah saiu de casa, ela cortou os laços. Nunca mais recebeu subsídios. Não teve escolha, senão aprender a "pescar" por si mesma. E aprendeu sozinha muito bem. Ao mesmo tempo, sua irmã ia se tornando cada vez mais dependente do dinheiro do pai.

Sarah tinha pena dos pais, em especial do pai. Ele se sacrificara e trabalhara com extremo afinco para se tornar um negociante abastado. O pai estava decidido a que seus filhos não tivessem de trabalhar tanto e nem enfrentar os riscos de "se arranjarem sozinhos". Porém, a capacidade e a disposição para trabalhar duro e para assumir riscos e sacrifícios foram exatamente as qualidades que o tornaram um empresário abastado e bem-sucedido. Mas, de algum jeito, assim como acontece com muitos milionários, ele simplesmente se esqueceu de como se tornou rico.

Muitos pais dizem que não há nada de errado em oferecer ajuda econômica. Talvez isso seja verdade se os filhos que recebem auxílio já são bem disciplinados e já demonstraram que são capazes de gerar uma vida decente sem o dinheiro alheio. Por exemplo, que efeito teria exercido sobre Sarah se ela, depois de ter aprendido sozinha a ter sucesso e a brilhar no seu campo de atuação, tivesse aceitado algum auxílio econômico? A resposta é: provavelmente, muito pouco. Nessa época, ela já tinha suficiente maturidade e força de caráter para lidar com o dinheiro, quer fosse seu ou alheio.

A verdadeira tragédia é o desamparo dos que passam a depender do PSE. Sem a generosidade da tia Sarah, suas sobrinhas de certo estariam aterrorizadas com o futuro. Para sorte delas, tia Sarah está ajudando. Mais prudente que seu Papai, ela vai providenciar fundos para o futuro dessas jovens. Esse apoio financeiro irá beneficiá-las muito mais a longo prazo do que fariam os presentes monetários substanciais. Algumas quantias nesses fundos que a tia Sarah está estabelecendo para as sobrinhas já estão reservadas para a educação. O resto só será distribuído quando essas jovens tiverem demonstrado considerável maturidade. Sarah define a maturidade como a capacidade comprovada de ganhar uma vida de bom nível. Sua intenção não é criar mais uma geração de "irmãs fracas". Mesmo assim, Sarah é muito realista quanto às filhas de sua irmã. Ela percebe que é muito difícil para os adolescentes mudarem de orientação. Não se sabe se suas sobrinhas adolescentes algum dia se tornarão mulheres fortes e independentes como ela. Talvez seja tarde demais. Talvez elas já tenham se socializado demais no estilo de vida consumista e dependente que tiveram em casa. Felizmente, Sarah é um modelo forte. Ela tem confiança de que pode ter um impacto positivo no comportamento e na personalidade de suas sobrinhas. E mais: a compaixão e o amor que ela dedica a suas sobrinhas não podem ser medidos em dólares.

O que Sarah realmente queria do seu Papai? Muito mais do que dinheiro: queria que ele a amasse e reconhecesse suas esplêndidas realizações. Hoje Sarah tem poucos remorsos. Ela nunca fala do passado, exceto para mencionar seu pai. Embora continue achando que nunca foi reconhecida por ele, diz que tirou o máximo proveito dessa necessidade. Grande parte da sua ambição e motivação provêm da necessidade de que suas realizações sejam reconhecidas pelos outros. O mesmo acontece com muitas Cinderelas que transformam uma adversidade na juventude numa vida de realizações.

O Filho Adulto Desempregado

Assim como as donas de casa do Tipo B, os filhos adultos desempregados têm uma probabilidade significativamente maior de receber presentes anuais em dinheiro dos pais do que seus irmãos e irmãs que trabalham. Na verdade, nossas constatações em relação à incidência dos presentes recebidos, assim como à quantia real em dólares, provavelmente estão *subestimadas*, já que cerca de um em cada quatro filhos homens (de 25 a 35 anos de idade) reside com seus pais abastados. Alguns que responderam nosso questionário não perceberam essa situação de moradia como um presente financeiro. Aliás, os filhos adultos homens têm mais de o dobro da probabilidade de morar na casa dos pais do que as filhas adultas.

Com freqüência, os desempregados têm uma longa história de entrar e sair de empregos. Outros são os chamados "estudantes profissionais". É típico que seus pais considerem que esses filhos necessitam do dinheiro mais que seus irmãos e irmãs, tanto agora como no futuro. Assim, os desempregados têm mais de o dobro da probabilidade de seus irmãos e irmãs que trabalham de receber uma herança.

O filho adulto nessa categoria, freqüentemente, mantém laços emocionais e econômicos com seus pais. Tem uma probabilidade significativamente maior de morar bem próximo dos pais – às vezes, na mesma rua, ou até na mesma casa. Não é raro, em especial entre filhos adultos desempregados, agir como garoto de recados, auxiliar ou pau-para-toda-obra.

O adulto desempregado costuma receber seu primeiro presente monetário quando dá sinais de que é incapaz de manter um emprego de período integral, ou não está interessado em mantê-lo. Alguns jovens adultos que recebem presentes monetários substanciais voltam a morar na casa dos pais depois de se formarem na universidade. Outros recebem presentes monetários substanciais para moradia, alimentação, roupas, educação e transporte. Muitos pais também pagam planos de saúde e tratamentos médicos. Muitos desses presentes monetários são sobras de fundos destinados a uma educação universitária. Quando o filho adulto decide não continuar os estudos, em geral sobra uma quantia substancial que legalmente lhe pertence. Esse dinheiro costuma ser usado para ajudá-lo a manter um estilo de vida confortável.

O desemprego no início da idade adulta está relacionado com o desemprego em fases posteriores da vida. Muitos filhos e filhas desempregados de meia-idade continuam recebendo subsídios monetários diretos, geralmente todo ano. Mais ainda, a incidência do desemprego está associada a presentes maiores e mais freqüentes. Esses filhos adultos também têm mais probabilidade do que seus irmãos e irmãs, que trabalham, de receber uma herança sob a forma de imóveis.

Antes e Depois de Você Partir

Em uma de nossas entrevistas de grupo, pedimos a uma recrutadora que nos arranjasse de oito a dez milionários para uma sessão de três horas. Todos deviam ser PAR e ter um mínimo de US$3 milhões de patrimônio líquido. Também exigimos que esses milionários tivessem no mínimo 65 anos de idade. Cada um iria receber US$200 pela participação.

Dois dias antes da entrevista, nove milionários haviam sido recrutados. Mas na manhã da entrevista, nossa recrutadora nos telefonou para dizer que um deles não poderia participar, mas ela tentaria encontrar um substituto. Apenas uma hora antes da entrevista, ela nos telefonou de novo para dizer que tinha encontrado um candidato de 62 anos de idade. Era um proprietário de empresa com uma alta renda, mas que não se encaixava na estrita definição de PAR. Mesmo assim, concordamos em incluí-lo – uma decisão que acabou se revelando afortunada.

Esse substituto, o sr. Andrews, não ficou sabendo com antecedência que os outros participantes eram abastados. Talvez por isso foi o primeiro a se vangloriar de que estava "muito bem financeiramente". Na verdade, o sr.

Andrews tinha uma renda alta, mas um patrimônio líquido relativamente pequeno. Era um clássico SAR, na aparência e no comportamento. Usava pulseiras de ouro nas duas mãos, um relógio incrustado de diamantes e vários anéis. Quando começou a contar sua história para o grupo, transbordava de autoconfiança. Porém, depois de três horas de conversa com oito homens mais prudentes do que ele, seu comportamento mudou. Sua autoconfiança foi murchando à medida que a entrevista progredia. Acreditamos que naquele dia o sr. Andrews aprendeu algumas lições importantes sobre planejamento financeiro e distribuição intergeracional da riqueza.

O sr. Andrews nos disse que estava bem de vida e já havia alcançado seus objetivos financeiros. Mas, quando questionado, não conseguiu articular quais eram esses objetivos. Boa parte do seu plano consistia em ganhar uma alta renda. E ele sempre achou que "a maioria dos outros elementos" do seu plano financeiro "iriam acabar dando certo por si mesmos". Nós já entrevistamos muitos SAR como o sr. Andrews. Qualquer que seja a pergunta que lhes façamos sobre seus objetivos financeiros, suas respostas são previsíveis:

Você sabe quantas celebridades moram no meu bairro?

Eu ganho muito dinheiro.
Moro a duas casas de distância de um astro do rock.

Minha filha se casou com um sujeito que ganha um salário colossal.

O que os SAR como o sr. Andrews costumam ressaltar quando nos falam sobre si mesmos? Sua renda, seus hábitos de consumo e seus artigos de alto *status*. Os PAR, porém, falam de suas realizações, tais como uma bolsa de estudos que ganharam ou a maneira como construíram seus negócios desde a estaca zero. Você notará que o sr. Andrews, o SAR, tem uma orientação financeira muito diferente dos oito PAR que participaram da nossa entrevista.

Vários dos respondentes mais idosos refletiram detalhadamente sobre suas experiências. Mas essas informações não teriam fluído com tanta facilidade se não fossem os comentários iniciais feitos pelo sr. Andrews. As opiniões dele, tão diferentes das demais, incentivaram uma troca de idéias que acabou com os PAR oferecendo valiosos conselhos sobre temas como: doações e presentes, escolha dos testamenteiros, conflitos entre herdeiros, fundos para o futuro e os prós e contras de "querer controlar os filhos e os netos lá do túmulo". Começamos nossa entrevista perguntando:

O senhor poderia nos contar algo sobre si mesmo?

Todos os nove se apresentaram brevemente. Uma resposta típica:

> *Meu nome é Martin. Estou casado com minha mulher há 41 anos. Tenho três filhos. Um é médico, outro é advogado e outro é executivo. Temos sete netos. Há pouco tempo vendi minha empresa. Agora participo de várias organizações religiosas e duas que ajudam os jovens a iniciar seus negócios.*

Todos os respondentes atualmente possuem e dirigem seus próprios negócios, ou haviam se aposentado pouco depois de vender seus negócios. Todos, exceto o sr. Andrews que tinha 62 anos, estavam na faixa dos 65 até setenta e tantos anos. Depois que os respondentes se apresentaram brevemente, passaram a conversar sobre seus objetivos financeiros. O primeiro a responder foi o sr. Andrews:

> *Ter meu próprio negócio, trabalhar sozinho... Quando acordo, cada dia é um desafio... Eu planejo meu trabalho... e trabalho conforme o meu plano. É por isso que meus negócios vão bem.*

O sr. Andrews falou sobre suas atuais doações e sobre como sua riqueza iria ser distribuída no futuro:

Tenho um genro médico... o outro é advogado. Eles estão bem [geram alta renda]. Os dois estão na faixa mais alta do imposto de renda... Eles não precisam do meu dinheiro.

Mas as esposas deles, as minhas meninas... as minhas filhas precisam. São gastadoras.... Eu estraguei as meninas completamente, e agora estou pagando por isso... Elas me telefonam e me pedem para comprar um piano para os filhos... lá vou eu e compro um piano... Bicicletas, festas de aniversário... eu pago também. Eu gosto de dar dinheiro para elas.

Minhas filhas são as beneficiárias de todas as minhas apólices de seguro de vida, mais que o suficiente para dar conta de todos os impostos e despesas relacionados com o meu espólio. As meninas vão ficar com o que sobrar.

Depois que eu for-me embora, para mim não faz diferença como elas vão dispor do meu dinheiro... Elas podem guardar tudo, ou gastar tudo jogando cartas... só quero que elas sejam felizes.

"Felizes" para o sr. Andrews significa ter dinheiro para gastar. E seu orgulho é ter filhas que são casadas com geradores de alta renda. Ele falou repetidas vezes sobre esses tópicos.

Sentado ao lado do sr. Andrews estava o sr. Russell, um cavalheiro aposentado, muito rico, que há pouco havia vendido sua indústria. Logo depois que o sr. Andrews reconheceu que estragou suas filhas, o sr. Russell pediu a palavra e fez a seguinte declaração:

Tenho três filhas... Todas têm uma carreira. As três estão trabalhando... Todas estão felizes. Todas moram muito longe daqui. Elas têm a vida delas para viver... Não estou preocupado em pagar pelo futuro delas... Elas tampouco. Nós nunca falamos sobre isso. Mas vai haver uma grande quantia... Tenho certeza que muita coisa vai sobrar depois que eu me for.

Outro pesquisado, sr. Joseph, concordou de cabeça e afirmou:

> *Nós temos duas filhas. Uma é vice-presidente de uma grande empresa e a outra é cientista... Temos muito orgulho delas... Elas vão ficar bem garantidas. Mas nós não passamos muito tempo pensando no meu espólio.*

O sr. Russell e o sr. Joseph têm a fórmula correta. *Se você é rico e quer que seus filhos se tornem adultos felizes e independentes, minimize as discussões e os comportamentos que se concentram em receber dinheiro de outras pessoas.*

Em seguida, um dos outros pesquisados perguntou ao sr. Andrews sobre o destino dos seus negócios. Seus comentários geraram uma série de observações interessantes dos membros mais velhos do grupo. O sr. Andrews afirmou:

> *Todo o dinheiro que venho ganhando no meu negócio eu dedico às minhas filhas e aos meus netos... Eu não preciso do dinheiro. As crianças podem usá-lo. Eu dou o máximo dentro dos limites da lei.*

O que o sr. Andrews planeja fazer com sua empresa? Será que ele vai acabar vendendo tudo? Vai dar para os filhos dirigirem? Ou tem alguma outra idéia em mente?

> *Tenho um acordo com meu filho mais velho, Billy. Ele precisa pagar uma quantia X de dólares a cada ano... e vai acabar ficando com a empresa.*

Vários participantes do grupo questionaram esse plano, pois é claro que aí existe um potencial para criar um conflito entre os filhos do sr. Andrews. Sua empresa atua na área de serviços e distribuição; não tem muito valor, a menos que continue a ser dirigido pela família Andrews. Em outras palavras, se Billy Andrews não conseguir manter a empresa funcionando, não haverá empresa alguma. Um dos participantes perguntou:

Sua empresa teria um valor significativo se o senhor a colocasse à venda hoje?

O sr. Andrews reconheceu que não. Nesse caso, por que ele está exigindo que seu filho mais velho e principal funcionário compre a firma? Por que ele não dá a firma para o filho? Lembre-se, o sr. Andrews dá todos os lucros da empresa para as filhas. E também planeja dar a elas tudo o que receber pela venda da firma – o dinheiro que seu filho Billy pagar por ela. Mais ainda, as filhas do sr. Andrews já recebem presentes monetários consideráveis do pai. Billy, porém, não recebe. Na avaliação do pai, Billy não precisa de subsídios. Ele é extremamente produtivo para gerar renda. Sempre seria capaz de "carregar muita coisa nos ombros". Por outro lado, o sr. Andrews acha que suas filhas, por si mesmas, não têm capacidade para manter um estilo de vida de classe média alta. Mas o que dizer dos seus genros, ambos geradores de alta renda?

Na cabeça do sr. Andrews, seus genros nunca irão gerar uma renda suficiente para sustentar os hábitos de alto consumo das "meninas". Ele também nos disse:

Nunca se pode confiar plenamente num genro... O divórcio é sempre uma possibilidade.

E que dizer do futuro PSE para as filhas? Billy, o substituto do sr. Andrews, dará a solução para este problema. O plano do sr. Andrews exige que Billy faça pagamentos a suas irmãs durante vários anos depois da sua morte. O dinheiro para esses pagamentos anuais virá dos lucros da "sua empresa". Isso é raro? Não. Negociantes, empresários e médicos muitas vezes se encontram numa situação semelhante (veja as Tabelas 6-5 e 6-6).

Resumindo, Billy será solicitado a dar altos subsídios para financiar o estilo de vida de suas irmãs, que se baseia no consumo ostensivo. O sr. Andrews tem "bastante certeza" de que Billy irá realizar os seus desejos. Talvez ele realize. Mas como você reagiria a esse plano se fosse a esposa de Billy? Pense um momento. Seu marido está pagando pelos gastos das irmãs dele – roupas caras, automóveis de luxo, férias e assim por diante. A maioria dos cônjuges acha que a caridade começa em casa. Note que são os cônjuges que costumam iniciar os conflitos de família relativos às desigualdades na distribuição da riqueza.

Os outros participantes não criticaram diretamente o plano do sr. Andrews. Quando cada um deles falava, olhava para o grupo em geral e não para o sr. Andrews. Mas foi ficando cada vez mais claro, à medida que a conversa progredia, que os outros achavam que o Plano Andrews deixava muito a desejar.

Um cavalheiro mais velho refletiu sobre uma situação semelhante:

Conheço um filho que ficou impaciente com o pai. Ele queria assumir os negócios, mas não queria esperar que o pai falecesse. Assim, abriu sua própria firma e acabou competindo com a firma do pai.

O sr. Andrews rapidamente revidou:

Meu filho já assinou um contrato que o obriga a não competir comigo... Em família tudo se baseia na confiança, não é mesmo?

Os participantes ficaram refletindo um momento. Talvez o sr. Andrews já estivesse com dúvidas sobre seu grande plano.

Logo depois que o sr. Andrews fez esse comentário, revelou que seus filhos eram os seus testamenteiros. O sr. Harvey então levantou a mão e pediu a palavra. Ficamos contentíssimos. O sr. Harvey era o mais velho e o mais abastado do grupo. Começou observando a importância de promover a harmonia entre os herdeiros. E, segundo ele, a escolha do(s) testamenteiro(s) de um espólio é crítica nesse aspecto. O sr. Harvey já tinha servido de testamenteiro ou co-testamenteiro de vários espólios. Compreendia muito

TABELA 6-5

EMPRESÁRIOS – DOAÇÕES E HERANÇAS: CONTRASTES ENTRE OS FILHOS ADULTOS DOS ABASTADOS

Propensão para receber doações/herança	Motivo para conceder doações/oferecer herança	"Posição" do filho/filha em relação aos pais	Estágio em que o filho/filha provavelmente receberá doações/herança	Forma/tipo das doações/da herança
Os empresários têm menos probabilidade do que a norma para todos os filhos dos afluentes de receberem doações em dinheiro ou herança de seus pais. Apenas uma pequena minoria de empresários herda os negócios da família. Em geral, eles iniciam seu próprio negócio.	Os pais costumam oferecer capital inicial para seus filhos/filhas com vocação empresarial e que desejam iniciar seu próprio negócio. Os empresários têm muito menos probabilidade de receber qualquer doação monetária/herança assim que começam a ser considerados bem-sucedidos. Os pais costumam concluir que os empresários não precisam de PSE. Os filhos e/ou filhas com vocação empresarial têm os mais altos níveis de renda/patrimônio líquido entre todas as categorias ocupacionais. Algum desses filhos/filhas que assumem os negócios dos pais/da família muitas vezes são solicitados a fazer pagamentos para ajudar seus irmãos e irmãs menos produtivos a fazerem aquisições.	Os empresários têm menos probabilidade de ficarem "ligados" aos pais, tanto emocional como financeiramente. Muitas vezes, os pais idosos são mais "ligados" a seus filhos e filhas com orientação empresarial do que o inverso.	Os empresários, em geral, recebem presentes monetários nos estágios iniciais da vida adulta.	Os empresários, em geral, completam menos anos de estudos universitários/pós-universitários do que a norma para todos os filhos de pais afluentes. Com freqüência, os pais afluentes destinam fundos significativamente maiores que o necessário para os estudos universitários de seus filhos com vocação empresarial. Muitas doações em dinheiro/ações derivam desse excesso. Presentes monetários também são dados sob a forma de empréstimos parcial ou integralmente, a fundo perdido, como capital inicial.

TABELA 6-6

MÉDICOS – DOAÇÕES E HERANÇAS: CONTRASTES ENTRE OS FILHOS ADULTOS DOS ABASTADOS

Propensão para receber doações/herança	Motivo para conceder doações/oferecer herança	"Posição" do filho/filha em relação aos pais	Estágio em que o filho/filha provavelmente receberá doações/herança	Forma/tipo das doações/da herança
Os médicos são os que têm menos probabilidade, entre todos os filhos dos abastados, de receber herança dos pais. Sua propensão a receber dos pais doações anuais em dinheiro é mais ou menos igual à média de todos os filhos adultos dos abastados. Muitas vezes, os pais dos médicos esperam que eles prestem serviços profissionais gratuitos a seus irmãos e irmãs adultos menos prósperos e, em alguns casos, também doem presentes financeiros.	Muitos pais acham que um filho/filha que é médico(a) tem pouca ou nenhuma necessidade de herança. Em outras palavras, crêem que os médicos não precisam de riqueza adicional, uma vez que "eles já são ricos". Os médicos estão entre os que têm menos probabilidade de terem dependência econômica ou emocional dos pais. Tipicamente, são pessoas firmes e independentes. Esse "posicionamento" fornece aos pais mais uma prova de que "o filho médico não precisa do nosso dinheiro".	Os médicos tendem a receber presentes monetários no estágio inicial da vida adulta. A probabilidade de receberem presentes monetários diminui muito quando se aproximam da meia-idade.	Os médicos em geral recebem presentes monetários nos estágios iniciais da vida adulta.	Os presentes recebidos são em forma de dinheiro para os estudos e para "começar a vida". Os que recebem herança costumam receber dinheiro/outros bens financeiros, e não imóveis, coleções ou objetos tangíveis.

bem que ser testamenteiro é uma tarefa difícil, e que muitas vezes existe animosidade entre os testamenteiros e os herdeiros. Por esse motivo, escolhera com todo cuidado os testamenteiros do seu espólio:

> *Tenho dois filhos, que são muito próximos e amigos um do outro. Eles podem dividir meu espólio... Mas vão fazer isso junto com meu advogado... Meus filhos e meu advogado são meus testamenteiros. Coloquei o advogado só para manter o equilíbrio... Vocês sabem o que pode acontecer quando há dinheiro em jogo. Quero manter as boas relações... mas as boas relações podem se deteriorar no último momento se não houver a presença de um profissional experiente.*

Daí o sr. Andrews perguntou, com um certo tom de desafio:

> *O senhor vai mesmo contratar alguém de fora da família como testamenteiro?*

Em resposta, sete dos nove participantes afirmaram que, além de um membro da família, pelo menos uma pessoa de fora seria co-testamenteira. O sr. Ring, empresário aposentado e avô de nove netos, foi um deles. Já havia servido de co-testamenteiro de vários espólios. Conhecera situações em que os herdeiros da fortuna de um avô eram jovens de vinte ou trinta anos de idade extremamente mimados e estragados, que não tinham nem treino, nem disciplina, nem ambição para manter o estilo de vida afluente que foram condicionados a desfrutar. Vários desses filhos adultos ainda moravam com os pais. Todos vinham recebendo PSE dos avós. Mas, como o sr. Ring explicou, assim que "a fonte secou", os problemas surgiram. Quando os avós morreram, pais e netos se tornaram adversários. Cada geração achava que devia receber o grosso do espólio.

Essas experiências tiveram uma influência profunda sobre o sr. Ring. Ele percebeu que muito antes de falecer, a pessoa deve escolher bons profissionais para serem co-testamenteiros. Em conseqüência, ao longo dos anos ele tinha desenvolvido um relacionamento íntimo com um excelente advogado especializado em espólios e com um contador perito em impostos. O sr. Ring buscou o aconselhamento deles antes de se aposentar, percebendo que algum dia esses profissionais poderiam agir em seu nome para evitar, ou pelo menos reduzir, a probabilidade de que seus netos brigassem por causa da sua herança. Ao longo dos anos, também buscou o aconselhamento deles sobre como "dar sem estragar as crianças". O sr. Ring agora dá presentes aos seus netos, mas não em forma de produtos nem privilégios sociais. E nunca dá sem primeiro obter a aprovação e a bênção dos pais das crianças.

> *Os fundos para meus netos estão controlados... O dinheiro só vai ser distribuído quando eles atingirem uma certa maturidade... Eu era um pouco contra isso. Mas ouvi os conselhos do meu advogado e do meu contador... Não quero sair do túmulo para controlar meus netos, mas da maneira como esses fundos estão organizados, eles vão ter de trabalhar.*

Os herdeiros do sr. Ring só começarão a receber suas heranças quando chegarem perto dos trinta anos de idade. Enquanto alguns pais afluentes dão aos netos produtos e privilégios, o sr. Ring lhes dará educação e instrução. São presentes destinados a incrementar a disciplina, a ambição e a independência dos netos.

O sr. Graham foi o próximo a falar. Também refletiu sobre suas experiências como co-testamenteiro, que o ajudaram a escolher os co-testamenteiros para o seu próprio espólio:

> *É preciso usar o discernimento. É preciso ter compreensão e compaixão. Fui testamenteiro do espólio de um amigo íntimo, que consistia de uma quantia substancial em dinheiro. Eu tinha poder de decisão... Nem tudo estava predeterminado.*

Quando a filha dele, de 23 anos, anunciou que ia se casar, eu sabia que seu pai gostaria que ela tivesse um belo casamento... Então nós lhe demos o tipo de casamento que o pai teria lhe dado.

Depois que ela se casou e iniciou sua família, eu ainda não tinha certeza da sua maturidade. Dei-lhe então apenas o suficiente para comprar uma boa casa. Mais tarde fiquei convencido de que ela era capaz de tomar conta de si mesma, e assim aprovei a entrega do restante do fundo reservado a ela.

A filha recebeu o saldo da sua herança pouco antes de completar trinta anos, quando o sr. Graham a julgou capaz de administrá-lo. Ela já havia demonstrado sua maturidade mantendo um casamento estável, desempenhando bem seu papel de mãe e mantendo uma carreira profissional própria.

Ao selecionar os testamentários do seu próprio espólio, o sr. Graham escolheu um advogado que era um velho amigo. Ele descobriu que "é melhor os filhos ficarem zangados com um árbitro do que um com o outro".

O sr. Ward, outro respondente abastado, também já havia atuado como co-testamenteiro. Para cuidar do seu espólio de multimilionário, escolhera dois profissionais, e não seus filhos e filhas. Um deles era uma advogada, sua sobrinha; o outro era sócio de uma das maiores firmas de advocacia do país. O sr. Ward explicou sua escolha:

Escolhi advogados mais jovens porque achei que compreenderiam melhor as necessidades dos meus herdeiros. Ambos têm a máxima integridade e compreensão... e já se conhecem profissionalmente.

Além da compreensão e da integridade, outra característica foi crucial para o sr. Ward:

O advogado que redigiu meu testamento foi aquele que eu escolhi como co-testamenteiro juntamente com minha sobrinha. Achei que se houves-

se uma disputa entre meus filhos e meus genros, ele seria um bom árbitro. É por isso que eu o escolhi. Ele é meu amigo pessoal há muito tempo e um empresário muito bem-sucedido.

Os comentários do sr. Ward são coerentes com muitas constatações da nossa pesquisa. Em primeiro lugar, a maioria dos PAR tem relações íntimas de longo prazo com vários profissionais de importância básica, tais como advogados e contadores de alto nível. Em segundo lugar, muitas pessoas na categoria do sr. Ward têm parentes e/ou amigos íntimos que os aconselham sobre testamentos, fundos, espólios e doações monetárias. Na verdade, se os outros fatores forem iguais, um espólio em que os herdeiros (tipicamente os filhos e filhas) são advogados especializados em herança costuma receber menos impostos. Os filhos e filhas que são advogados atuam como conselheiros legais, tanto de maneira formal como informal, e dão opiniões para seus pais afluentes. Eles exercem uma influência significativa sobre todos os aspectos do plano para o espólio, incluindo a escolha do advogado, as decisões do testamento, a distribuição final dos bens da família, a escolha do(s) testamenteiro(s), a utilização dos serviços fiduciários e a incidência e o volume dos presentes financeiros a serem doados aos filhos e netos.

É típico que os "parentes advogados" aconselhem seus pais abastados sobre como minimizar os impostos sobre o espólio por meio de doações anuais para os filhos e netos. Assim, a simples presença de um filho ou filha que é advogado aumenta a probabilidade de que todos os filhos da família recebam presentes financeiros substanciais dos pais. (Em conseqüência, esses filhos herdam quantias menores do que a norma para todos os filhos dos abastados, uma vez que grande parte do espólio dos pais já foi distribuída para o advogado e os outros irmãos e irmãs antes da morte dos pais.)

O que foi que todos esses milionários experientes estavam tentando dizer ao sr. Andrews? Em primeiro lugar, que o seu espólio era complexo e com muitas decisões subjetivas. Ele reconheceu que seu plano continha muitas promessas verbais e compromissos monetários. O sr. Andrews precisava de uma consultoria especializada para saber lidar com esses complexos arranjos. O mais prudente para ele seria contratar um advogado especializado, que fosse árbitro e co-testamenteiro do seu espólio. Se não fizer isso, seu plano pode muito bem se tornar a causa de grandes conflitos e animosidades entre seus filhos.

Mas e se o sr. Andrews for como muitos outros SAR que já entrevistamos? Neste caso, ele provavelmente não deve ter formado relações profissionais íntimas e de longo prazo com algum bom advogado e outros profissionais. Lembre-se que o sr. Andrews afirmou que não precisava de ninguém de fora para ajudá-lo porque "confio nos meus filhos... Tudo se baseia na confiança". Porém, a confiança não é o único elemento nessas situações.

Regras para Pais Abastados e Filhos Produtivos

Os pais abastados que têm filhos adultos bem-sucedidos nos deram muitas informações valiosas sobre como os educaram. Aqui estão algumas de suas regras:

1. Nunca diga às crianças que seus pais são ricos

Por que muitos filhos adultos dos SAR têm mais probabilidade de ganhar uma alta renda do que de acumular riqueza? Acreditamos que uma das principais razões é que, quando crianças, sempre lhes disseram que os pais eram ricos. Os SAR adultos costumam ser produto de pais que tinham um estilo de vida que achavam apropriado para os ricos. Levavam um padrão de vida de alto *status* e alto consumo, tão popular na América de hoje. Não admira que seus filhos e filhas tentem imitá-los. Inversamente, os PAR adultos cujos pais eram ricos nos disseram repetidas vezes:

Eu nunca soube que meu pai era rico até que ele morreu e eu me tornei testamenteiro do seu espólio. Ele nunca aparentou ser rico.

2. Por mais rico que você seja, ensine a seus filhos disciplina e frugalidade

Como você talvez se lembre, no Capítulo 3 traçamos o perfil do dr. Norte, um homem rico cujos filhos adultos levam uma vida frugal e bem disciplinada. O dr. Norte nos contou em detalhes de que modo ele e sua esposa criaram os filhos. Em poucas palavras, eles ensinaram pelo exemplo. Seus filhos foram expostos a modelos de comportamento cuja vida se caracterizava por disciplina e frugalidade. O dr. Norte disse muito bem:

As crianças são muito espertas. Elas não seguem uma regra que seus próprios pais não seguem. Minha esposa e eu fomos pais bem disciplinados... Nós vivíamos de acordo com as nossas regras... Nós ensinávamos pelo exemplo. As crianças aprenderam pelo exemplo.

É preciso haver coerência entre o que os pais mandam os filhos fazerem e o que eles mesmos fazem. As crianças são muito perspicazes para notar as incoerências.

Certa vez, o dr. Norte recebeu um presente de aniversário de sua filha de doze anos. Era um pôster intitulado "As Regras do Rei", onde sua filha anotara as regras que seu pai pregava aos filhos. O dr. Norte ainda tem esse pôster no seu escritório, num lugar de honra atrás da sua mesa.

As crianças procuram regras e disciplina. Ela me honrou com esse pôster. As crianças devem ser treinadas a assumir a responsabilidade pelos seus atos. Hoje, todos os meus filhos são frugais e bem disciplinados. Eles adotaram as regras. Por quê? Porque seus pais também adotavam... As ações falam mais alto do que as regras, que não passam de meras palavras.

Quais são algumas das regras que a filha de doze anos do dr. Norte anotou no pôster?

- Seja forte... a vida é dura. "Ninguém lhe prometeu um jardim de rosas".
- Nunca diga "Pobre de mim!" nem tenha pena de si mesmo.
- Não estrague seus sapatos. Não desperdice, e você não passará necessidade. Ou seja, não abuse das suas posses. Elas durarão mais.
- Feche a porta da frente... Não desperdice o dinheiro de seus pais deixando escapar o aquecimento.
- Sempre coloque as coisas de volta nos seus lugares.
- Dê a descarga.
- Diga "sim" para os que precisam de ajuda antes que eles peçam.

3. CUIDE PARA QUE SEUS FILHOS NÃO PERCEBAM QUE VOCÊ É ABASTADO ATÉ QUE ELES JÁ TENHAM SE FIRMADO NUMA PROFISSÃO E ADOTADO UM ESTILO DE VIDA MADURO, DISCIPLINADO E ADULTO

Mais uma vez, foi o dr. Norte quem resumiu melhor:

> *Coloquei dinheiro em fundos de poupança para os meus filhos... Há nisso algumas vantagens tributárias. Mas, pelo meu plano, o dinheiro não vai ser distribuído até que eles tenham no mínimo quarenta anos de idade. Dessa maneira, meu dinheiro terá pouco efeito sobre seu modo de vida. Nessa idade, eles já vão ter adotado seu próprio estilo de vida.*

O dr. Norte também nos disse que nunca dá a seus filhos presentes em dinheiro, nem mesmo agora que são adultos.

O dinheiro dá demasiadas opções, especialmente no caso de crianças pequenas. A mídia, principalmente a tevê, controla os valores dos nossos jovens. Da mesma forma como tenta controlar o que nós devemos achar engraçado, com aquelas risadas enlatadas. Dá-se uma importância demasiada ao consumo. Por esse motivo, eu nunca dei dinheiro. O que eu sempre disse aos meus filhos é: "Se você tiver de fazer uma compra grande, em primeiro lugar deve providenciar por si mesmo uma boa parte dos fundos".

4. MINIMIZE AS CONVERSAS SOBRE O QUE CADA FILHO E NETO IRÁ HERDAR OU RECEBER DE PRESENTE

Nunca faça promessas verbais levianamente: "Billy, você fica com a casa; Bob, você fica com o chalé de praia; Bárbara, você fica com a prataria". Evite isso, em especial quando em grupo e principalmente quando estiver consumindo álcool. Você pode facilmente se esquecer do que disse, ou confundir quem vai ficar com o quê; mas seus filhos não se esquecerão. Eles vão acusar os pais e os irmãos de enganá-los no trato. Promessas falsas trazem discórdia e conflitos.

5. NUNCA DÊ DINHEIRO OU OUTROS PRESENTES SIGNIFICATIVOS AOS SEUS FILHOS ADULTOS COMO PARTE DE UMA ESTRATÉGIA DE NEGOCIAÇÃO

Se você der, dê movido pelo amor ou até mesmo pela obrigação ou por bondade. Mas os filhos adultos costumam perder o respeito e o amor pelos pais que se submetem a ser pressionados nas negociações. A coerção, em geral, provém da maneira como os pais negociam com os filhos pequenos. Até mesmo os pré-adolescentes já aprendem as vantagens de dizer: "Se Johnny ganhou uma bicicleta, eu quero ganhar um carrinho". Johnny e seu irmão deveriam ganhar símbolos de amor e bondade; mas em vez disso, eles aprendem que mamãe e papai devem ser prensados contra a parede e obrigados a dar. Os dois meninos também podem passar a ver um ao outro como adversários.

Muitas vezes, os pais perpetuam os conflitos, mesmo entre os filhos adultos. Você já disse a algum de seus filhos ou netos algo assim:

> *Nós ajudamos seu irmão a reformar a casa / pusemos os filhos dele numa escola particular / pagamos seu seguro-saúde. Assim, queremos que você ganhe um dinheiro extra. Que tal US$5.000?*

O que há de errado com esses oferecimentos? Muitas vezes, quem recebe os considera sinais de culpa ou tentativas de apaziguamento por parte dos pais.

6. Fique fora dos assuntos familiares dos seus filhos

Pais, por favor, notem bem: seu conceito de estilo de vida ideal pode ser diametralmente oposto ao de seu filho ou filha adultos, assim como de seu genro ou nora. Os filhos adultos se ressentem da interferência dos pais. Deixe que eles governem suas próprias vidas; peça permissão até mesmo para dar um conselho. Peça permissão também quando estiver pensando em dar presentes significativos para seus filhos ou netos.

7. Não tente competir com seus filhos

Nunca se vanglorie de quanto dinheiro você acumulou. Isso envia uma mensagem contraditória. Muitas vezes, os filhos não conseguem competir com os pais nessa base, e na verdade também não querem. Você não precisa se vangloriar das suas conquistas. Seus filhos são inteligentes o bastante para perceber e valorizar aquilo que você conseguiu. Nunca comece uma conversa com: "Quando eu tinha a sua idade eu já tinha juntado...".

Para muitos filhos bem-sucedidos e realizadores, acumular dinheiro não é o objetivo supremo. Em vez disso, eles querem uma boa educação, serem respeitados e ocupar uma posição de alto *status*. Para muitos desses filhos e filhas, as variações de renda e riqueza entre as diferentes profissões são muito menos importantes do que para os pais. O americano abastado típico de primeira geração é dono de uma empresa. Tem um patrimônio líquido alto, mas não raro tem baixa auto-estima. Esse pai de baixo *status* e alto patrimônio costuma realizar-se indiretamente por intermédio de seus filhos adultos e instruídos que ocupam profissões de alto *status*. Faça a um milionário que é um *self-made man* esta simples pergunta: "Sr. X, fale-me um pouco sobre o senhor mesmo". Um multimilionário típico (que não chegou a terminar a escola secundária) nos respondeu dessa forma:

> *Quando me casei eu ainda era garoto, um adolescente. Nunca terminei o secundário. Mas iniciei um negócio. Hoje sou muito bem-sucedido e tenho dezenas de pessoas formadas em uma universidade, que são meus gerentes, trabalhando para mim.*
>
> *Aliás, já lhe contei que minha filha vai se formar com distinção no Barnard College?*

Esse mesmo milionário nunca quis que nenhum de seus filhos fosse empresário. E, na realidade, a maioria dos filhos dos abastados nunca se tornam donos de empresa. O dinheiro vem em segundo ou terceiro lugar na sua lista de objetivos e realizações.

8. LEMBRE-SE SEMPRE DE QUE SEUS FILHOS SÃO INDIVÍDUOS

Eles diferem um do outro em motivações e realizações. Por mais que você procure dar auxílio econômico, as desigualdades sempre existirão. Será que o PSE irá reduzir essas diferenças? Não é provável. Subsidiar os menos realizadores costuma *aumentar* as diferenças em riqueza, não reduzi-las. Isso, por sua vez, pode causar discórdia, já que os irmãos e irmãs que são realizadores podem se ressentir dessas doações.

9. Valorize as realizações de seus filhos, por menores que sejam, e não os símbolos de sucesso

Ensine seus filhos a realizar e não apenas a consumir. Ganhar para aumentar os gastos não deve ser o objetivo final de ninguém. Foi isso que o pai de Ken sempre lhe ensinou. Ken formou-se com distinção em Administração de Empresas, Finanças e Marketing. Seu pai era médico e membro de destaque do grupo dos PAR. Durante toda a vida ele disse a Ken:

> *O que as pessoas possuem não me impressiona. Mas fico impressionado com aquilo que elas conquistam. Tenho orgulho de ser médico. Procure sempre ser o melhor na sua área. Não corra atrás do dinheiro. Se você for o melhor na sua área, o dinheiro vai encontrar você.*

O pai de Ken vivia de acordo com essas convicções. Tinha um padrão de vida bem abaixo dos seus meios e investia prudentemente. Como disse Ken:

> *Meu pai comprava um Buick novo a cada oito anos. Morou na mesma casa durante 32 anos. Uma casa boa, simples, menos de um acre de terreno. Quatro quartos para seis pessoas, dois banheiros... um para meus pais e o outro para os quatro filhos.*

O que o pai de Ken mais admirava em seu filho?

> *Primeiro, que eu trabalhei meio período como garçom durante todo meu curso secundário. Segundo, que eu nunca lhe pedi dinheiro. Ele se ofereceu para me emprestar alguns milhares de dólares para que eu abrisse uma firma, assim que me formei. Em terceiro, vendi meu negócio com lucro suficiente para financiar inteiramente minha pós-graduação, e nunca precisei lhe pedir um subsídio.*

Hoje, Ken se concentra nas suas realizações. É um alto executivo numa grande empresa de comunicações e entretenimento. Também é um astuto investidor, tanto em imóveis comerciais como em ações de empresas públicas de renome. Assim como seu pai, Ken também é um PAR. Mora em uma casa modesta e possui um carro usado.

Seu pai foi um grande modelo e mentor para o filho. Mas Ken também acredita que sua experiência inicial como garçom teve uma grande influência sobre ele:

> *Tive a chance de observar as massas, ver como vivem os outros. Vi como as pessoas têm de trabalhar duro para sustentar a família... horas longas, longuíssimas, ganhando salário mínimo, só para sobreviver. O dinheiro nunca deve ser desperdiçado... por mais que eu ganhe.*

10. DIGA A SEUS FILHOS QUE HÁ MUITAS COISAS MAIS VALIOSAS DO QUE O DINHEIRO

> *Boa saúde, longevidade, felicidade, uma família amorosa, autoconfiança, bons amigos... Se você tiver cinco desses elementos, você é um homem rico. Reputação, respeito, integridade, honestidade e uma série de realizações!*
>
> *O dinheiro é a cobertura no bolo da vida. Você nunca precisa enganar nem roubar. Não precisa infringir a lei nem trapacear nos impostos.*
>
> *Nos Estados Unidos é mais fácil ganhar dinheiro honestamente do que desonestamente. Você nunca vai sobreviver nos negócios se ludibriar as pessoas! A vida é a longo prazo.*
>
> *A gente não pode se esconder das adversidades. Não se pode proteger os filhos contra os altos e baixos da vida. Os que conseguem vencer o fazem pela experiência, superando obstáculos... desde a infância. São os*

que sempre tiveram o direito de enfrentar alguma luta, alguma adversidade. Os outros, na verdade, foram ludibriados. Os pais que tentam proteger seus filhos contra todos os micróbios possíveis que há na nossa sociedade não conseguem vaciná-los contra o medo, a preocupação e a sensação de dependência. Não mesmo.

Encontre seu Nicho

Eles são muito competentes para identificar oportunidades de mercado.

Por que você não é rico? Talvez porque você não esteja correndo atrás das oportunidades que existem no mercado. Há boas oportunidades de negócios para aqueles que procuram como público-alvo os abastados, seus filhos, viúvas e viúvos. Com freqüência, aqueles que fornecem para os abastados também se tornam ricos. Inversamente, muitas pessoas, incluindo negociantes, profissionais liberais, profissionais de vendas e até mesmo funcionários com altos salários, nunca produzem uma renda alta. Talvez seja porque seus clientes e fregueses têm pouco dinheiro!

Você pode objetar: "Ora, vocês já nos disseram que os abastados são frugais. Por que eu deveria me direcionar àqueles que não são 'grandes gastadores'? Por que concentrar-me nas pessoas que são sensíveis às variações de preço em produtos e serviços?". Os abastados, em especial os *self-made men*, são de fato frugais e sensíveis a preços quando se trata de muitos produtos e serviços. Mas são muito menos sensíveis a preços quando se trata de contratar consultoria e serviços nas áreas de investimentos, contabilidade, impostos, serviços legais, tratamento médico e dentário para si mesmos e sua família, educação e moradia. Uma vez que a maioria dos abastados é composta por empresários e trabalhadores autônomos, eles também compram produtos e serviços industriais. Consomem de tudo, desde espaço em escritório até software de computador. Outro fator: os afluentes não são nada frugais quando se trata de comprar produtos e serviços para seus filhos e netos. Tampouco os filhos dos afluentes, quando se trata de gastar as substanciais doações monetárias que ganham de seus pais e avós.

Siga o Dinheiro

Na próxima década, haverá mais riqueza na América do que jamais houve. As oportunidades para servir aos ricos serão maiores do que nunca. Considere os seguintes fatos sobre a economia americana:

- Em 1996, aproximadamente 3,5 milhões de lares na América (de um total de 100 milhões de lares) tinham um patrimônio líquido de US$1 milhão ou mais. Os lares milionários respondiam por quase a metade de toda a riqueza que está em mãos particulares no país.

- No período que vai de 1996 até 2005, a riqueza que está nas mãos dos lares americanos deve crescer quase seis vezes mais rápido do que a população em geral. No ano 2005, o patrimônio líquido total dos lares americanos será de US$27,7 trilhões, ou seja, mais de 20% maior do que em 1996.

- Em 2005, a população dos lares milionários na América deve atingir cerca de 5,6 milhões. Nessa época, a maior parte da riqueza que está em mãos particulares (US$16,3 trilhões dos US$27,7 trilhões, ou aproximadamente 59%) estará nas mãos dos 5,3% dos lares que têm um patrimônio líquido de US$1 milhão ou mais.

De 1996 a 2005, estima-se que 692.493 pessoas falecerão, deixando um espólio no valor de US$1 milhão ou mais. Isso significa US$2,1 trilhões (em dólares constantes de 1990). Cerca de um terço dessa quantia será distribuído aos cônjuges dos falecidos (em 80% dos casos, as viúvas). Elas receberão cerca de US$560,2 bilhões, ao passo que os filhos dos falecidos receberão quase US$400 bilhões (veja a Tabela 7-1). Isso significa US$189.484 para cada um dos estimados 2.077.490 filhos dos falecidos. Os que recebem espólio dos pais afluentes têm uma tendência significativamente mais alta de gastar o dinheiro do que outras pessoas do mesmo grupo de renda / idade.

Além disso, para minimizar os tributos, muitos pais abastados reduzem o montante de seu espólio, transferindo boa parte de sua riqueza para seus filhos antes de morrer. Durante o período que vai de 1996 a 2005, prevê-se que os pais / avós vivos doarão aos seus filhos e netos adultos mais de US$1 trilhão. Essas doações serão em várias formas, incluindo dinheiro, coleções, casas, carros, imóveis comerciais, títulos públicos e pagamentos de hipotecas. Esse US$1 trilhão em doações significa mais de US$600.000 (em dólares de 1990) para cada filho dos afluentes. Note que essa quantia de US$1 trilhão é uma estimativa muito conservadora, já que, como já dissemos, no ano 2005 os lares da América com patrimônio líquido de US$1 milhão ou mais responderão por US$16,3 trilhões – ou 59% – da riqueza pessoal na América. Assim, esse US$1 trilhão doado aos filhos e netos representa apenas uma pequena porção (6,3%) dessa riqueza.

Grande parte dessas doações são isentas de impostos. Geralmente, os pais distribuem sua riqueza de modo a limitar a tributação sobre as doações. Cada pai ou mãe pode doar a cada filho e a cada neto até US$10.000 por ano. Assim, uma mãe e um pai com três filhos e seis netos podem lhes dar US$180.000 livres de impostos a cada ano. Note também que as doações destinadas a despesas escolares e médicas em geral são isentas de impostos.

NEGÓCIOS E PROFISSÕES QUE DEVEM SE BENEFICIAR DOS AFLUENTES

Existem muitos. Os especialistas em resolver os problemas dos afluentes e de seus herdeiros devem estar em grande demanda nos próximos vinte anos.

TABELA 7-1

ESTIMATIVA[1] DA ALOCAÇÃO DE VERBAS DOS ESPÓLIOS AVALIADOS EM US$1 MILHÃO OU MAIS (EM US$ BILHÕES)

	Anos			
Tipo de verba	1996 N=40.921	2000 N=66.177	2005 N=100.650	Total para 1996-2005 N=692.493
Impostos sobre o espólio após créditos	14,95	24,65	40,65	269,04
Doações ao cônjuge	38,92	64,17	105,80	700,24
Doações de caridade	8,56	14,12	23,28	154,07
Transferências vitalícias	21,88	36,07	59,47	393,65

[1]As estimativas são em dólares de 1990.

TABELA 7-2

ESTIMATIVA[1] DOS HONORÁRIOS POR SERVIÇOS A ESPÓLIOS (EM US$ MILHÕES)

	Anos			
Tipo de serviço	1996 N=40.921	2000 N=66.177	2005 N=100.650	Total para 1996-2005 N=692.493
Honorários advocatícios	962,5	1.586,9	2.626,3	17.105,6
Honorários dos testamenteiros	1.241,1	2.042,3	3.373,7	22.329,9
Honorários de administração	938,1	1.546,7	2.550,0	16.878,1

[1]As estimativas são em dólares de 1990.

ADVOGADOS ESPECIALIZADOS

Um pai recentemente nos perguntou sobre a profissão ideal para seu filho. Na época, o filho estava no segundo ano da universidade, tirando A em todas as matérias. Como foi que o pai reagiu quando sugerimos que o filho considerasse a profissão de advogado? Ele disse que já há advogados demais. Nós respondemos que há pessoas demais *formadas em escolas de direito.* Sempre existe demanda para advogados de alto nível. Os advogados que podem gerar novos negócios têm uma demanda ainda maior. O pai perguntou sobre as áreas de direito mais adequadas ao filho. Nós lhe falamos sobre três:

ADVOGADOS ESPECIALIZADOS EM INVENTÁRIO – HAVERÁ DEMASIADOS?

A primeira área que recomendamos foi a dos espólios e inventários. Durante o período que vai de 1996 a 2005, os honorários advocatícios relativos a serviços prestados a espólios na categoria de US$1 milhão ou mais irão totalizar uma quantia estimada de US$17,1 bilhões (veja a Tabela 7-2). Muitos advogados também ganharão honorários atuando como testamenteiros ou co-testamenteiros, assim como administradores dos espólios. Os advogados que participam como testamenteiros ou administradores receberão apenas uma fração desses espólios, que valem US$1 milhão ou mais; porém, até mesmo uma fração desse valor – estimado em US$22,3 bilhões em honorários de testamenteiros e US$16,9 bilhões em honorários de administradores – representa um alto lucro para os advogados mais esclarecidos, especializados em inventários e espólios.

Basicamente, durante o período que vai de 1996 a 2005, esses advogados irão gerar mais de US$25 bilhões em receitas provindas de serviços prestados aos espólios na categoria de US$1 milhão ou mais. Essa quantia é maior do que a renda líquida gerada por todas as firmas de advocacia por todos os seus serviços prestados em 1994! Naturalmente, esse total é apenas uma pequena quantia comparada aos quase US$270 bilhões que serão pagos ao governo federal em impostos sobre os espólios durante o mesmo período de dez anos (veja a Tabela 7-1).

Ter sucesso como advogado especializado em espólios exige muito mais do que oferecer consultoria legal. Os mais bem-sucedidos também atuam como mentores e conselheiros das famílias abastadas e de seus herdeiros. Esses advogados precisam ser especialmente capazes de atender às necessidades dos viúvos e viúvas que são seus clientes. Considerando os casais afluentes, quase todos os maridos e esposas pretendem deixar seu espólio para o cônjuge, já que um deles pode herdar o espólio do cônjuge livre de impostos*. Essa dedução marital ilimitada acaba adiando o pagamento dos impostos sobre o espólio até a morte do segundo cônjuge.

As viúvas abastadas enfrentam uma situação particularmente difícil. Mais da metade, ao ficar viúva, terá ficado casada com o mesmo marido durante mais de cinqüenta anos. Entre 1996 e 2005 haverá, provavelmente, quatro viúvas abastadas para cada viúvo. A idade é o fator mais significativo dessa variação. Dentro da população dos casais milionários, a idade média esperada do marido ao morrer é de 75,5 anos, ao passo que a idade média da esposa ao falecer é de 82 anos. Além disso, os homens nessa situação em geral se casam com mulheres que, em média, são dois anos mais jovens que eles. Assim, na população típica de casais abastados, o marido que morre na idade de 75,5 anos deixa uma esposa dois anos mais jovem do que ele. A esposa, que fica viúva com 73 anos, tem uma expectativa de vida de 82 anos. A maioria das mulheres nessa situação nunca se casa de novo. Portanto, a maioria delas permanece viúva durante nove anos antes de morrer.

Estima-se que durante o período que vai de 1996 a 2005, quase 296 mil mulheres dentro da população dos casais milionários tornar-se-ão viúvas. A herança média que elas receberão será de aproximadamente US$2

---

*O termo "herdar", tal como usado aqui, não se encaixa na definição tradicional, que se refere a receber dinheiro ou seus equivalentes, como um direito ou um título, que descende legalmente de um ancestral por ocasião de sua morte. Tampouco "cônjuge" corresponde à definição estrita de um ancestral. Na verdade, quase toda a riqueza dos casais milionários é de propriedade conjunta de ambos; essa é a razão principal pela qual é quase impossível estimar o número de pessoas milionárias, o que nos fez substituí-lo pelo número de lares milionários. Mesmo assim, é um pouco equivocado usar o termo "herança" ao discutir a transferência de riqueza entre cônjuges. Enquanto ambos os cônjuges estão vivos, o que é dele é dela, e o que é dela é dele.

milhões (em dólares de 1990). Durante esse mesmo período, quase 72 mil homens dessa população tornar-se-ão viúvos. Estima-se que eles herdarão mais de US$125 bilhões, ou seja, uma herança média de aproximadamente US$1,7 milhão.

Em quais estados americanos haverá mais demanda por advogados especializados em espólio? Prevemos que a demanda será especialmente alta na próxima década nos estados de Califórnia, Flórida, Nova York, Illinois, Texas e Pensilvânia (veja as Tabelas 7-3 e 7-4).

ADVOGADOS ESPECIALIZADOS EM RENDA E/OU IMPOSTOS

Qual é a despesa número um dos afluentes? Imposto de renda. Os abastados na faixa de renda anual realizada de US$200.000 ou mais respondem por apenas cerca de 1% dos lares americanos, mas pagam 25% dos impostos sobre a renda pessoal. Eles, sem dúvida, desejarão aperfeiçoar sua estratégia de realizar menos renda no futuro.

O que acontecerá no ano 2005, quando os lares milionários controlarão 59% da riqueza pessoal da América? Provavelmente, o governo exercerá maior pressão sobre os afluentes, possivelmente criando maneiras inovadoras de taxar a riqueza, além da renda. Essa perspectiva, de acordo com a nossa pesquisa dos milionários, é a preocupação número um dos abastados. Pagar impostos cada vez mais altos para cobrir os gastos governamentais e reduzir o déficit federal está entre os maiores medos da população abastada. Vários estados americanos já têm imposto sobre a riqueza. A cada ano os residentes desses estados devem listar todos os bens financeiros que possuem; o imposto se aplica então a ações, títulos, depósitos a prazo fixo, e assim por diante. Será difícil para o governo federal taxar a riqueza dessa maneira? Não muito, já que ele já sabe como alguns estados taxam o capital antes que ele se torne renda realizada.

Acreditamos que nos próximos vinte anos os abastados terão de usar toda e qualquer saída dentro da lei para permanecerem abastados. É um segmento da economia americana que estará sob o ataque dos políticos liberais

TABELA 7-3
NÚMERO E VALOR[1] PREVISTO DOS ESPÓLIOS DE US$1 MILHÃO OU MAIS

	Número de espólios			Quantia total dos espólios em dólares		
	1996	2000	2005	1996	2000	2005
Alabama	359	563	883	952.915.427	1.571.091.934	2.590.292.690
Alasca	45	70	110	105.229.924	173.494.815	286.044.592
Arizona	508	796	1.249	1.206.636.467	1.989.407.210	3.279.977.983
Arkansas	240	376	590	97.472.127	985.065.004	1.624.097.625
Califórnia	7.621	11.952	18.744	20.784.079.307	34.267.153.645	56.496.985.101
Carolina do Norte	827	1.297	2.034	2.099.921.604	3.462.185.416	5.708.178.738
Carolina do Sul	482	757	1.187	952.915.427	1.571.091.934	2.590.292.690
Colorado	412	646	1.012	1.039.437.810	1.713.743.226	2.825.484.910
Connecticut	1.052	1.650	2.588	2.873.946.160	4.738.336.164	7.812.195.622
Dakota do Norte	126	198	310	192.921.528	318.073.827	524.415.084
Dakota do Sul	81	128	200	268.920.918	443.375.638	731.002.845
Delaware	151	237	371	349.597.194	576.388.329	950.303.699
Distrito de Colúmbia	129	203	318	583.441.470	961.932.362	1.585.958.346
Flórida	3.720	5.835	9.151	13.274.170.363	21.885.407.028	36.082.936.085
Geórgia	731	1.147	1.799	2.057.829.634	3.392.787.490	5.593.760.901
Havaí	259	406	637	765.840.006	1.262.656.708	2.081.768.972
Idaho	110	172	270	212.798.292	350.845.070	578.445.730
Illinois	2.002	3.140	4.925	5.688.262.029	9.378.358.600	15.462.299.309
Indiana	479	751	1.179	1.944.415.160	3.205.798.634	5.285.468.397
Iowa	502	787	1.235	933.038.664	1.538.320.691	2.536.262.045
Kansas	430	675	1.059	992.668.954	1.636.634.420	2.698.353.980
Kentucky	408	640	1.004	1.053.468.466	1.736.875.868	2.863.624.189
Louisiana	16	495	777	948.238.542	1.563.381.053	2.577.579.597
Maine	253	397	623	558.887.821	921.450.239	1.519.214.608
Maryland	766	1.201	1.884	1.936.230.610	3.192.304.592	5.263.220.484
Massachusetts	1.200	1.882	2.951	3.203.666.590	5.281.953.251	8.708.468.675
Michigan	85	1.544	2.422	2.485.764.661	4.098.333.070	6.757.008.907
Minnesota	577	904	1.418	1.403.065.660	2.313.264.197	3.813.927.887

[1]O valor dos espólios é dado em dólares de 1990.

TABELA 7-3
NÚMERO E VALOR PREVISTO DOS ESPÓLIOS DE US$1 MILHÃO OU MAIS

	Número de espólios			Quantia total dos espólios em dólares		
Mississipi	231	362	568	534.334.172	880.968.115	1.452.470.870
Missouri	789	1.237	1.940	2.395.734.614	3.949.898.617	6.512.281.867
Montana	93	146	229	191.752.307	316.146.107	521.236.811
Nebraska	312	489	767	574.087.699	946.510.601	1.560.532.160
Nevada	173	271	426	411.565.927	678.557.498	1.118.752.180
New Hampshire	237	371	582	477.042.324	786.509.827	1.296.735.482
Nova Jersey	1.582	2.482	3.892	4.343.657.438	7.161.480.411	11.807.285.084
Nova York	3.636	5.702	8.942	12.767.897.504	21.050.704.197	34.706.743.772
Novo México	121	190	298	330.889.651	545.544.807	899.451.327
Ohio	1.398	2.192	3.438	3.555.602.226	5.862.197.020	9.665.128.920
Oklahoma	350	549	862	1.017.222.603	1.677.116.543	2.765.097.718
Oregon	321	503	789	722.578.815	1.191.331.062	1.964.172.862
Pensilvânia	1.760	2.761	4.330	5.100.143.673	8.408.715.358	13.863.627.870
Rhode Island	214	335	525	401.042.934	661.208.016	1.090.147.721
Tennessee	472	740	1.160	1.556.233.661	2.565.795.539	4.230.281.681
Texas	1.922	3.014	4.727	5.849.614.580	9.644.383.983	15.900.901.016
Utah	83	131	205	377.658.507	622.653.613	1.026.582.256
Vermont	84	132	207	182.398.536	300.724.346	495.810.625
Virgínia	924	1.448	2.272	2.965.145.428	4.888.698.337	8.060.100.935
Washington	697	1.093	1.714	2.015.737.665	3.323.389.564	5.479.343.064
West Virgínia	126	198	310	308.674.445	508.918.123	839.064.135
Wisconsin	480	753	1.181	1.324.727.827	2.184.106.946	3.600.983.580
Wyoming	81	128	200	195.259.971	321.929.267	530.771.631
Outras áreas	64	101	158	275.936.246	454.941.959	750.072.484
TOTAL	40.921	64.177	100.650	117.340.719.569	193.462.140.273	318.965.145.743

e de seus amigos, os coletores de impostos. Com certeza, os abastados irão gastar prontamente seu dinheiro em troca de um aconselhamento legal que os ajude a suportar esse cerco. O advogado tributário será parte integrante

TABELA 7-4

NÚMERO PREVISTO DE ESPÓLIOS AVALIADOS[1] EM US$1 MILHÃO OU MAIS – CLASSIFICAÇÃO PARA O ANO 2000 DOS ESTADOS AMERICANOS, SEGUNDO O NÚMERO DE ESPÓLIOS POR ESTADO

Estado	Número	Valor total	Valor médio	Posição
Califórnia	11.952	34.267.153.645	2.867.121	1
Flórida	5.835	21.885.407.028	3.750.905	2
Nova York	5.702	21.050.704.197	3.691.901	3
Illinois	3.140	9.378.358.600	2.986.706	4
Texas	3.014	9.644.383.983	3.199.594	5
Pensilvânia	2.761	8.408.715.358	3.045.791	6
Nova Jersey	2.482	7.161.480.411	2.885.822	7
Ohio	2.192	5.862.197.020	2.674.136	8
Massachusetts	1.882	5.281.953.251	2.807.188	9
Connecticut	1.650	4.738.336.164	2.871.869	10
Michigan	1.544	4.098.333.070	2.654.315	11
Virgínia	1.448	4.888.698.337	3.375.224	12
Carolina do Norte	1.297	3.462.185.416	2.669.469	13
Missouri	1.237	3.949.898.617	3.192.418	14
Maryland	1.201	3.192.304.592	2.657.293	15
Geórgia	1.147	3.392.787.490	2.958.510	16
Washington	1.093	3.323.389.564	3.040.937	17
Minnesota	904	2.313.264.197	2.558.322	18
Arizona	796	1.989.407.210	2.498.002	19
Iowa	787	1.538.320.691	1.953.634	20
Carolina do Sul	757	1.571.091.934	2.076.484	21
Wisconsin	753	2.184.106.946	2.901.461	22
Indiana	751	3.205.798.634	4.265.994	23
Tennessee	740	2.565.795.539	3.467.637	24
Kansas	675	1.636.634.420	2.424.247	25
Colorado	646	1.713.743.226	2.654.536	26
Kentucky	640	1.736.875.868	2.711.934	27
Alabama	563	1.571.091.934	2.791.534	28
Oklahoma	549	1.677.116.543	3.053.025	29

[1] O valor dos espólios é dado em dólares de 1990.

TABELA 7-4
NÚMERO PREVISTO DE ESPÓLIOS AVALIADOS EM US$1 MILHÃO OU MAIS – CLASSIFICAÇÃO PARA O ANO 2000 DOS ESTADOS AMERICANOS, SEGUNDO O NÚMERO DE ESPÓLIOS POR ESTADO

Estado	Número	Valor total	Valor médio	Posição
Oregon	503	1.191.331.062	2.367.867	30
Louisiana	495	1.563.381.053	3.155.647	31
Nebraska	489	946.510.601	1.935.581	32
Havaí	406	1.262.656.708	3.108.297	33
Maine	397	921.450.239	2.319.648	34
Arkansas	376	985.065.004	2.619.438	35
New Hampshire	371	786.509.827	2.120.397	36
Mississipi	362	880.968.115	2.434.008	37
Rhode Island	335	661.208.016	1.973.824	38
Nevada	271	678.557.498	2.499.696	39
Delaware	237	576.388.329	2.434.051	40
Distrito de Colúmbia	203	961.932.362	4.743.494	41
West Virginia	198	508.918.123	2.574.768	42
Dakota do Norte	198	318.073.827	1.609.230	43
Novo México	190	545.544.807	2.871.968	44
Idaho	172	350.845.070	2.039.959	45
Montana	146	316.146.107	2.160.697	46
Vermont	132	300.724.346	2.274.795	47
Utah	131	622.653.613	4.756.169	48
Dakota do Sul	128	443.375.638	3.471.839	49
Wyoming	128	321.929.267	2.520.857	50
Alasca	70	173.494.815	2.480.281	51
TOTAL	64.076	193.007.198.314	3.012.139	

dessa defesa. Assim, a segunda área do direito que recomendamos que o pai indique ao filho é a do direito tributário.

VENDE-SE: UM LUGAR NA AMÉRICA

A terceira área legal que recomendamos foi a lei da imigração. Os advogados especializados em leis de imigração devem se beneficiar das mudanças previstas nessa área. Por exemplo, será cada vez mais difícil emigrar para os Estados Unidos e tornar-se um cidadão americano naturalizado. Ao mesmo tempo, a demanda pela cidadania americana aumentará muito, em especial por parte de estrangeiros abastados. Considere como os empresários milionários e os defensores da livre iniciativa que vivem hoje em Taiwan se sentem a respeito de seu futuro. A China deseja o capital deles e o país deles. A China cobiça as Filipinas devido ao seu petróleo. Quem pode adivinhar de que maneira o governo chinês irá tratar a população abastada de um país que ela venha a dominar? A China é uma ameaça real para muitas pessoas abastadas que vivem sob a esfera da sua influência. Muitas delas irão buscar a cidadania americana. Os advogados especializados em imigração, com certeza, irão se beneficiar dessa tendência.

> *"As pessoas não se sentem em segurança", disse Chris Chiang, da Pan Pacific Immigration Company, Taiwan. "Elas querem ir para os Estados Unidos. Bilhões de dólares já saíram de Taiwan desde que a China continental fez manobras navais no litoral da ilha... A China considera Taiwan uma província rebelde"* (Darryl Fears, "Taiwanese Talk Deal on Blighted Area", *Atlanta Journal-Constitution,* 27 de abril de 1996, p.1).

O medo dos negociantes abastados de Taiwan se reflete na sua grande movimentação de dinheiro para a América.

Na verdade, eles, recentemente, investiram mais de US$10 bilhões apenas na Califórnia. Agora estão considerando investir mais US$50 milhões em Atlanta (Fears, p.1). O que eles ganham investindo na América?

> *O programa para investidores de US$1 milhão foi criado pelo Congresso americano em 1990. Ele permite que um cidadão estrangeiro obtenha residência permanente nos EUA se investir US$1 milhão em*

uma empresa americana, desde que esse investimento crie dez empregos (John R. Emshwiller, "Fraud Plagues U.S. Programs That Swap Visas for Investments", *The Wall Street Journal,* 11 de abril de 1996, p. B1).

A demanda por advogados especializados em imigração não se limita aos estrangeiros que são empresários abastados. Muitos cientistas e profissionais altamente capacitados também estão sendo cada vez mais procurados por empresas americanas. Esses profissionais têm uma necessidade cada vez maior dos serviços de advogados que tenham considerável experiência e conhecimentos sobre as leis de imigração.

ESPECIALISTAS EM CUIDADOS MÉDICOS E DENTÁRIOS

Muitos especialistas irão se beneficiar da enorme quantia que a população afluente irá gastar com cuidados da saúde na próxima década. Um número cada vez maior de pessoas ricas pagarão pelas despesas médicas e dentárias de seus filhos e netos. Atualmente, mais de quatro em cada dez milionários (44%) estão pagando ou já pagaram pelas despesas médicas e dentárias de seus filhos adultos e/ou netos. Estimamos que nos próximos dez anos, os milionários gastarão mais de US$52 bilhões com cuidados médicos e dentários de seus filhos e netos.

Muitas destas despesas médicas e dentárias não são cobertas pelos planos de saúde. Os bons especialistas em saúde que preferem lidar diretamente com os clientes, e não com organizações burocráticas terceirizadas, serão especialmente importantes para oferecer esses serviços não cobertos pelos planos de saúde. Um número crescente de profissionais da saúde já está se concentrando nesse mercado abastado, capaz de pagar suas próprias despesas médicas. Os profissionais mais capacitados e com melhor reputação são os que podem mais prontamente capitalizar essa tendência. Com freqüência, eles estão em condições de pedir e receber honorários mais altos do que qualquer empresa de seguros médicos estaria disposta a pagar. Os ricos costumam pagar diretamente ao profissional ou à organização de saúde. Dessa maneira, evitam pagar impostos sobre as doações relativas a essas distribuições. Muitos afluentes também irão pagar por tratamentos opcionais, não cobertos pelos planos de saúde.

Os especialistas que vão se beneficiar incluem:

- *Dentistas* que oferecem serviços estéticos, como branqueamento, próteses, verniz, aparelhos corretivos invisíveis, cirurgia nasal estética, cirurgia corretiva do queixo e do maxilar.

- *Cirurgiões plásticos* que oferecem cirurgia de nariz, orelha, remoção de tatuagens, contorno facial, descamação química e remoção permanente de pêlos.

- *Dermatologistas* que oferecem remoção de manchas, cirurgia estética, tratamento da acne, remoção de sardas e eletrólise.

- *Alergistas* que oferecem tratamento para erupções e coceiras, alergia a alimentos, alterações psicológicas, depressão e dificuldades de aprendizado relacionadas a alergias e doenças relativas à mudança para uma casa nova.

- *Psicólogos* que oferecem aconselhamento vocacional, avaliação escolar e de carreira, tratamento para falta de atenção, compulsão alimentar, timidez, condicionamento da autoconfiança, testes de inteligência e de aptidão.

- *Psiquiatras* que oferecem tratamentos para estresse e ansiedade, abuso de drogas e de álcool, estresse escolar e síndrome do pânico.

- *Quiropráticos* que oferecem tratamento para o estresse e para dores de cabeça, pescoço e coluna.

ESPECIALISTAS EM LIQUIDAR, ADMINISTRAR E AVALIAR ATIVOS

Nem todas as doações intergeracionais vêm em forma de dinheiro ou equivalentes. Muitas vezes, as doações para filhos e netos adultos vêm como empresas particulares/familiares, coleções de moedas ou selos, pedras e metais preciosos, madeira, fazendas, direitos a empresas de petróleo e gás, imóveis residenciais e comerciais, coleções de armas, porcelanas, antigüidades, obras de arte, veículos, mobiliário, etc. Muitas vezes, quem recebe esses objetos tem pouco ou nenhum interesse neles e quer transformá-los em dinheiro vivo. Eles precisarão, portanto, de especialistas para lhes dar um parecer sobre o verdadeiro valor desses bens e ajudá-los a vendê-los, a administrá-los, mesmo por curtos períodos de tempo, ou a aumentar seu valor.

Os especialistas que se beneficiarão incluem:

- *Avaliadores e leiloeiros* que oferecem serviços de avaliação/apreçamento e vendas de bens pessoais e outros, tais como os citados acima.

- *Comerciantes de moedas e selos* que oferecem serviços de avaliação e, em alguns casos, dinheiro vivo em troca de coleções de selos e moedas.

- *Donos de lojas de penhores* que trabalham em nível regional; com freqüência, são especialistas em comprar produtos do espólio, como jóias, diamantes, metais preciosos, moedas, armas, antigüidades, porcelanas, coleções, relógios finos, pratarias, etc.

- *Profissionais especializados em administração de imóveis* que oferecem serviços de administração para residências/edifícios, serviços de manutenção, limpeza e coleta de aluguel.

Profissionais e Instituições de Ensino

Mais de 40% dos afluentes da América pagam pelos estudos de seus netos em escolas particulares primárias/secundárias. Com o rápido crescimento dos abastados, isso significa vários milhões de alunos cujas mensalidades nas escolas particulares serão subsidiadas nos próximos dez anos. A demanda por escolas particulares e de funcionários para elas, como professores, orientadores e monitores, deve se acelerar. Ao mesmo tempo, as despesas com mensalidades escolares e gastos relacionados devem aumentar. Por quê? Porque são os avós abastados que estão arcando com os custos. E já que muitos de seus filhos não precisam pagar a escola das crianças, eles são relativamente insensíveis aos custos cada vez maiores das escolas particulares.

As organizações e especialistas que se beneficiarão incluem:

- *Proprietários e professores* de escolas particulares, desde a pré-escola, jardim-de-infância e primário até o secundário e o colegial.

- *Proprietários e professores* de áreas especializadas como música, teatro, artes, educação especial, dificuldades do aprendizado, aconselhamento vocacional e testes de aptidão exigidos por diversas instituições.

Especialistas em Serviços Profissionais

Como já dissemos, os advogados desempenham um papel central na transferência de riqueza entre as gerações. Os contadores também são importantes nesse aspecto. Esses profissionais costumam servir como importantes conselheiros para os abastados. Nesse contexto, o aconselhamento vai além do trabalho normal de contabilidade e serviços legais. Os abastados confiam nesses profissionais, pedindo-lhes suas opiniões bem informadas sobre a melhor maneira de distribuir presentes substanciais, financeiros ou não, para seus filhos e netos. Muitas vezes, os clientes consideram esses contadores como sua primeira linha de defesa contra os altos impostos que recaem sobre as doações e espólios. Portanto, muitas vezes são chamados para serem co-testamenteiros do espólio de seus clientes abastados. Não é raro que um co-testamenteiro nessa situação receba uma porcentagem do espólio do cliente. Essa é uma das maneiras com que os abastados recompensam esses consultores de confiança, por toda uma vida de sábios conselhos prestados.

Os especialistas que se beneficiarão incluem:

- *Contadores* que oferecem estratégias de planejamento de impostos; soluções tributárias para espólios, fundos e doações; serviços fiduciários; avaliação de empresas/ativos; planejamento de aposentadoria.

Especialistas em Produtos/Serviços para Moradias

Mais de metade da população abastada oferecerá a seus descendentes assistência financeira para adquirir uma casa. Esse número, na verdade, subestima a incidência desse auxílio, porque é freqüente que outras doações financeiras substanciais que não haviam sido reservadas para nenhum fim específico sejam utilizadas para a compra de uma casa e as despesas relacionadas com essa aquisição. Os que recebem de seus parentes "subsídios para aquisição de casa" costumam ser menos sensíveis às variações de preços dos imóveis do que as pessoas não-subsidiadas. (Como sempre, nossos dados indicam que é bem mais fácil gastar o dinheiro dos outros.) Essa tendência deve beneficiar muitos que trabalham na área de serviços residenciais e em instituições de empréstimos e hipotecas.

Os subsídios dos pais para aquisição de casas em geral não excluem a necessidade de crédito. Na verdade, os pais que oferecem uma parte do preço da casa costumam precipitar a compra de casas mais caras e hipotecas maiores por parte de seus filhos e filhas.

Os especialistas que se beneficiarão incluem:

- *Empresas de construção de casas*
- *Instituições de empréstimo para aquisição de imóveis*
- *Empresas de reformas*
- *Empresas de decoração*
- *Empreiteiras especializadas em imóveis residenciais*
- *Corretores de imóveis residenciais*
- *Comerciantes de tinta, papéis de parede, artigos para decoração*
- *Fabricantes de sistemas de alarme e segurança*
- *Empresas de prestação de serviços de segurança*
- *Decoradores*

CONSULTORES PARA LEVANTAMENTO DE FUNDOS

Os especialistas que irão se beneficiar incluem:

- *Profissionais que realizam pesquisas filantrópicas, desenvolvem estratégias para atingir o público-alvo e dão consultoria para fundações e instituições educacionais.*

AGENTES E CONSULTORES DE VIAGENS

Os abastados gostam de passar férias com seus filhos e netos, e muitos gastam quantias consideráveis em viagens. Cerca de 55% gastaram recentemente mais de US$5.000 por uma viagem de férias. Cerca de um em seis gastou mais de US$10.000.

Os especialistas que irão se beneficiar incluem:

- *Agências de viagens especializadas em férias para famílias*
- *Agências especializadas em excursões, cruzeiros, viagens por todo o mundo, safáris e expedições*

ONDE ESTARÃO AS OPORTUNIDADES?

As pessoas interessadas em atingir os abastados como seu público-alvo precisam conhecer a distribuição geográfica das oportunidades disponíveis. Note que anteriormente, neste capítulo, apresentamos estimativas, para cada estado americano, do número e do valor total em dólares dos espólios na categoria de US$1 milhão ou mais (veja as Tabelas 7-3 e 7-4). Mas lembre-se de que para cada espólio na categoria de US$1 milhão ou mais há cerca de quarenta milionários que ainda estão vivos. Assim, para muitas pessoas que desejam negociar com os abastados, os milionários vivos são o grupo mais importante.

Mantendo isso em mente, estimamos quantos lares americanos terão um patrimônio líquido de US$1 milhão ou mais no ano 2005. Estimamos também quantos lares milionários haverá em cada um dos cinqüenta estados americanos, assim como no Distrito de Colúmbia, e entre os americanos que vivem fora dos EUA (veja a Tabela 7-5). Note que a Califórnia tem a maior população de lares milionários. Entretanto, em termos de concentração por cem mil lares, em primeiro lugar vem o estado de Connecticut.

TABELA 7-5

NÚMERO ESTIMADO DE LARES MILIONÁRIOS NO ANO 2005

	Total	Por 100.000 hab.	Concentração relativa
Estados Unidos	5.625.408	5.239	100
Alabama	66.315	3.844	73
Alasca	19.216	7.148	136
Arizona	76.805	4.501	86
Arkansas	32.008	3.228	62
Califórnia	773.213	5.762	110
Carolina do Norte	130.362	4.450	85
Carolina do Sul	58.479	3.867	74
Colorado	92.677	5.936	113
Connecticut	109.481	8.702	166
Dakota do Norte	9.559	3.865	74
Dakota do Sul	10.613	3.584	68
Delaware	18.237	6.247	119
Distrito de Colúmbia	14.076	6.815	130
Flórida	289.231	4.911	94
Geórgia	146.064	4.973	95
Havaí	30.857	6.046	115
Idaho	19.264	3.883	74
Illinois	283.329	6.054	116
Indiana	108.679	4.674	89
Iowa	46.202	4.100	78
Kansas	49.784	4.755	91
Kentucky	56.271	3.668	70
Louisiana	62.193	3.611	69
Maine	18.537	3.887	74
Maryland	149.085	7.283	139
Massachusetts	154.390	6.746	129
Michigan	202.929	5.406	103
Minnesota	102.662	5.533	106

TABELA 7-5

NÚMERO ESTIMADO DE LARES MILIONÁRIOS NO ANO 2005

	Total	Por 100.000 hab.	Concentração relativa
Mississipi	30.045	2.841	54
Missouri	92.665	4.431	85
Montana	12.954	3.661	70
Nebraska	28.026	4.276	82
Nevada	36.272	5.577	106
New Hampshire	26.941	6.013	115
Nova Jersey	258.917	8.275	158
Nova York	431.607	6.153	117
Novo México	26.352	3.758	72
Ohio	197.554	4.485	86
Oklahoma	46.734	3.593	69
Oregon	62.776	4.795	92
Pensilvânia	238.010	5.033	96
Rhode Island	19.672	5.125	98
Tennessee	91.263	4.285	82
Texas	365.034	4.736	90
Utah	33.850	4.097	78
Vermont	10.035	4.407	84
Virgínia	171.516	6.327	121
Washington	134.570	5.764	110
West Virginia	21.774	3.077	59
Wisconsin	100.421	4.852	93
Wyoming	9.021	4.493	86
Outras áreas	41.239	3.640	69

EMPREGOS: MILIONÁRIOS *VERSUS* HERDEIROS

Eles escolheram a ocupação certa.

Cerca de dez anos atrás, uma repórter de uma revista nacional nos telefonou. Ela nos fez a pergunta que nos fazem com mais freqüência:

Quem são os afluentes?

A maior parte dos afluentes na América é formada por proprietários de negócios, incluindo profissionais liberais autônomos. Dos lares afluentes da América, 20% são chefiados por aposentados. Dos restantes 80%, mais de dois terços são chefiados por proprietários de negócios. Na América, menos de um em cada cinco lares, ou seja, cerca de 18%, é chefiado por um negociante ou profissional autônomo. *Esses autônomos têm quatro vezes mais probabilidade de serem milionários do que os que trabalham para os outros.*

A repórter continuou com a próxima pergunta lógica:

Quais os tipos de negócios que os milionários possuem?

Nossa resposta foi a mesma que damos para todos:

Não se pode predizer se alguém é milionário
pelo tipo de negócio que possui.

Depois de vinte anos estudando os milionários num amplo leque de áreas de atividade, concluímos que *o caráter do proprietário é mais importante para prever seu nível de riqueza do que seu tipo de atividade.*

Porém, por mais que tentemos defender esse argumento, os repórteres querem que as coisas sejam simples. Que grande reportagem, que ótima manchete seria se eles pudessem dizer aos leitores:

Eis aqui dez tipos de negócios que os milionários possuem!

Já fizemos todos os esforços para passar a idéia de que não há passos garantidos a dar para alguém se tornar abastado. Mas, com freqüência, os repórteres ignoram os fatos. Eles fazem sensacionalismo e distorcem as conclusões das nossas pesquisas. Sim, você tem mais probabilidade de ficar rico se for autônomo. Mas o que alguns desses repórteres não dizem é que a maior parte dos donos de negócios não é milionária e nunca chegará nem perto de se tornar rica.

Entretanto, dizemos aos repórteres que alguns ramos de negócios tendem a ser mais lucrativos do que outros. Assim, quem possui negócios nas áreas mais lucrativas tende, por definição, a realizar mais renda. Mas só porque você trabalha num ramo lucrativo, isso não garante que o seu negócio seja altamente rentável. E mesmo se for, você talvez nunca se torne rico. Por quê? Porque mesmo que ganhe grandes lucros, você pode gastar quantias ainda maiores em serviços e bens de consumo não relacionados ao seu negócio. Você pode ter se divorciado três vezes, ou ter o hábito de apostar em cavalos. Pode não ter um plano de aposentadoria, nem possuir ações de qualquer empresa. Talvez você sinta pouca necessidade de acumular riqueza. O dinheiro, na sua mente, talvez seja o recurso mais facilmente renovável. Se você pensa assim, será um gastador e nunca um investidor.

Mas e se você for uma pessoa frugal e um investidor consciente, e possuir uma empresa lucrativa? Nesse caso, tem boa probabilidade de se tornar abastado.

É mais fácil ganhar altos lucros em certos ramos do que em outros. Neste capítulo, identificamos vários desses ramos lucrativos. Mais uma vez, alertamos nossos leitores para que não simplifiquem nossas constatações e sugestões. Com muita freqüência, as pessoas querem uma resposta "rápida e rasteira" para a questão de como se tornar rico na América. Piores ainda são os que distorcem as nossas constatações, todas fundamentadas em dados concretos. Considere, por exemplo, esse recado que foi deixado na nossa secretária eletrônica por um agente comercial:

> *Achei que o senhor gostaria de saber que alguém imprimiu um folheto afirmando que o senhor é professor da Universidade de Stanford e descobriu que 20% dos milionários na América são donos de lavanderias a seco... É verdade?*

Em primeiro lugar, nenhum de nós dois jamais lecionou em Stanford. Segundo, nenhum de nós dois jamais afirmou que um em cada cinco milionários está nesse momento passando camisas a ferro. De fato, descobrimos, em meados da década de 1980, que a limpeza a seco era uma pequena empresa lucrativa. Mas, repetimos mais uma vez, os lucros não se transformam automaticamente em afluência nem em riqueza acumulada. É como os nossos filhos, e talvez seus filhos também, que acham que vão entrar no time de basquete da universidade só porque compraram um par de tênis Air Jordan. Uma etiqueta não faz um jogador. Nem a etiqueta de uma indústria torna o seu proprietário rico. É necessário talento e disciplina para gerar lucros, e em última análise, riqueza. É por isso que ficamos ofendidos com pessoas que dizem ao público coisas assim:

> *Basta comprar meu kit educativo! Estude em casa, e sua nova firma será um sucesso. Abra hoje seu próprio negócio e você ficará rico amanhã. Eu fiz isso nessa área e você pode fazer também! É tão fácil!*

Mais uma vez: não é o kit, não é a idéia, não é o ramo de atividade. Por exemplo, os dados de lucratividade para os estabelecimentos de ferragens/madeiras de vinte e cinco anos atrás nunca nos animaram. Eles não nos convenceram a investir em um negócio desse tipo. Mas pense no que fizeram os fundadores de um negócio altamente lucrativo, o Home Depot. Eles reinventaram a maneira de trabalhar nesse setor. Não permitiram que os padrões dessa área em relação a lucros, volume de vendas ou custos operacionais determinassem a maneira como operavam a empresa e investiam o dinheiro. Esses fundadores tinham tremendo talento, disciplina e coragem. Ficaram ricos e ajudaram a tornar financeiramente independentes muitos de seus funcionários, assim como outros investidores. A maioria das pessoas que tem grande sucesso nos negócios estabelece para si parâmetros e objetivos muito elevados.

SÓ A MUDANÇA É PREVISÍVEL

As coisas realmente mudam, mesmo no chamado ambiente comercial do proprietário/administrador. Pense, por exemplo, no ramo que mencionamos acima: limpeza a seco (na verdade, o título apropriado seria lavanderias, limpeza a seco e serviços para roupas). A respeito desse setor, Tom Stanley relatou em 1988:

> *Em 1984 havia 6.940 sociedades; 91,9% obtiveram renda líquida, enquanto o retorno médio sobre as receitas (lucro líquido como porcentagem da receita) foi de 23,4%* (Thomas J. Stanley, *Marketing to the Affluent,* Homewood, Illinois, Irwin, 1988, p.190).

E o que dizer da lucratividade desse setor na década de 1990? Analisamos dados das declarações de imposto de renda. Descobrimos que em 1992 havia 4.615 sociedades; apenas 50,5% obtiveram qualquer renda líquida, enquanto que o retorno médio sobre as receitas foi de 13%. Também em 1992, havia 24.186 firmas de lavagem a seco de propriedade de uma só pessoa. Qual foi sua renda líquida média? Na média, foi de US$5.360. Isso dava à lavagem a seco o número 116 numa lista de 171 empresas de um só proprietário, com base no critério da renda líquida média. Naquele ano, esse setor classificou-se no número 119 quanto ao retorno sobre a receita, equivalendo a 8,1%. Que porcentagem dos proprietários de lavanderias a seco geraram renda líquida? Quase três em quatro, ou 74,1%, obteve pelo menos US$1 de renda líquida. Nesse aspecto, a limpeza a seco subiu para o lugar número 92 entre 171 tipos de negócios analisados.

Que diferença oito curtos anos podem fazer! Mas o setor da lavagem a seco não foi o único a passar por tais mudanças. Os dados da Tabela 8-1 contrastam o desempenho de determinados setores, em 1984 e 1992. Você notará que vários tiveram mudanças significativas de lucratividade ao longo dos anos. O número de lojas de roupas e acessórios para homens e meninos, por exemplo, mais do que dobrou de 1984 para 1992. Em 1984, todas as firmas de proprietário único nesse ramo tiveram lucro; mas em 1992, apenas 82,7% foram lucrativas. Nesse aspecto, sua classificação caiu do primeiro lugar para o número 57 entre as 171 empresas de proprietário único estudadas. O setor de construção de estradas e de ruas passou do oitavo lugar para o 138º, enquanto a mineração de carvão caiu de 14º para 165º.

Muitos fatores externos e não raro incontroláveis influenciam a lucratividade de indústrias e empresas nesses setores. Acontece com freqüência que a presença de um alto número de firmas lucrativas num determinado setor atrai cada vez mais pessoas para essa área, o que pode esfriar os lucros. As alterações nas preferências dos consumidores também podem afetar os lucros, assim como medidas do governo. Se o governo tivesse uma política de energia que favorecesse o uso do carvão, talvez o número de empresas mineradoras de carvão de proprietário único não tivesse caído de 717 para 76 em apenas oito anos. Note que apenas 34,2% das 76 empresas de mineração de carvão obtiveram qualquer lucro líquido. Mas, apesar disso, os proprietários únicos nesse setor ganharam uma renda líquida média de US$196.618. É obvio, assim, que uma minoria de proprietários de empresas de mineração de carvão ignora as tendências do setor, e muitos deles foram recompensados por sua tenacidade e suas convicções contrárias às da maioria em relação à indústria do carvão. Muitos empresários bem-sucedidos nos disseram que gostam que haja "curtos períodos de dificuldade" no seu setor, pois isso elimina boa parte da concorrência. Parece que foi esse o caso na indústria da mineração de carvão. Os 34,2% das empresas dessa área que foram lucrativas tiveram uma renda líquida de aproximadamente US$600.000.

Muitas pessoas nos perguntam: "Devo abrir um negócio sozinho?". A maior parte das pessoas não deveria jamais trabalhar sozinha. A renda líquida média das mais de quinze milhões de firmas de proprietário único na América é de apenas US$6.200! Cerca de 25% dessas firmas não ganham nem um único centavo de lucro durante um ano típico. A situação é pior ainda para as sociedades. Em média, 42% não obtêm qualquer lucro durante um ano. E o que dizer das corporações? Apenas 55% têm uma renda tributável durante um período típico de doze meses.

Profissionais Liberais Autônomos *Versus* Outros Proprietários de Negócios

Menos de um em cada cinco milionários que são proprietários de empresas acaba dando sua firma para seus filhos possuírem e administrarem. Por quê? Dê o crédito aos pais ricos. Eles conhecem as dificuldades para se vencer nos negócios. E compreendem que a maioria das empresas é altamente suscetível à competição, às tendências contrárias no consumo, aos altos custos operacionais e a outros fatores incontroláveis.

Então, o que esses milionários aconselham os seus filhos a fazer? Eles os incentivam a se tornarem profissionais liberais autônomos, tais como mé-

TABELA 8-1

CLASSIFICAÇÃO DE ALGUMAS CATEGORIAS SELECIONADAS DE EMPRESAS DE PROPRIETÁRIO ÚNICO, SEGUNDO A PORCENTAGEM QUE OBTEVE RENDA LÍQUIDA[1]: 1984 *VERSUS* 1992

	1984			1992			
Categoria	Número total de empresas	Porcentagem com renda líquida	Classificação	Número total de empresas	Porcentagem com renda líquida	Classificação	Renda líquida média (US$1.000)
Lojas de roupas e acessórios para homens e meninos	1.645	100,0	1	3.410	82,7	57	8,2
Consultórios de médicos ortopedistas	1.001	100,0	3	10.598	96,3	13	7,76
Revendas de *trailers*	4.718	95,4	7	6.844	92,3	23	10,1
Firmas de construção de estradas e de ruas	6.812	92,5	8	8.641	56,0	138	12,7
Marcenaria e assoalhos	312.832	92,0	9	497.631	92,0	25	8,9
Consultórios de quiropráticos	18.928	91,5	10	32.501	85,1	49	47,5
Telhados e chapas de metal	53.539	91,4	11	98.235	86,9	42	9,1
Farmácias e drogarias	14.128	90,9	12	8.324	82,2	60	45,5
Mineração de carvão	717	90,7	14	76	34,2	165	196,6
Lojas de cortinas e estofamentos	17.508	90,3	15	29.827	79,2	74	6,2
Agricultura/veterinária	16.367	89,7	16	19.622	92,5	22	41,7
Táxis/transporte de passageiros	42.975	89,5	17	38.907	97,1	11	7,0
Outros tipos de transporte local e intermunicipal de passageiros	16.945	89,4	18	30.666	93,6	20	8,8
Laboratórios dentários	15.246	89,4	19	28.101	96,0	15	15,2
Trabalhos em metal	4.972	89,2	20	3.460	100,0	1	26,1
Serviços de pintura, papel de parede e decoração	180.209	88,8	21	235.599	91,1	28	7,6
Consultórios dentários	77.439	88,2	22	96.746	94,9	16	73,1
Salões de boliche	1.456	88,1	23	1.547	91,3	27	57,4
Consultórios de optometristas	16.919	86,9	25	12.576	96,1	14	60,1

[1]A renda líquida foi computada a partir dos dados do imposto de renda federal americano de 1992 e de 1994.

dicos, dentistas, advogados, contadores, engenheiros e arquitetos. Como já foi dito, os casais milionários com filhos têm cinco vezes mais probabilidade de mandá-los estudar medicina do que os outros pais da América, e quatro vezes mais chances de mandá-los estudar advocacia.

Os abastados conhecem os riscos e as chances de se vencer ou fracassar nos negócios. E também compreendem que apenas uma pequena minoria dos profissionais liberais autônomos deixa de obter lucros em qualquer ano, e que a lucratividade da maioria das firmas que prestam serviços profissionais é substancialmente mais alta do que a média das pequenas empresas. Vamos detalhar esses tópicos com números concretos. Primeiro, porém, vejamos os outros atributos associados aos profissionais liberais autônomos.

Imagine por um momento que você é o sr. Carl Johnson, único proprietário da Mineração de Carvão Johnson. Você é dono de uma das 26 empresas de mineração de carvão que obtiveram lucro no ano passado, das 76 que há nesse setor. Não faz muito tempo, havia no seu setor 717 empresas de proprietário único. Mais de nove em cada dez obtiveram lucro. Agora, o setor foi reduzido em 90%. Mas você é durão, é criativo e inteligente. Embora a maioria dos outros tenha desistido, você continuou firme. E agora você está colhendo os benefícios: teve um lucro líquido de US$600.000 no ano passado. E está indo bem este ano. Bem, você tem dois filhos na faculdade que são ótimos alunos. Você começa a se fazer algumas perguntas:

- Será que devo incentivar meu David e minha Christy a entrarem no ramo de mineração de carvão?
- Será que eu deveria incentivá-los a assumir a mina de carvão que foi dos meus pais?
- Será que mineração de carvão é o melhor negócio para os meus filhos?

A maioria dos proprietários milionários que entrevistamos não iria incentivar seus filhos a assumir uma empresa dessas. Isso é especialmente verdade nos casos em que os filhos são ótimos alunos. Eles iriam incentivá-los a considerar outros caminhos.

A maioria das empresas de hoje exige investimentos em terras, equipamentos e edificações. A Mineração de Carvão Johnson possui montanhas que contêm carvão e equipamentos no valor de milhões de dólares. Ela emprega muitos mineiros e deve estar sempre melhorando o seu nível de segurança. Deve conformar-se aos regulamentos dos órgãos governamentais. Deve lidar com a variação incontrolável do preço que o mercado atribui a uma tonelada de carvão e estar alerta para os concorrentes que tentam roubar seus clientes. Deve observar cuidadosamente as mudanças na política governamental em relação à energia. Deve também manter seus funcionários satisfeitos e em segurança. Deve lidar com a possibilidade de um acidente na mina e uma interrupção na produção. Por fim, a empresa fica localizada num lugar fixo. As montanhas não podem ser mudadas para um clima mais quente ou para um lugar mais próximo de uma boa estrada de ferro. O que acontece se houver uma prolongada greve dos ferroviários?

Faça a si mesmo essas perguntas. Se fizer, logo vai perceber que está numa posição precária. O fato de você administrar uma empresa de alto desempenho não influi. Os fatores incontroláveis mencionados acima podem matar o seu negócio. Dadas essas considerações, a quantia de US$600.000 que você ganhou o ano passado parece menor. Quantos anos de US$600.000 haverá no seu futuro? O que acontecerá se os fatores incontroláveis o levarem à falência no ano que vem? Será que você pode usar seus conhecimentos para lecionar mineração de carvão numa universidade? Provavelmente, não. Seus talentos são mais do tipo prático, não intelectual.

Certa vez perguntamos a um negociante abastado que veio da Europa para a América fugindo do Holocausto por que todos os seus filhos adultos eram profissionais liberais autônomos. Eis a sua resposta:

Podem tomar a sua empresa, mas não o seu intelecto!

O que isso significa? Um governo e/ou um credor pode confiscar uma empresa que se compõe de terras, maquinário, minas de carvão, edificações e assim por diante. Mas não pode confiscar seu intelecto. O que vendem os profissionais liberais? Não é carvão, não é tinta, não é pizza. O que eles vendem é principalmente seu intelecto.

Os médicos, por exemplo, podem levar seu intelecto para qualquer lugar. Seus recursos são totalmente portáteis. O mesmo vale para os dentistas, advogados, contadores, engenheiros, arquitetos, veterinários e quiropráticos. São essas as profissões de um número desproporcionalmente alto dos filhos e filhas dos casais afluentes da América.

E o que dizer da renda dos profissionais liberais em comparação com a Mineração de Carvão Johnson? Apenas uma minoria dos profissionais liberais autônomos já conseguiu ganhar US$600.000 de lucro num único ano. E muitos deles passaram muitos anos em treinamento, o que é custoso tanto em dinheiro como em tempo. Mesmo assim, a maior parte dos pais abastados acredita que os benefícios a longo prazo que se obtém sendo profissional liberal são muito maiores do que os custos. Lembre-se que a maioria desses pais pagou uma parte significativa dos gastos em educação e treinamento de seus filhos e filhas. Seu voto é dado com seu dinheiro suado.

E você, qual vai ser o seu voto? Note que a mineração de carvão, em média, produziu uma renda líquida mais alta (US$196.600) do que qualquer das empresas de proprietário único listadas na Tabela 8-2. Mas qual foi a proporção das empresas de mineração de carvão que conseguiu obter renda líquida durante este mesmo período? Apenas cerca de uma em três (34,2%). Isso está em forte contraste com as porcentagens dos negócios lucrativos nos serviços profissionais listados na Tabela 8-2. Que porcentagens foram lucrativas? Cerca de 87,2% dos consultórios médicos, 94,9% dos consultórios dentários, 92,5% dos consultórios veterinários e 86,6% dos escritórios de advocacia.

Examine também o retorno médio sobre a receita. Em média, seria necessário obter uma receita de US$2,4 milhões para que uma mineração de carvão gerasse uma renda líquida de US$196.600 (aproximadamente 8,2% de US$2,4 milhões). E o que dizer dos médicos? A renda média de um consultório médico é de US$87.000 – ou seja, 56,2% da receita gerada de US$154.804. Quantos dólares um consultório médico teria de gerar para ganhar a mesma renda líquida média que a mineração de carvão ganhou (US$196.600)? Apenas US$349.800, muito menos do que os US$2,4 milhões exigidos para se operar uma mineradora. Essa quantia é ainda mais baixa para os médicos ortopedistas; em média, eles necessitariam de uma receita de US$340.138 para ganhar a renda média esperada de US$196.600. Os provedores de serviços legais, em média, precisariam gerar US$414.800 em vendas para ganhar o que a empresa de mineração média obteve em renda líquida.

O que você aconselharia a David e Christy fazerem? Se você for como a maioria dos empresários de sucesso, você os aconselhará a se tornarem profissionais liberais. É o que acontece com os abastados da América. Tipicamente, os abastados de primeira geração são empresários. Eles conseguem vencer todas as dificuldades. Seus negócios são bem-sucedidos e eles se tornam abastados. Grande parte do seu sucesso depende de levar uma existência frugal enquanto constroem sua empresa. A sorte, muitas vezes, desempenha um papel. E a maioria dos que vencem compreende que as circunstâncias também poderiam ter ido contra eles.

Seus filhos terão uma vida melhor. Não precisarão assumir riscos significativos. Terão uma boa instrução. Serão médicos, advogados e contadores. Seu capital é o seu intelecto. Mas, ao contrário de seus pais, eles irão adiar sua entrada no mercado de trabalho até o final da casa dos vinte anos, ou mesmo início da casa dos trinta. E é bem provável que assim que começarem a trabalhar, adotem um estilo de vida de classe média alta, uma vida muito diferente daquela que seus pais, tão frugais, levavam quando iniciaram seus negócios.

Com freqüência, os filhos não são frugais. Como poderiam ser? Eles têm posições de alto *status* que exigem altos níveis de consumo, e assim redu-

TABELA 8-2

OS DEZ NEGÓCIOS MAIS LUCRATIVOS[1] PERTENCENTES A PROPRIETÁRIO ÚNICO

Tipo de negócio	Número de empresas	Renda líquida média (em US$1.000)	Classificação segundo a renda líquida	Porcentagem com renda líquida	Retorno médio sobre a receita	Receita média necessária para gerar a renda líquida média (em US$1.000)	Ganhos médios necessários para gerar a renda média da mineração de carvão (em US$1.000)
Mineração de carvão	76	196,6	1	34,2	8,2	2.397,6	2.397,6
Consultórios médicos	192.545	87,0	2	87,2	56,2	154,8	349,8
Consultórios de médicos ortopedistas	10.598	77,6	3	96,3	57,8	134,3	340,1
Consultórios de dentistas	96.746	73,1	4	94,9	34,2	201,9	543,1
Consultórios de optometristas	12.576	60,1	5	96,1	30,7	195,8	640,4
Salões de boliche	1.547	57,4	6	91,3	31,0	185,2	634,2
Consultórios de quiropráticos	32.501	47,5	7	85,1	39,3	120,9	500,3
Farmácias e lojas de conveniência	8.324	45,5	8	82,2	8,7	523,0	2.259,8
Serviços veterinários	19.622	41,7	9	92,5	22,5	185,3	873,8
Serviços legais	280.946	39,8	10	86,6	47,4	84,0	414,8

[1] A renda líquida foi computada a partir dos dados do imposto de renda federal americano de 1992. Nesse ano havia nos EUA mais de 15 milhões de empresas com proprietário único, distribuídas em 171 classificações.

zem os níveis de investimento. Em conseqüência, podem exigir auxílio econômico. Apesar de ganhar uma alta renda, como ocorre com a maioria dos profissionais liberais, eles são obrigados a gastar. Assim, como em muitas categorias profissionais existe uma correspondência entre uma alta renda gerada e um alto nível de despesas domésticas, é difícil prever o nível da riqueza com base na renda de vários tipos de atividades.

AS EMPRESAS "BANAIS-CONVENCIONAIS" E OS AFLUENTES

Um artigo recente na revista *Forbes* tinha uma chamada interessante:

> *As companhias em setores "desinteressantes" que apresentam um contínuo crescimento nos ganhos talvez não contribuam para animar a conversa num coquetel, mas a longo prazo são as que oferecem os melhores investimentos* (Fleming Meeks e David S. Fomdiller, "Dare to Be Dull", *Forbes,* 6 de novembro de 1995, p.228).

Mais adiante no mesmo artigo, os autores mencionam que, a longo prazo, empresas de alta tecnologia caem na escala do desempenho. Em geral, são as companhias nos ramos que chamamos de "banais-convencionais" as que têm um desempenho mais consistente para seus proprietários. A revista *Forbes* lista vários pequenos negócios de alto desempenho que tiveram grande resistência nos últimos dez anos. Algumas indústrias representadas incluem manufatura de lambris e de materiais de construção, lojas de eletrônica, casas pré-fabricadas e peças de automóvel.

Não, não parecem empresas muito emocionantes. Mas, em geral, são essas categorias banais de negócios que produzem riqueza para seus proprietários. Com freqüência, elas não atraem muita concorrência, e a demanda pelo que têm a oferecer não costuma estar sujeita a rápidas quedas. Fizemos nossa própria lista de empresas de propriedade de milionários (veja o Apêndice 3). Neste momento, porém, gostaríamos de listar apenas uma amostra. Quais são os negócios que os abastados possuem? Uma ampla variedade de empresas do tipo banal-convencional.

Risco – ou Liberdade?

Por que as pessoas administram seu próprio negócio? Em primeiro lugar, a maioria dos proprietários de sucesso dirá que desfruta de uma tremenda liberdade. Cada um é seu próprio patrão. E eles também nos dizem que é menos arriscado ser autônomo do que trabalhar para os outros.

Um professor, certa vez, perguntou a um grupo de sessenta alunos de Administração de Empresas que eram executivos de empresas públicas:

> *O que é o risco?*

Um aluno respondeu:

> *Ser empresário!*

Seus colegas concordaram. Daí o professor respondeu à sua própria pergunta citando um empresário:

> *O que é risco? É ter uma única fonte de renda. Quem é empregado, está correndo risco, pois tem uma única fonte de renda. E o que dizer do empresário que vende serviços de zeladoria e limpeza para o seu patrão? Ele tem centenas e centenas de clientes... são centenas e centenas de fontes de renda.*

Na verdade, existe um risco financeiro considerável em ser dono de uma empresa. Porém, os proprietários têm convicções que os ajudam a reduzir seu risco, ou pelo menos o risco que eles conseguem perceber:

- Estou no controle do meu próprio destino.
- Risco mesmo é trabalhar para um empregador impiedoso.
- Eu consigo resolver qualquer problema.
- A única maneira de se tornar diretor de uma empresa é ser proprietário dela.
- Não há limite para a renda que eu posso conseguir.
- Fico mais forte e mais experiente a cada dia por enfrentar os riscos e as adversidades.

Ser dono de um negócio também exige que você tenha o desejo de ser autônomo. Se você detesta trabalhar fora do ambiente de uma empresa, ser proprietário autônomo pode não ser sua vocação. Os proprietários mais bem-sucedidos que entrevistamos têm uma característica em comum: todos eles gostam do que fazem. Todos se orgulham de "fazer as coisas sozinhos".

Considere o que um multimilionário nos disse sobre ser autônomo:

> *Hoje há muitas pessoas [empregados] que trabalham em algo de que não gostam. Eu lhe digo sinceramente que o homem bem-sucedido é aquele que gosta do que faz, que mal pode esperar a hora de levantar de manhã para ir para o seu escritório. Esse é o meu critério, e eu sempre fui assim. Não vejo a hora de me levantar de manhã e ir para o escritório fazer o meu trabalho.*

Para esse homem (um viúvo sem filhos), a questão não é ganhar dinheiro. Na verdade, segundo o plano que fez para seu espólio, toda a sua riqueza irá para o fundo de bolsas de estudos para alunos da universidade que ele freqüentou.

TABELA 8-3

ALGUNS NEGÓCIOS/PROFISSÕES DE MILIONÁRIOS AUTÔNOMOS

Clínica para cuidados médicos prolongados	Jateamento de areia
Distribuição de publicidade	Leiloeiro/avaliador
Dono de cafeteria	Levantamento de fundos
Dono de escola técnica profissional/vocacional	Manufatura de roupas prontas
Dono de estacionamento para *trailers* e casas móveis	Negociante de selos e moedas
Editor de jornal empresarial	Processamento de algodão
Engenharia/design	Processamento de carne
Fabricante de equipamentos para transferência de calor	Recrutamento de pessoal temporário para escritórios
Fabricante de máquinas de fazer *donuts*	Relações públicas – lobista
Fabricante de produtos químicos para limpeza	Retífica e distribuição de motores a diesel
Fabricante de roupas prontas	Serviços de ambulância
Fazendeiro – cultivo de frutas cítricas	Serviços de consultoria de recursos humanos
Fazendeiro – produção de arroz	Serviços de dedetização
Físico-inventor	Serviços de zeladoria/faxina
Geólogo consultor	

Como foi que esse homem e outros como ele selecionaram o ramo de negócios em que queriam entrar? Ele teve uma boa formação universitária com professores de engenharia e ciência, muitos dos quais também eram empresários. Esses professores foram seus modelos. A maior parte dos empresários de sucesso já tinha algum conhecimento ou experiência no ramo de sua escolha antes de iniciar seu próprio negócio. Larry, por exemplo, trabalhou mais de doze anos vendendo serviços numa gráfica. Era o funcionário de melhor desempenho para seu patrão. Mas, cansado de temer que seu empregador fosse à falência, pensou em abrir sua própria firma, e buscou o nosso conselho quanto a isso.

Fizemos a Larry uma simples pergunta: "Qual é a coisa número um de que uma gráfica precisa?". Ele respondeu sem hesitar: "Mais negócios, mais receita, mais fregueses". Assim, Larry respondeu sua própria pergunta. Ele de fato começou seu próprio negócio, mas não abriu uma gráfica. Tornou-se agente autônomo de serviços de impressão. Agora, ele representa várias grandes gráficas e recebe comissão pelas vendas. Seu negócio tem muito poucos custos operacionais.

Antes de iniciar seu próprio negócio, Larry nos disse que não tinha coragem de ser um empresário autônomo. Contou que cada vez que pensava em "me atirar sozinho", defrontava-se com o medo. Larry acreditava que as pessoas autônomas não sentem medo, que o medo nunca entra na cabeça delas.

Tivemos de ajudar Larry a acertar suas idéias. Começamos lhe explicando que sua definição de coragem estava errada. Como definimos coragem? A coragem é comportar-se de uma maneira que desarma o medo. Sim, Larry, pessoas corajosas como os empresários reconhecem o medo naquilo que estão fazendo. Mas lidam com isso. Elas superam os seus medos. E é por isso que são bem-sucedidas.

Já passamos um tempo considerável estudando pessoas corajosas. Com certeza, Ray Kroc teve uma enorme coragem ao achar que conseguiria vender comida para o mundo todo. Mas lembre-se de que ele foi chofer de ambulância nas linhas de frente na Primeira Guerra Mundial (como também Walt Disney). Lee Iacocca precisou de uma enorme coragem para dizer ao Congresso americano e ao mundo que a Chrysler iria voltar "em grande estilo". Iacocca não cabe exatamente na definição estrita de empresário, mas para nós ele tem sangue de empresário nas veias.

Há muito medo na América. Mas segundo nossa pesquisa, quem tem menos medo e preocupação? Você imagina que seja alguém com um fundo em seu nome de US$ 5 milhões ou o empresário tipo *self-made man* com um patrimônio líquido de vários milhões de dólares? É sempre o empresário, a pessoa que lida com o risco todos os dias, que testa a sua coragem todos os dias. Dessa maneira, ele ou ela aprende a vencer o medo.

* * *

Reservamos o estudo de caso seguinte para o fim, pois, para nós, ele resume bem as diferenças entre os PAR e os SAR. Ao longo de todo este livro, procuramos reforçar a idéia de que os membros desses dois grupos têm necessidades distintamente diferentes. Os PAR têm necessidade de se realizar, de criar riqueza, de serem financeiramente independentes, de construir algo a partir do zero. Os SAR, em geral, necessitam ostentar um estilo de vida de alto *status*. O que acontece quando membros desses dois grupos tentam ocupar o mesmo espaço ao mesmo tempo? Como demonstra o seguinte estudo de caso, o resultado é provavelmente o conflito.

O sr. W. é um *self-made man* milionário, com um patrimônio líquido avaliado, conservadoramente, em mais de US$ 30 milhões. Um típico PAR, o sr. W. é dono de várias empresas que produzem equipamentos industriais e instrumentos de teste e mensuração. Também está envolvido em muitas outras atividades empresariais, como empreendimentos imobiliários.

O sr. W. mora num bairro de classe média, rodeado por pessoas que possuem apenas uma pequena fração da riqueza que ele acumulou. Ele e sua esposa dirigem carros de passeio General Motors. Seus hábitos de vida e de consumo são totalmente classe média. Ele nunca trabalha de terno e gravata.

O sr. W. gosta de se aventurar no ramo que ele chama de imóveis de luxo:

> *Eu ganho dinheiro em imóveis, fora do ramo dos equipamentos... Deus continua a fazer mais gente, mas não faz mais terras... Você pode ganhar dinheiro se for esperto e muito exigente na escolha do local.*

O sr. W. é realmente muito exigente. Ele compra propriedades, à vista ou em sociedade, apenas quando o preço é bom. Em geral, compra uma propriedade, inteira ou em parte, de um proprietário e/ou empreiteiro que esteja em grande necessidade de assistência financeira.

Recentemente, ele descobriu mais uma "oportunidade superior de investimentos nas terras ensolaradas":

> *Um coitado que estava fazendo um condomínio de luxo, um edifício alto... Para um empreiteiro poder começar a construir, precisa já ter 50%*

das unidades vendidas... Assim, fui até lá e fiz um trato com ele... Comprei todas as unidades de um determinado estilo... Comprei ainda na planta, com muitas vantagens. Ele recebeu o dinheiro, e construiu. E como eu comprei todas as unidades de um determinado estilo, qualquer pessoa que quisesse comprar esse estilo precisaria comprar de mim. É como um monopólio, ninguém mais compete comigo. Eu vendo todas essas unidades imediatamente – todas menos uma.

Mas o sr. W. não consegue guardar nem mesmo essa última unidade por muito tempo. Ele e sua família a utilizam por um ou dois períodos nas férias de verão. Às vezes, ele convida alguns amigos íntimos para usá-la. Se não, ele a aluga até que seja vendida. E por que o sr. W. não mantém uma presença mais permanente nesses condomínios? Não é seu estilo.

A maioria das pessoas que compra os condomínios de férias do sr. W. é SAR de classe média alta. O sr. W. já teve uma série de desentendimentos com muitos compradores dos seus apartamentos em condomínios. Em vários destes, seus compradores fizeram regulamentos tão restritivos que o sr. W. se sentiu pouco à vontade de passar até mesmo uns dias de férias no seu próprio condomínio. Assim, ele se sentia impelido a vender aquela "única unidade restante" em cada um.

Tenho um cachorro. Pode chamá-lo de "cachorrinho de seis dígitos". Já vendi vários condomínios porque as pessoas fizeram leis proibindo cachorros. Elas me diziam: "Sabe, o senhor tem que se livrar desse cachorro...". Pois eu sou capaz de vender um edifício inteiro, mas não de "me livrar" do meu cachorro.

O sr. W. já previu que esses compradores tão preocupados com o *status* do seu novo empreendimento também seriam insensíveis ao seu desejo de ter um cachorro. Assim, antes de começar a construção desse novo condomínio, ele incluiu seu cachorro na convenção do edifício. A convenção dizia que o sr. W. e sua família teriam o direito de ter o cachorro consigo quando estivessem residindo ali.

Segundo o sr. W., todos os compradores receberam uma cópia dessa declaração. Assim, estavam conscientes do direito do sr. W. de ter um cachorro no condomínio. Nenhum proprietário objetou ao comprar a propriedade. Porém, pouco depois que o condomínio foi totalmente vendido, exceto pela "última unidade disponível" do sr. W., os proprietários se reuniram e formaram um comitê de ação. Seu objetivo era criar e colocar em vigor uma lista ampliada de normas e restrições. Mas, decerto, essas novas restrições não atingiriam os direitos do sr. W. e seu cachorro. Afinal, esses direitos estavam especificados na convenção original.

O comitê aprovou uma lei contra cachorros. Ela contrariava a declaração original a respeito de cachorros decretando que eles teriam licença de ficar no condomínio, com certas restrições, se tivessem menos de sete quilos de peso. E assim se foram por água abaixo os direitos caninos da convenção original. O sr. W. sentiu que esse era um subterfúgio para incentivá-lo a vender sua unidade e sair. Seu cachorrinho de seis dígitos tinha quinze quilos de peso. Ele achou que mesmo se o cachorro fizesse regime, não poderia obedecer àquela norma. O sr. W. ficou especialmente perturbado porque nunca lhe deram o direito de votar a favor ou contra essa regra anticanina. Mesmo assim, continuou decidido a manter seu cão, apesar das normas. Afinal, fora ele o maior investidor naquele condomínio, antes mesmo de começar a construção.

> *O comitê me escreveu uma carta dizendo que eu tinha de dispensar o cachorro porque ele pesava mais de sete quilos. Assim, fui a uma reunião deles e reclamei sobre o sistema de votação. Não consegui nenhuma repercussão.*

Logo antes de deixar essa reunião, o sr. W. se dirigiu ao comitê do seguinte modo:

Como vocês sabem que ele pesa mais de sete quilos? Como vocês sabem? Quem sabe ele seja oco por dentro? Não vou dispensar meu cachorro.

Alguns dias depois dessa reunião, o chefe do comitê encostou a sra. W. na parede quando ela estava levando o cachorro a passear, e lhe disse num tom tipo "jargão legal": "Dispense esse cachorro. A senhora está violando as nossas normas". Mais tarde, a sra. W. contou isso ao marido. Estava bastante nervosa com aquele encontro, mas ele a aconselhou a manter a calma.

Várias semanas depois, o sr. W. recebeu uma carta exigindo que ele retirasse o cachorro. Dizia também que iriam iniciar ações legais se ele não cumprisse as normas relativas a cães. Seguiram-se mais duas cartas, cada uma mais ameaçadora do que a outra.

O sr. W. não ficou impressionado. O autor das cartas, que era presidente do comitê, também era advogado. Mas o sr. W. descobriu que ele não tinha licença para advogar naquele estado onde o condomínio se localizava. Assim, o sr. W. "prontamente ignorou" todas as exigências do comitê.

Contudo, o sr. W. e sua família começaram a sentir que estavam deslocados, até mesmo para passar férias nesse condomínio. Será que o comitê estava usando o seu cachorro como uma arma para despejar sua família? O sr. W. estava convicto que sim. Ele e sua família não eram o que certas pessoas consideram *beautiful people.* Em contraste, o condomínio estava cheio das pessoas mais "limpinhas e escovadinhas" (nas palavras do sr. W.) que se possa imaginar.

O sr. W. ficou cada vez mais zangado com os membros do comitê. Achou que eles estavam fazendo questão de serem rudes e desagradáveis com ele. Ficou especialmente aborrecido porque o presidente do comitê deixou sua esposa envergonhada diante de vários outros moradores. O sr. W. pensou num plano.

Numa reunião de proprietários do condomínio, na qual todos os membros do comitê estavam presentes, o sr. W. levantou-se e se apresentou.

É para mim que vocês vêm mandando essas cartas... a respeito do nosso cachorro. Considerei a proposta de vocês cuidadosamente. E decidi que não vou dispensar meu cachorro, tampouco vou vender meu condomínio.

Essa afirmação causou vaias e assobios do auditório. Depois de reconquistar a atenção do público, ele apresentou sua contraproposta: doar seu apartamento para o plano de pensão e aposentadoria da sua empresa, permitindo assim que os empregados da linha de montagem usassem o condomínio como local de férias durante 52 semanas por ano. Perguntou então ao auditório: "Então, pessoal, tudo bem para vocês essa proposta?".

Numerosos participantes soltaram gemidos. Deviam estar imaginando os empregados do sr. W., todos de macacão azul sujo de graxa, invadindo o seu espaço 52 semanas por ano! Alguns então gritaram: "Fique com o cachorro, fique com o cachorro!". O presidente propôs então que o comitê fizesse imediatamente uma reunião de urgência na sala ao lado. Cinco minutos depois dessa reunião feita atrás de portas fechadas, os membros do comitê voltaram para o auditório. O presidente declarou que eles haviam tomado uma decisão.

Depois de revisar todos os elementos da situação, o comitê recomenda que a família W. tenha permissão para manter seu cachorro. Peço que o regulamento seja corrigido de acordo. Os que forem a favor...

Não muito depois dessa brilhante vitória, os W. venderam a sua unidade no condomínio. Fizeram isso, pois como o sr. W. observou:

Não quero morar num edifício com gente que não gosta de cachorro.

Segundo o sr. W., seu cachorro era muito importante para ele e sua família. Tanto assim que venderam o apartamento a um preço baixo. E não foi a primeira vez; ele já vendeu outras unidades em condomínios onde as pessoas eram hostis ao seu cachorro. Assim, quanto vale esse cachorrinho? Para a família W., vale centenas de milhares de dólares. Foi assim que ele avaliou a sua perda ao vender todas essas unidades a um preço abaixo do mercado. Um ambiente hostil, mesmo numa atmosfera de gente "linda", não é um bom lugar para cachorros – nem para PAR.

AGRADECIMENTOS

A pedra fundamental para este livro foi colocada em 1973, quando iniciei meu primeiro estudo sobre a população abastada. Este livro reflete as informações e as conclusões que conseguimos obter desde aquele levantamento inicial e também a partir de muitos estudos posteriores sobre os abastados. Recentemente, meu co-autor, Bill Danko, e eu fizemos um levantamento desde maio de 1995 até janeiro de 1996 que consideramos o mais revelador. Nós mesmos empreendemos todo o estudo. Isso nos permitiu ter controle completo ao nos concentrarmos nos fatores que explicam como as pessoas se tornam abastadas na América.

Ao longo desse processo de coleta de informações sobre os abastados, tive a assistência de pessoas realmente extraordinárias. Bill vem sendo meu braço direito desde o início desta pesquisa. Ninguém poderia desejar um co-autor melhor do que o dr. Bill Danko.

Sou grato à minha esposa, Janet, por sua orientação, paciência e assistência na elaboração do manuscrito. Um agradecimento muito especial vai para Ruth Tiller pelo seu excepcional serviço ao formatar os questionários, transcrever as entrevistas, editar e cuidar do processamento do texto. Tenho uma grande dívida de gratidão com Suzanne De Galan pelo seu extraordinário trabalho de edição do manuscrito. Também quero reconhecer a contribuição de meus filhos, Sarah e Brad, pelo seu auxílio como estagiários neste projeto.

Por fim, gostaria de agradecer às milhares de pessoas que contribuíram para o nosso trabalho com sua franqueza, sua boa vontade e seu interesse em contar a "sua história". Eles são realmente os milionários que moram logo ao lado!

Thomas J. Stanley, Ph.D.
Atlanta, Geórgia

Muitas pessoas incentivaram minha carreira. Sou especialmente grato aos que me apoiaram na Universidade do Estado de Nova York, em Albany. Os professores Bill Holstein, Hugh Farley, Don Bourque, Sal Belardo e outros consistentemente contribuíram para criar uma atmosfera de coleguismo na universidade que permitiu que este trabalho desse frutos. E, com certeza, se Bill e Don não tivessem trazido Tom Stanley para lecionar na universidade no início dos anos 70, este livro e outros esforços frutíferos da dupla Stanley / Danko nunca teriam se concretizado.

As laboriosas tarefas associadas a boa parte da pesquisa empírica necessária para completar este livro foram realizadas com a máxima boa vontade, sob a minha orientação, pelos meus três filhos, Christy, Todd e David. Sua diligência e atenção aos detalhes não poderia ter sido, nem foi, motivada por um "pagamento pelo serviço". Eles executaram suas tarefas como se tudo estivesse em jogo nesse projeto. Espero que esse contato com a pesquisa de mercado os deixe bem informados ao construírem suas carreiras.

Por fim, devo homenagear minha mãe, que me instilou a disciplina e a fé. Através do seu exemplo vivo de trabalho duro em face das adversidades, ela me ensinou a viver uma vida honrada de perseverança e coragem guiada por Deus.

William D. Danko, Ph.D.
Albany, Nova York

APÊNDICE 1
COMO ENCONTRAMOS OS MILIONÁRIOS

Como fazemos para encontrar milionários para pesquisar? Certa vez um aluno nosso do tipo que só tirava notas "C" tentou responder a essa pergunta num curso de pesquisa de mercado. Ele sugeriu que bastava conseguir uma lista de pessoas que possuem automóveis de luxo. Como o leitor já sabe, a maioria dos milionários não tem carros de luxo. E a maioria dos que tem carros de luxo não é milionária. Não, esse método não funciona!

PESQUISANDO POR BAIRRO

O método que utilizamos no nosso estudo mais recente, assim como em muitos outros que já realizamos, foi criado por nosso amigo Jon Robbin, o inventor da geocodificação. Jon Robbin foi o primeiro a classificar – ou codificar – cada um dos mais de trezentos mil bairros da América. Com esse sistema, pode-se codificar mais de 90% dos cem milhões de lares milionários do país.

O sr. Robbin primeiro classificou esses bairros de acordo com a renda média de cada um. Em seguida, estimou o patrimônio líquido médio de cada bairro, verificando primeiro a renda média proveniente de juros, a renda líquida do aluguel, etc., geradas pelos domicílios de cada bairro. Depois, utilizando o seu "modelo matemático de capitalização", avaliou o patrimônio líquido médio que seria exigido para gerar essas rendas. Uma vez estimado o patrimônio líquido médio para cada bairro, Robbin atribuiu um código para cada um. O código 1 foi atribuído ao bairro com o patrimônio líquido médio mais elevado dos que foram avaliados; o código 2 foi atribuído ao bairro seguinte com o patrimônio líquido médio mais alto, e assim por diante. (Veja também Thomas J. Stanley e Murphy A. Sewall, "The Response of Affluent Consumers to Mail Surveys", *Journal of Advertising Research* , junho/julho de 1986, pp. 55-58.)

Utilizamos essa escala de avaliação do patrimônio líquido para nos ajudar a encontrar milionários para pesquisar. Primeiro, selecionamos amostras de bairros que têm uma classificação significativamente mais alta do que a média na escala estimada do patrimônio líquido. Uma empresa especializada em mala-direta calcula o número de domicílios em cada um dos bairros de alto patrimônio que escolhemos. Em seguida, essa mesma empresa seleciona aleatoriamente um número x de chefes de domicílios dentro dos bairros escolhidos. São essas as pessoas que nós pesquisamos.

No nosso estudo nacional mais recente, realizado de junho de 1995 até janeiro de 1996, escolhemos três mil chefes de domicílios. Cada um recebeu um questionário de oito páginas, um formulário solicitando sua participação e garantindo a anonimidade e a confidencialidade dos dados, uma nota de um dólar como símbolo do nosso reconhecimento e um envelope para retornar o questionário. Foram preenchidos 1.115 questionários a tempo de serem incluídos na nossa análise. Outros 322 levantamentos não foram utilizados: 156 endereços desconhecidos, 122 endereços incompletos e 44 levantamentos válidos que foram devolvidos depois do prazo, quando a análise já havia começado. A taxa de resposta foi de 45%. Dos 1.115 respondentes, 385, ou seja, 34,5% do total, tinham um patrimônio líquido familiar de US$ 1 milhão ou mais.

Pesquisando por Ocupação

Complementamos essa pesquisa com levantamentos alternativos. Muitas vezes empregamos o que se chama de *método casuísta*, em que pesquisamos um segmento da população estreitamente definido, e não pessoas que moram em bairros afluentes em geral. Esses segmentos da população incluem fazendeiros abastados, altos executivos de corporações, gerentes de nível médio, engenheiros/arquitetos, profissionais da saúde, contadores, advogados, professores universitários e secundários, leiloeiros, empresários e outros. Os levantamentos específicos são úteis porque até mesmo os melhores métodos de geocodificação em geral ignoram as pessoas abastadas que vivem nas áreas rurais.

Apêndice 2
Veículos a Motor de 1996:

MARCA E MODELO	PREÇO APROXIMADO NO VAREJO	PESO EM LIBRAS	CUSTO POR LIBRA	ÍNDICE DE CUSTO RELATIVO (MÉDIA = 100)
Dodge Ram	US$17.196	4.785	US$3,59	52
Hyundai Accent	US$8.790	2.290	US$3,84	56
Isuzu Hombre	US$11.531	2.850	US$4,05	59
Chevrolet Série S	US$14.643	3.560	US$4,11	60
Dodge Dakota	US$15.394	3.740	US$4,12	60
Ford Ranger	US$15.223	3.680	US$4,14	60
Mazda Série B	US$15.320	3.680	US$4,16	61
Ford Aspire	US$9.098	2.140	US$4,25	62
Dodge Neon	US$11.098	2.600	US$4,27	62
Plymouth Neon	US$11.098	2.600	US$4,27	62
GMC Sonoma	US$15.213	3.560	US$4,27	62
Geo Metro	US$9.055	2.065	US$4,38	64
Ford Escort	US$11.635	2.565	US$4,54	66
GMC Sierra C/K	US$17.394	3.829	US$4,54	66
Hyundai Elantra	US$12.349	2.700	US$4,57	67
Ford Série F	US$20.143	4.400	US$4,58	67
Plymouth Voyager	US$18.703	3.985	US$4,69	68
Plymouth Grand Voyager	US$18.958	4.035	US$4,70	68
Mercury Cougar	US$17.430	3.705	US$4,70	69
Ford Thunderbird	US$17.485	3.705	US$4,72	69
Pontiac Grand Am	US$14.499	3.035	US$4,78	70
Mitsubishi Mirage	US$11.420	2.390	US$4,78	70
Plymouth Breeze	US$14.060	2.930	US$4,80	70
Mercury Mystique	US$15.018	3.110	US$4,83	70
Saturn	US$11.695	2.405	US$4,86	71
Nissan Truck	US$15.274	3.125	US$4,89	71
Ford Aerostar	US$20.633	4.220	US$4,89	71
Eagle Summit	US$11.712	2.390	US$4,90	71
Chevrolet Astro	US$22.169	4.520	US$4,90	71
Jeep Wrangler	US$15.869	3.210	US$4,94	72
Dodge Stratus	US$15.285	3.085	US$4,95	72
Eagle Summit Wagon	US$15.437	3.100	US$4,98	73
Oldsmobile Ciera	US$15.455	3.100	US$4,99	73
Pontiac Trans Sport	US$19.394	3.890	US$4,99	73
GMC Safari	US$22.562	4.520	US$4,99	73

[1]Uma libra= 0,453 kg.

MARCA E MODELO	PREÇO APROXIMADO NO VAREJO	PESO EM LIBRAS	CUSTO POR LIBRA	ÍNDICE DE CUSTO RELATIVO (MÉDIA = 100)
Chevrolet C/K	US$19.150	3.829	US$5,00	73
Suzuki Swift	US$9.250	1.845	US$5,01	73
Mazda Protegé	US$13.195	2.630	US$5,02	73
Chevrolet Cavalier	US$14.000	2.765	US$5,06	74
Dodge Avenger	US$16.081	3.175	US$5,06	74
Chevrolet Lumina	US$17.205	3.395	US$5,07	74
Mercury Tracer	US$12.878	2.535	US$5,08	74
GMC Yukon	US$27.225	5.343	US$5,10	74
Geo Prizm	US$12.820	2.510	US$5,11	74
Chevrolet Lumina Van	US$19.890	3.890	US$5,11	75
GMC Suburban	US$28.855	5.640	US$5,12	75
Ford Bronco	US$25.628	5.005	US$5,12	75
Hyundai Sonata	US$15.849	3.095	US$5,12	75
Toyota Tercel	US$11.128	2.165	US$5,14	75
Dodge Caravan	US$20.505	3.985	US$5,15	75
Ford Contour	US$14.978	2.910	US$5,15	75
Oldsmobile Achieva	US$14.995	2.905	US$5,16	75
Chevrolet Corsica	US$14.385	2.785	US$5,17	75
Ford Probe	US$15.190	2.900	US$5,24	76
Saturn SC	US$12.745	2.420	US$5,27	77
Chevrolet Caprice	US$22.155	4.205	US$5,27	77
Pontiac Sunfire	US$14.619	2.765	US$5,29	77
Dodge Grand Caravan	US$21.375	4.035	US$5,30	77
Eagle Talon	US$17.165	3.235	US$5,31	77
Chevrolet Monte Carlo	US$18.355	3.450	US$5,32	78
Nissan Sentra	US$13.364	2.500	US$5,35	78
Pontiac Grand Prix	US$18.970	3.535	US$5,37	78
Chevrolet Suburban	US$30.340	5.640	US$5,38	78
Jeep Cherokee	US$18.411	3.420	US$5,38	78
Chevrolet Beretta	US$15.090	2.785	US$5,42	79
Buick Skylark	US$16.598	3.055	US$5,43	79
Ford Crown Victoria	US$21.815	4.010	US$5,44	79
Isuzu Rodeo	US$22.225	4.080	US$5,45	79
GMC Jimmy	US$23.876	4.380	US$5,45	79
Chevrolet Tahoe	US$29.337	5.343	US$5,49	80
Honda Civic	US$13.415	2.443	US$5,49	80
Toyota T100	US$19.013	3.460	US$5,50	80
Ford Windstar	US$21.675	3.940	US$5,50	80
Toyota RAV 4	US$15.998	2.905	US$5,51	80
Oldsmobile Cutlass Supreme	US$18.808	3.410	US$5,52	80
Suzuki Esteem	US$12.649	2.290	US$5,52	81
Nissan 200SX	US$14.259	2.580	US$5,53	81

MARCA E MODELO	PREÇO APROXIMADO NO VAREJO	PESO EM LIBRAS	CUSTO POR LIBRA	ÍNDICE DE CUSTO RELATIVO (MÉDIA = 100)
Toyota Corolla	US$14.143	2.540	US$5,57	81
Ford Mustang	US$19.338	3.450	US$5,61	82
Toyota Tacoma	US$17.078	3.040	US$5,62	82
Honda Passport	US$22.935	4.080	US$5,62	82
Mercury Grand Marquis	US$22.680	4.010	US$5,66	82
Oldsmobile Silhouette	US$22.005	3.890	US$5,66	82
Suzuki Sidekick	US$15.949	2.805	US$5,69	83
Ford Taurus	US$19.998	3.516	US$5,69	83
Suzuki X90	US$14.249	2.495	US$5,71	83
Geo Tracker	US$14.340	2.500	US$5,74	84
Chevrolet Blazer	US$23.995	4.180	US$5,74	84
Chrysler Sebring	US$18.296	3.175	US$5,76	84
Buick Century	US$18.063	3.100	US$5,83	85
Mitsubishi Galant	US$17.644	3.025	US$5,83	85
Chrysler Cirrus	US$18.525	3.145	US$5,89	86
Chevrolet Camaro	US$19.740	3.350	US$5,89	86
Volkswagen Jetta	US$17.430	2.955	US$5,90	86
Mazda MPV	US$24.510	4.150	US$5,91	86
Dodge Intrepid	US$20.353	3.435	US$5,93	86
Toyota Paseo	US$13.038	2.200	US$5,93	86
Mercury Villager	US$23.165	3.900	US$5,94	87
Buick Regal	US$20.623	3.455	US$5,97	87
Nissan Quest	US$23.299	3.900	US$5,97	87
Ford Explorer	US$26.558	4.440	US$5,98	87
Nissan Altima	US$18.324	3.050	US$6,01	88
Chrysler Concorde	US$21.410	3.550	US$6,03	88
Mercury Sable	US$20.675	3.415	US$6,05	88
Pontiac Firebird	US$21.489	3.545	US$6,06	88
Eagle Vision	US$21.540	3.550	US$6,07	88
Mitsubishi Eclipse	US$19.713	3.235	US$6,09	89
Honda Accord	US$20.100	3.255	US$6,18	90
Volkswagen Golf	US$16.563	2.635	US$6,29	92
Subaru Impreza	US$15.345	2.425	US$6,33	92
Buick Roadmaster	US$26.568	4.195	US$6,33	92
Volkswagen Passat	US$20.375	3.180	US$6,41	93
Toyota Camry	US$20.753	3.230	US$6,43	94
Pontiac Bonneville	US$23.697	3.665	US$6,47	94
Chrysler Sebring Conversível	US$22.068	3.350	US$6,59	96
Nissan Pathfinder	US$27.264	4.090	US$6,67	97
Toyota 4Runner	US$26.238	3.930	US$6,68	97
Oldsmobile 88	US$23.208	3.470	US$6,69	97
Mazda 626	US$19.145	2.860	US$6,69	98

MARCA E MODELO	PREÇO APROXIMADO NO VAREJO	PESO EM LIBRAS	CUSTO POR LIBRA	ÍNDICE DE CUSTO RELATIVO (MÉDIA = 100)
Chrysler Town & Country	US$27.385	4.035	US$6,79	99
MÉDIA	**US$23.992**	**3.450**	**US$6,86**	**100**
Buick Le Sabre	US$23.730	3.450	US$6,88	100
Toyota Previa	US$28.258	4.105	US$6,88	100
Subaru Legacy	US$20.995	3.040	US$6,91	101
Acura Integra	US$18.720	2.665	US$7,02	102
Oldsmobile Bravada	US$29.505	4.200	US$7,03	102
Nissan 240SX	US$20.304	2.880	US$7,05	103
Honda Odyssey	US$24.555	3.480	US$7,06	103
Mitsubishi Montero	US$31.437	4.445	US$7,07	103
Jeep Grand Cherokee	US$28.980	4.090	US$7,09	103
Isuzu Oasis	US$24.743	3.480	US$7,11	104
Mazda MX-6	US$20.372	2.865	US$7,11	104
Honda Civic del Sol	US$17.165	2.410	US$7,12	104
Isuzu Trooper	US$31.657	4.365	US$7,26	106
Land Rover Discovery	US$33.363	4.535	US$7,36	107
BMW 318ti	US$20.560	2.790	US$7,37	107
Toyota Celica	US$20.568	2.720	US$7,56	110
Toyota Avalon	US$25.453	3.320	US$7,67	112
Nissan Maxima	US$23.639	3.070	US$7,70	112
Acura SLX	US$33.900	4.365	US$7,77	113
Toyota Land Cruiser	US$40.258	5.150	US$7,82	114
Buick Riviera	US$29.475	3.770	US$7,82	114
Oldsmobile 98	US$28.710	3.640	US$7,89	115
Honda Prelude	US$22.920	2.865	US$8,00	117
Audi A4	US$26.500	3.222	US$8,22	120
Cadillac Fleetwood	US$36.995	4.480	US$8,26	120
Acura CL	US$25.500	3.065	US$8,32	121
Buick Park Avenue	US$30.513	3.640	US$8,38	122
Chrysler LHS	US$30.255	3.605	US$8,39	122
Oldsmobile Aurora	US$34.860	3.995	US$8,73	127
Infiniti G20	US$25.150	2.865	US$8,78	128
Mazda MX-5 Miata	US$20.990	2.335	US$8,99	131
Subaru SVX	US$32.745	3.610	US$9,07	132
Volvo 850	US$30.038	3.285	US$9,14	133
Lexus LX450	US$47.500	5.150	US$9,22	134
Mazda Millenia	US$31.560	3.415	US$9,24	135
Mitsubishi Diamante	US$35.250	3.730	US$9,45	138
Lexus ES300	US$32.400	3.400	US$9,53	139
Cadillac De Ville	US$38.245	3.985	US$9,60	140

MARCA E MODELO	PREÇO APROXIMADO NO VAREJO	PESO EM LIBRAS	CUSTO POR LIBRA	ÍNDICE DE CUSTO RELATIVO (MÉDIA = 100)
Mercedes-Benz C-Class	US$32.575	3.370	US$9,67	141
Acura TL	US$31.700	3.278	US$9,67	141
Lincoln Town Car	US$39.435	4.055	US$9,73	142
Audi A6	US$33.150	3.405	US$9,74	142
Infiniti I30	US$31.300	3.195	US$9,80	143
Volvo 960	US$34.610	3.485	US$9,93	145
BMW Série 3	US$33.670	3.250	US$10,36	151
Lincoln Mark VIII	US$39.650	3.810	US$10,41	152
Lincoln Continental	US$41.800	3.975	US$10,52	153
Saab 900	US$33.245	3.145	US$10,57	154
BMW Z3	US$28.750	2.690	US$10,69	156
Cadillac Eldorado	US$41.295	3.840	US$10,75	157
Saab 9000	US$36.195	3.275	US$11,05	161
Toyota Supra	US$39.850	3.555	US$11,21	163
Infiniti J30	US$40.460	3.535	US$11,45	167
Cadillac Seville	US$45.245	3.935	US$11,50	168
Nissan 300ZX	US$41.059	3.565	US$11,52	168
BMW Série 5	US$43.900	3.675	US$11,95	174
Range Rover	US$58.500	4.875	US$12,00	175
Lexus GS300	US$45.700	3.765	US$12,14	177
Acura RL	US$45.000	3.700	US$12,16	177
Chevrolet Corvette	US$41.143	3.380	US$12,17	177
Mitsubishi 3000 GT	US$47.345	3.805	US$12,44	181
Mercedes-Benz E-Class	US$44.900	3.585	US$12,52	183
Lexus SC400/SC300	US$47.900	3.710	US$12,91	188
Mazda RX-7	US$37.800	2.895	US$13,06	190
Infiniti Q45	US$56.260	4.250	US$13,24	193
Lexus LS400	US$52.900	3.800	US$13,92	203
BMW 740iL	US$62.490	4.145	US$15,08	220
Jaguar XJ6	US$61.295	4.040	US$15,17	221

APÊNDICE 3
NEGÓCIOS/OCUPAÇÕES DOS MILIONÁRIOS AUTÔNOMOS

Administração de associação comercial não-lucrativa
Administração de investimentos
Administração de transportes/frete
Administrador de fundos de investimentos imobiliários
Administrador independente de investimentos
Advogado
Advogado – danos pessoais
Advogado – imóveis
Advogado – indústria de entretenimento
Agência de publicidade
Agência de representação de vendas
Agência de seguros
Agente de contratos para empreiteiras
Agente de empréstimos
Agente de frete
Agente de seguros
Agente de seguros independente
Agente de vendas
Agricultura
Agricultura/armazenamento
Ajuste de seguros
Arbitragem trabalhista
Areia e pedregulho
Armazém atacadista
Armazém varejista
Artista comercial
Atacadista de bebidas
Atacadista de cerveja
Atacadista de doces/cigarros
Atacadista de fornecimento elétrico
Atacadista de frutos do mar
Atacadista de máquinas para escritório
Atacadista de motores e peças para veículos
Atacadista de suprimentos para escritório
Atacadista e franqueador de fotos
Atacado/distribuição
Autor de ficção
Autor de livros escolares/manuais de treinamento
Cadeia de lojas varejistas – roupas prontas para mulheres
Cirurgião ortopédico
Cirurgião plástico
Clérigo-conferencista
Clínica de cuidados prolongados
Clínica de terapia física e terapia da fala
Clínica para idosos
Companhia comercial
Companhia de administração de imóveis comerciais
Companhia de administração de propriedades comerciais
Conferencista
Conselheiro fiduciário
Conserto/pintura residencial
Consertos de navio – docas secas
Construção
Construção – mecânica/elétrica
Construtor
Construtor/empreiteiro imobiliário
Consultor
Consultor – energia
Consultor – levantamento de fundos
Consultor aeroespacial
Consultor de aplicações de informática
Consultor de informática
Consultor de publicidade/marketing
Consultor financeiro
Consultor técnico/científico
Consultor/advogado tributário
Consultoria de administração
Contador
Contador/corretor
Contador/planejador financeiro
Contratação de serviços de zeladoria/faxina
Corretagem/vendas
Corretor da bolsa
Corretor de agência imobiliária
Corretor/arrendatário – irrigação de fazendas
Corretor/investidor comercial/imobiliário
Criação de cavalos
Decoração residencial
Dentista
Dentista – ortodontista
Descaroçamento de algodão
Desenvolvimento de software

Distribuidor atacadista
Distribuidor de contratos de publicidade
Distribuidor de cozinhas e banheiros
Distribuidor de frutas e legumes
Distribuidor de frutos do mar
Distribuidor de gasolina e combustíveis
Distribuidor de sêmen bovino
Distribuidor de serviços de zeladoria/faxina
Distribuidor de suprimentos para soldagem
Dono de agência de seguros
Dono de agência de viagens
Dono de agência imobiliária
Dono de cadeia de pizzarias
Dono de cadeia de postos de gasolina
Dono de cafeteria
Dono de clínica
Dono de companhia de investimentos em petróleo/gás
Dono de empresa de corretagem de *commodities*
Dono de escola técnica de treinamento/vocacional
Dono de estacionamento de *trailers*
Dono de funerária
Dono de loja
Dono de loja de departamentos
Dono de lojas de alimentos e conveniência
Dono de marina/serviços de consertos de iates
Dono de posto(s) de parada de caminhões
Dono de rancho
Dono de restaurante
Dono de serviços de barcos rebocadores
Dono/administrador de agência de empregos
Dono/administrador de agência de viagens
Dono/administrador de descaroçadeira de algodão
Dono/administrador de edifícios de apartamentos
Dono/administrador de salão/salões de beleza
Dono/presidente de empresa de fundos mútuos
Dono/presidente de universidade
Editor
Editor de jornais empresariais
Empreiteira/companhia de construção
Empreiteiro
Empreiteiro — escavações
Empreiteiro — escavações/fundações
Empreiteiro — estacionamento de escritórios
Empreiteiro — fornecimento de água
Empreiteiro — geral
Empreiteiro — imóveis
Empreiteiro — instalações
Empreiteiro — pavimentação
Empreiteiro — preparo de terreno
Empreiteiro — soldagem
Empreiteiro mecânico
Empreiteiro/construção civil
Engarrafamento de refrigerantes
Engenheiro civil/topógrafo
Engenheiro instrumentista
Engenheiro/arquiteto
Engenheiro/consultor de produção de energia
Equipamentos para escritório
Escola particular
Especulador de imóveis em má situação
Fabricante de aço
Fabricante de bonés/chapéus
Fabricante de cartazes
Fabricante de casas
Fabricante de colchões
Fabricante de cortinas
Fabricante de equipamentos para construção
Fabricante de equipamentos para transferência de calor
Fabricante de laticínios
Fabricante de máquinas de fazer *donuts*
Fabricante de máquinas para bebidas
Fabricante de móveis
Fabricante de papel laminado e revestido
Fabricante de produtos químicos industriais/de limpeza
Fabricante de roupas — para crianças
Fabricante de roupas — esportivas
Fabricante de roupas — prontas
Fabricante de roupas/*lingerie* para mulheres
Fabricante de tapetes
Fabricante de vitrines e acessórios
Farmacêutico
Fazendeiro
Fazendeiro — algodão
Fazendeiro — arroz
Fazendeiro — criação de galinhas
Fazendeiro — frutas cítricas
Fazendeiro — laticínios
Fazendeiro — madeira
Fazendeiro — verduras
Físico — inventor

Florista varejista/atacadista
Geólogo consultor
Imóveis
Imóveis – corretor/empreiteiro/financiador
Imóveis – leilão
Importação/exportação
Importador/distribuidor de alimentos
Impressão – gráfica
Inventor/proprietário de patentes
Jateamento com areia
Joalheria – varejista/atacadista
Joalheria a varejo
Laboratório comercial
Lavanderia comercial
Lavanderia industrial/lavagem a seco
Leasing de automóveis
Leiloeiro
Leiloeiro/avaliador
Loja varejista/serviços de pessoal
Manufatura de ferramentas
Manufatura de instrumentos
Manufatura de tecidos
Marketing – consultoria
Marketing – serviços
Marketing – vendas
Marketing direto
Médico
Médico anestesista
Médico dermatologista
Microeletrônica
Mineração, processamento e vendas de caulim
Mudanças e guarda-móveis
Negociações trabalhistas
Negociante
Negociante de equipamentos para construção
Negociante de ferro-velho
Negociante de gasolina e combustíveis
Negociante de mercadorias arrematadas
Negociante de selos e moedas
Negociante de *trailers*
Operação de pistas de corrida
Organização de serviços de marketing direto
Pesquisa médica
Planejamento de terreno, projetos/engenharia
Planejamento/engenharia/construção
Processamento de carnes
Produção de bolos e tortas
Produção de filmes
Produtos farmacêuticos
Produtos por atacado
Projetos de máquinas
Promotor de esportes motorizados
Proprietário/empreiteiro
Psicólogo clínico
Radiologista
Relações públicas/lobista
Remoção de tintas/limpeza de metais
Reprodução de áudio/vídeo
Restaurantes *fast-food*
Retífica/distribuição de motores a diesel
Seguro de desempenho de construções
Serviços de acompanhamento de veículos longos
Serviços de ambulância
Serviços de consultoria em engenharia de petróleo
Serviços de consultoria em recursos humanos
Serviços de contadoria/auditoria
Serviços de cuidados de saúde em domicílio
Serviços de dedetização
Serviços de engenharia têxtil
Serviços de informações
Serviços de mala-direta
Serviços de processamento de dados
Serviços de recrutamento de pessoal temporário para escritório
Serviços de transporte de executivos/guarda-costas
Técnico/cientista
Varejista de roupas/moda para senhoras
Vendas de antigüidades
Xerox – vendas/serviços